A CULPA
É DO RIO!

Paula Acioli

A CULPA É DO RIO!

A cidade que inventou a moda do Brasil

EDITORA SENAC RIO – RIO DE JANEIRO – 2019

A culpa é do Rio! A cidade que inventou a moda do Brasil © Paula Acioli, 2019.

Direitos desta edição reservados ao Serviço Nacional de Aprendizagem Comercial – Administração Regional do Rio de Janeiro.

Vedada, nos termos da lei, a reprodução total ou parcial deste livro.

SENAC RJ

Presidente do Conselho Regional
Antonio Florêncio de Queiroz Junior

Diretora Regional
Ana Cláudia Martins Maia Alencar

Diretor Administrativo-financeiro
Sylvio Britto

Diretora de Educação Profissional
Wilma Bulhões Almeida de Freitas

Editora Senac Rio
Rua Pompeu Loureiro, 45/11º andar
Copacabana – Rio de Janeiro
CEP: 22061-000 – RJ
comercial.editora@rj.senac.br
editora@rj.senac.br
www.rj.senac.br/editora

Editora
Daniele Paraiso

Produção editorial
Coordenação: Cláudia Amorim
Revisão: Andréa Regina Almeida, Gypsi Canetti e Michele Paiva
Diagramação: Roberta Santos Silva

Projeto gráfico de capa e de miolo
Marcia Cabral

Capa
Fotografia: Renê Salazar David
Arte em montagem: Silvana Braschi Mattievich

Impressão: Edigráfica Gráfica e Editora Ltda.
1ª edição: abril de 2019

Todos os esforços foram feitos para creditar devidamente os detentores dos direitos autorais e de direito dos textos e das imagens aqui utilizadas. Eventuais omissões ou equívocos não foram intencionais e serão corrigidos nas próximas edições.

CIP-BRASIL. CATALOGAÇÃO NA PUBLICAÇÃO
SINDICATO NACIONAL DOS EDITORES DE LIVROS, RJ

A164c

    Acioli, Paula
    A culpa é do Rio! : a cidade que inventou a moda do Brasil / Paula Acioli. - 1. ed. - Rio de Janeiro : Senac Rio, 2019.
    384 p. ; 23 cm.

    Inclui bibliografia
    ISBN 978-85-7756-453-8

    1. Moda - Rio de Janeiro - História. I. Título.

19-56124   CDD: 391.0098153
                           CDU: 391(09)(815.3)

A Júlia Azevedo, minha mãe, por minha criação, formação e educação; por me ensinar valores que nunca saem de moda e devem nos vestir durante toda nossa existência.

Sumário

Prefácio 9

Introdução 13

Gisele 19

O Rio e o vestir no mundo. Grandes navegações e o pau-brasil 29

As grandes navegações 33

O vermelho e o pau-brasil 41

Os índios, inventores dos cariocas 51

O Rio objeto de desejo da França 69

Orientando o curso do Rio. O Oriente é aqui 79

A mulher no Rio colonial 91

A pragmática e a proibição do luxo no Brasil: castigo para as cariocas 109

Uma Corte europeia no Rio 119

Um novo curso para o Rio 127

O Rio de Debret 171

Novas mudanças de curso para o Rio 181

África: um tesouro para a moda carioca 189

Sinhás e mucamas: sedas, panos da costa, joias e balangandãs 205

Vitoriano ou eurotropical? O Segundo Império no Rio 231

A literatura, as moreninhas e as novas heroínas mudando as regras da moda no Rio 245

O Rio vitoriano e os bailes 253

Ouvindo a rua do Ouvidor 269

Rio, capital do Brasil. A Paris dos trópicos 279

O Rio de João do Rio 289

Um Rio moderno 305

Um Rio de cinema. Uma cidade com imagem 319

Rio Hollywood. A cidade maravilhosa nos tempos de Carmem Miranda e Zé Carioca 329

O Rio dos anos dourados, da Miss Brasil, das certinhas do Lalau e das garotas do Alceu 341

O Rio e o mar: um feliz encontro para a moda do Brasil 359

Agradecimentos 365

Referências 367

História Naturalis Brasiliae.
Willem Piso e Georg Marggraf, 1648.

Prefácio

A moda – um fenômeno social amplo – como atividade não apenas comercial, mas também acadêmica e, mais recentemente, também reconhecida como cultural, nas últimas décadas tem se expandido no Brasil de maneira muito acelerada. Surgem a todo momento novas publicações e cursos específicos, o que demonstra o grande interesse que o assunto, finalmente, vem despertando em todas as áreas por sua pluralidade.

Há alguns anos, o Brasil e a moda feita no país, com justiça, têm recebido reconhecimento nacional e internacional. Um importante processo que, afinal, traz à luz dos nossos tempos o valor e a importância de cada um dos estados das cinco regiões do vasto território brasileiro na construção da identidade da moda no Brasil. O Rio de Janeiro, sem dúvida, representa uma unanimidade nesse processo: a cidade se transformou não apenas em polo criador e irradiador de moda, mas também em referência no assunto tanto no Brasil quanto no exterior. A análise documental procedida como base para esta obra deixou claro, entretanto, que a moda brasileira precisa ser estudada de maneira mais sistêmica, por meio de uma linha condutora capaz de costurar as muitas dimensões que engloba, evitando seu estudo fragmentado, que enfraquece sua relevância. Por essa razão, *A culpa é do Rio! A cidade que inventou a moda do Brasil* se propõe – sem interesse em criar polêmica, como diria Nireu Cavalcanti, autor amplamente pesquisado na feitura desta obra – a abordar o tema de maneira interdisciplinar, realçando fatos interessantes ocorridos dentro do contexto global no qual a cidade sempre esteve inserida, para melhor compreensão do processo evolutivo da moda carioca – de grande significado para a moda nacional.

Para que este livro fosse escrito com o máximo de embasamento, foi feita profunda pesquisa indicativa não apenas da evolução urbana da cidade, acompanhada por alterações de sua conjuntura, mas também sobre como mudanças no cenário mundial e nacional repercutiam e interferiam no modo de vestir de seus habitantes – especialmente as mulheres – no período que vai da fundação da cidade, ainda no século XVI, até o século XX, nos anos 1960, quando a capital da República transfere-se do Rio para Brasília; tudo documentado por meio de diferentes olhares, de brasileiros e estrangeiros – contribuições fundamentais no processo de construção da imagem do carioca e de seu estilo de vida diante do país e do mundo. O título *A culpa é do Rio! A cidade que inventou a moda do Brasil* – cuja inspiração logo adiante será conhecida – talvez caiba aqui por essa razão.

É importante que se esclareça não ser objetivo deste livro contar a história do Brasil, ou da cidade do Rio de Janeiro, ou da moda brasileira e carioca em detalhes. Temos em nossa literatura excelentes títulos de autores brilhantes – alguns, inclusive, amigos queridos – que já o fizeram. Tampouco pretende-se empunhar a bandeira do Rio de Janeiro como capital da moda do país, discutir a questão do "DNA" ou da "identidade da moda brasileira". Essas são matérias que, a meu ver, deveriam absorver menos tempo e energia de nossos pesquisadores. Fico pensando no porquê de se tentar rotular a moda feita no Brasil como essa ou aquela. Não existe, em outros países notáveis por sua moda, essa preocupação. Há, sim, um cuidado em preservá-la – e a sua história – e sempre difundi-la da melhor maneira possível, destacando suas qualidades, particularidades e diferenciais, mas sem a preocupação de provar algo.

Penso ser desnecessário para a moda brasileira ter de, a todo momento, provar a sua "brasilidade" ou o seu "DNA". O Brasil, e cada um de seus estados da federação, tem em suas ricas histórias e trajetórias suas melhores referências. Sabemos o quanto contribuíram e continuam a contribuir para o crescimento da moda nacional. A moda do Brasil não precisa de teste de DNA. Suas ricas origens, que estão na certidão de seu nascimento, falam por si. O Brasil é um país jovem, em constante evolução, assim como a sua moda. Ao longo do tempo, o Brasil – e o Rio aqui incluído – recebeu, recebe e continuará a receber diversas e interessantes interferências e influências: sejam elas provenientes do intercâmbio com outros países e culturas, sejam resultado de intensas e ricas trocas entre as próprias regiões que compõem o território nacional.

Acredito que um dos elementos mais interessantes da moda brasileira seja sua diversidade. É essa originalidade, que não precisa ser folclórica ou clichê, que deveríamos conhecer, entender e valorizar. E o Rio é, desde o seu nascimento, um "produtor" de originalidades no vestir, que acabam sendo difundidas e incorporadas por outros estados do Brasil, e até mesmo por outros países. Caso das famosas sandálias Havaianas (nascidas no Nordeste, mas naturalizadas e popularizadas pelos habitantes do Rio), ou das cangas estampadas com a bandeira brasileira, os icônicos calçadões de Copacabana ou de Ipanema, símbolos distintivos da cidade, que se tornaram objeto de desejo de estrangeiros de diversas nacionalidades. Não importa onde estejam, sabe-se que ali existe um tanto do Rio, que é um tanto importante e desejado do Brasil. A moda, e alguns modismos cariocas, muitas vezes faz com que se estabeleça uma identificação imediata entre determinada roupa ou acessório com a cidade, e, por tabela, com o país.

É nesse ponto que considero importante que se destaque o papel fundamental da cidade como embrião da história da moda do Brasil, pois acredito, de fato, que a moda nacional seja em grande medida associada ao que acontece na cidade. O Rio sempre esteve direta ou indiretamente ligado à moda: desde o seu surgimento, no século XVI, nos tempos da colônia e do pau-brasil, que era embarcado para a Europa para tingir as roupas da nobreza daquele continente, até o presente século, quando a música "Garota de Ipanema", de Vinicius de Moraes e Tom Jobim, foi a escolhida para embalar o apoteótico desfile da modelo Gisele Bündchen na cerimônia de abertura dos Jogos Olímpicos, realizados em 2016, na cidade e assistido por bilhões de pessoas ao redor do mundo.

Cartão-postal 1905.
Acervo Paula Acioli.

introdução

O Rio de Janeiro é o cartão-postal do Brasil.

Gerson Camarotti

O Rio de Janeiro é uma cidade muito particular, e os gostos do carioca muitas vezes são considerados o gosto nacional. Sabemos que o Brasil é um país de dimensões continentais, de regiões com características variadas e próprias. Entretanto, de certa maneira, as associações são compreensíveis: o Rio sempre foi notícia mundo afora. Não que isso diminua a importância de nenhum outro estado da federação, todos eles são muito importantes em suas origens e contribuições para a História do país. Mas tendo sido o Rio uma região sempre citada em importantes relatos históricos, desde o seu surgimento como um simples entreposto, passando por capitania, vice-reino, sede da Coroa Portuguesa, sede do Segundo Império e capital do Brasil até os anos 1960, quando então foi transferida para Brasília, é inegável o fato de ter sido a cidade que refletia os acontecimentos mais importantes do mundo e do país e que funcionava como uma espécie de centro difusor da moda e dos modismos do Brasil. Foram séculos de história. E séculos de história não se apagam com uma borracha: o Rio já nasceu com vocação para virar notícia. Assim também o modo como se comportavam e como se vestiam seus habitantes, que acabavam, como a cidade, virando referência de moda para as outras regiões do vasto território nacional e rendendo notícias "no estrangeiro". Em se tratando de moda, então, merece menção o fato de o Rio de Janeiro ter sido a primeira cidade do Brasil a ter um jornal, *O Espelho Diamantino*, publicado entre 1827 e 1828, com coluna de moda e dedicado às senhoras brasileiras, que tinha como objetivo "promover a instrução e o entretenimento do belo sexo da Corte, apresentando as novidades mais dignas de sua atenção".

O próprio nome de batismo da cidade é profético, e o que se conta sobre como recebeu esse nome, idem: a cidade, desde o descobrimento, era de uma beleza tão estonteante que acabou distraindo até mesmo experientes navegantes, os quais, em um mês de janeiro do século XVI, adentraram as águas da Baía de Guanabara. E talvez embevecidos pela exuberante natureza local, pensando navegar em um rio – quando na verdade navegavam em águas salgadas – acabaram batizando a cidade com nome e sobrenome: Rio de Janeiro.

Ao nome de um elemento da natureza adicionou-se o nome de um mês que é sinônimo de calor e verão no Brasil, e a história já começa dando, literalmente, "pano pra manga". Nascida de frente para o mar – à primeira rua da cidade deu-se o nome de rua do Mar – o Rio sempre foi ótimo anfitrião do que chegava de fora, do estrangeiro, e os seus habitantes, como afirmam diversos estudiosos, como Regina Abreu, em toda a história da cidade, sempre se mostraram receptivos às influências que lhes chegavam, fossem elas de fora ou de dentro do próprio país. A cidade, palco de acontecimentos mundiais desde o século XVI, construiu uma trajetória ímpar, absorvendo e incorporando em seu cotidiano elementos das mais diversas culturas. E foi justamente com base nas diferenças e na diversidade de culturas que construiu a sua identidade. Se hoje o carioca, seu estilo de vida e a moda da cidade são referências por sua originalidade e singularidade, os moradores do Rio em muito devem a todos os estrangeiros (e às suas culturas) que aqui desembarcaram, pois foram eles que, com os nativos e a natureza local, forjaram as bases do estilo de vida e da própria identidade da moda carioca, hoje referência no país e no exterior.

Daí a importância de fazer a associação, presente em todos os capítulos do livro, dos acontecimentos que permeavam o contexto mundial no qual o Rio estava inserido e das influências das diversas culturas que na cidade se estabeleceram. Esse embasamento histórico é importante, pois ajuda a explicar uma série de fatos que ligavam o Rio ao mundo e que estavam direta ou indiretamente associados ao vestir, às vestimentas e aos trajes que foram adotados no Rio, que posteriormente se tornaram referência nacional. Os capítulos destacam curiosidades – algumas, a meu ver, pouco conhecidas – personagens e imagens essenciais para a compreensão de como, por meio da mistura de elementos de diversas culturas estrangeiras, foi se forjando no Rio a base de sua moda e de seu estilo de vida.

Foram utilizados na pesquisa relatos de aventureiros, viajantes, textos de estudiosos, observações de artistas, historiadores, escritores, pesquisadores, trechos de matérias de revistas, jornais e sites, bem como imagens diversas, visando enriquecer e ilustrar a história que está sendo contada, auxiliando assim o leitor a entender o espírito de cada tempo pelo qual passava a cidade ao longo de sua trajetória.

Tudo e todos são fundamentais e importantes no interessante percurso da moda local. Por meio da costura entre acontecimentos históricos, pode-se estabelecer conexões entre o passado e o presente da moda carioca, mostrar a importância da cidade do Rio de Janeiro no processo de formação do estilo de vida e da moda nacional e destacar a relevância das culturas estrangeiras no processo. Este não é um livro sobre a história do Rio de Janeiro ou, exclusivamente, sobre a história da indumentária da cidade. Este é um livro de curiosidades que costura a história da cidade e sua evolução com o vestir de seus habitantes.

Uma viagem no tempo para descobrir curiosidades, resgatar acontecimentos e fatos interessantes e emblemáticos, conhecer personagens marcantes e fazer a ponte necessária entre o passado e o presente do vestir carioca é o que proponho a partir de agora aos queridos leitores.

Espero que gostem de ler este livro tanto quanto gostei de escrevê-lo. Boa leitura!

gisele

Há nessa moça muito da história de nosso país.

Rodrigo Naves

Tudo começou em Londres, na virada dos anos 1990 para os anos 2000. Naquela época, eu residia na capital britânica, para onde meu marido, então diretor de um banco, havia sido transferido. Com minha filha ainda muito pequena, decidi que passaria parte do dia com ela e, enquanto ela estivesse na escola, eu faria minha especialização em moda no London College of Fashion. No fim dos anos 1990 não havia no Brasil cursos como os que eram oferecidos pela instituição de ensino de moda londrina, uma das mais prestigiadas do mundo, então aquela me pareceu ser a decisão mais acertada a tomar. Londres é uma das mais importantes capitais da moda, e nas horas livres eu aproveitava para andar pela cidade, observando tudo o que acontecia. Para quem fazia um curso de especialização nesse segmento, estar sempre antenada e atenta às novidades era importante.

Eu costumava percorrer desde as ruas de comércio popular até as regiões onde se concentram os chamados "templos do luxo". E foi exatamente em um desses locais que presenciei uma cena que mudou os rumos de minha vida profissional e acadêmica e que me fez mergulhar fundo em algumas questões que ao longo deste livro abordarei, como o olhar estrangeiro sobre a moda brasileira; a difusão da imagem do Rio e da moda carioca no exterior; a singularidade no modo de vestir carioca com base na mistura e na incorporação dos estrangeirismos e elementos de diferentes culturas em sua moda; assim como a forte influência do meio ambiente, da natureza – especialmente do mar – e da geografia no estilo de vida e no vestir de seus habitantes fortemente sentida dentro e fora do país.

Em uma dessas minhas tardes livres, fazia muito frio em Londres. Resolvi, então, ficar perto de casa. Residia em Belgravia, bairro encravado entre Chelsea e Knightsbridge. Lowndes Street, a rua onde eu morava, era muito próxima à Sloane Street, que concentra inúmeras lojas de grifes internacionais de prestígio, como Chanel, Valentino, Fendi, Gucci etc. Lembro-me de ter entrado na Christian Dior atraída pela vitrine que exibia os lançamentos da nova estação, cujo desfile eu havia adorado. Era início do outono europeu, mas, para cariocas como eu, já fazia um friozinho digno de inverno.

Enquanto eu estava na loja, uma jovem com roupas muito mais adequadas ao verão brasileiro entrou e, ao que parecia, era cliente assídua. A moça tinha longos cabelos louros e bem mais claros nas pontas, como que clareadas pelo sol (pouco tempo depois, esse tipo de clareamento das pontas, denominado sunkiss ou ombrée, virou febre mundial), vestia uma calça jeans muito justa, de cós muito baixo, e um top igualmente justo e curto, deixando parte da barriga à mostra. Notei que a pele estava bronzeada demais para aquela estação do ano. Tanto assim, que, por alguns instantes, imaginei que a jovem pudesse até estar retornando de temporada em alguma região ensolarada, que obviamente não fosse ali, na Europa. Fiquei curiosa. Como eu estava com tempo de sobra, resolvi permanecer na loja até descobrir a nacionalidade da moça.

Ela se aproximou da gerente, aparentemente sua conhecida, e disparou em inglês britânico: "Don't you think I'm looking like Gisele Bündchen, kind of girl from Ipanema?". Achei muito engraçada a pergunta, que sintetizava a imagem do que provavelmente para ela – e talvez para grande parte do mundo – seria a definição da carioca (ou brasileira). Com certeza, a informação de que a modelo em questão não era nascida no Rio de Janeiro, mas em Horizontina, localizada na (europeia) região Sul do Brasil, nem lhe passava pela cabeça. O mais interessante foi observar sua felicidade em se achar parecida com a modelo brasileira que começava a estourar nos circuitos da moda do Hemisfério Norte. No fim das contas, tratava-se de uma londrina orgulhosa por se achar parecida com uma brasileira/carioca. O que não deixava de ser uma grata surpresa, pois normalmente o que ocorria até então era exatamente o inverso: brasileiras querendo se parecer com celebridades estrangeiras.

Em meus últimos dias em Londres, antes da mudança de volta para o Brasil, observei que aquele tipo de moça que eu havia encontrado na loja da Dior estava se multiplicando rapidamente por todas as partes da capital britânica. Mais tarde, constatei também ter acontecido – e se mantido – por mais de uma década em diversas outras capitais mundiais e também em cidades do Brasil. Era a tal da "Giselemania", a febre que assolou o mundo no início dos anos 2000: as mulheres queriam ser... Gisele, a brasileira com jeito de carioca.

De volta ao Rio, fui retomando aos poucos a minha rotina e comecei a observar mais atentamente o que havia me chamado tanta atenção naquele diálogo entre mulheres londrinas presenciado na loja da Dior, em Knightsbridge. Coisas que nunca haviam me chamado tanto a atenção, como a naturalidade e a descontração do carioca no vestir, e que começavam a ser forte referência lá fora, passaram a ser questão importante para mim. Talvez pelo fato de, após alguns anos vivendo em Londres, fora do Brasil, eu ter desenvolvido outra percepção do que antes me era familiar, por ter me acostumado a outros padrões estéticos e comportamentais. Pensava, por exemplo, em como era possível pessoas sem camisa, de sandálias e chinelos, muitas vezes em ambientes tão diversos de uma praia, sentirem-se tão à vontade como se lá estivessem. Me dei conta de que estava estranhando o que antes para mim era tão comum. Parecia até que eu não era mais uma típica carioca, e sim uma estrangeira de primeira viagem ao Rio. Como era possível uma carioca da gema como eu, que havia ficado fora da cidade por apenas alguns anos, estar estranhando coisas que já faziam parte de meu cotidiano antes da mudança para Londres? Percebi então que, no tempo que havia morado fora, passei a olhar o que me era anteriormente familiar como algo novo, estranho. Com um olhar estrangeiro. E como essa percepção "estrangeira" alterava a visão do "local".

Isso me fez pensar em um passado bem distante; no século XVI, quando os primeiros estrangeiros desembarcaram no Rio. O modo como perceberam e observaram os hábitos, os costumes e o vestir dos habitantes e como, aos poucos, as culturas e os hábitos dos estrangeiros foram sendo misturados e incorporados à cultura e aos hábitos locais. Foi então que me dei conta da importância dos estrangeiros e dos "estrangeirismos" na formação do vestir na cidade do Rio de Janeiro. Quanto mais eu pensava a respeito, mais interesse a questão me despertava.

Na ocasião, outro fato interessante – e corriqueiro – voltou a provocar minha curiosidade para essas questões. Dessa vez, a capa de uma revista de moda, exposta em uma banca de jornais. Era uma *Vogue** americana, edição de maio de 2000. Na capa, Gisele Bündchen – sim, ela mesma, mais uma vez! – sorridente e bronzeada, relaxando nas areias da praia de Ipanema. Imediatamente me lembrei daquela moça em Londres querendo ser a famosa modelo. Na capa, havia a seguinte chamada: *Blame it on Rio – bikinis and brazilian beauties* (algo como *A culpa é do Rio – biquínis e belezas brasileiras* – em tradução livre). Resolvi comprar a revista e folhear a publicação para descobrir o conteúdo daquela matéria. Imagens do fotógrafo Mario Testino – amante confesso do Rio e do Brasil – ressaltavam as maravilhas de ser carioca. Eram também destaque a sensualidade, o colorido vibrante e o ar tropical da moda brasileira, características ali diretamente associadas ao Rio, assim como a própria Gisele. Folheei a revista, curiosa em ter mais detalhes daquele editorial totalmente dedicado ao Rio. Já nas páginas iniciais, mais frases de efeito acompanhavam o texto, como: "Brasileiros tomam a moda de assalto e mudam para sempre nossa definição de beleza do corpo (...)"; "Ninguém pode morrer sem antes conhecer o Rio" etc. O texto dizia ainda que as mulheres cariocas têm tonalidade de pele *brown sugar* (significa açúcar mascavo), o que naquele contexto dava a impressão de reforçar o caráter sensual e misterioso das "brasileiras do Rio". O curioso era que tudo o que se dizia naquela edição da revista "batia" com o que aquela moça em Londres desejava e com muitos dos relatos de estrangeiros que eu viria a pesquisar futuramente.

Gisele Bündchen tornou-se, a partir dos anos 2000, não apenas uma das modelos mais famosas e bem pagas de todos os tempos, mas também a porta-voz do estilo de vida e da moda brasileira – algo até então inédito. O Brasil nunca havia tido uma modelo que representasse tão fortemente o país lá fora.

---

* WOODS, Vicki. "Blame it on Rio". *In: Vogue USA*, maio de 2000.

O surgimento de Gisele e sua ascensão esteve muito relacionado com o próprio processo de globalização e o momento pelo qual o mundo passava: nos anos 1990, um grupo de modelos do Hemisfério Norte formou um esquadrão de top models conhecidas como supermodelos, que lideraram o cenário da moda até os anos 2000. Linda Evangelista, Naomi Campbell, Claudia Schiffer, Christy Turllington, Tatjana Patitz e Cindy Crawford eram algumas delas. Até os anos 2000, essa era a composição de sucesso nas passarelas das semanas de moda internacionais e editoriais de moda das mais incensadas *glossy magazines*.

Com os atentados de 11 de setembro de 2001, o mapa da moda mundial começou a ser redesenhado, e o eixo de atenção se deslocou para países menos associados a ameaças terroristas por conta do grande trauma mundial causado pela tragédia. O surgimento dos Brics – acrônimo de Brasil, Rússia, Índia e China, criado pelo economista Jim O'Neil –, no mesmo ano, para definir um grupo de países de economia forte e com grandes possibilidades de se tornarem potências no espaço de algumas décadas a partir de então, também foi importante, pois colocou o Brasil em evidência. Além dos países fundadores, uma década depois, em 2011, a África do Sul (o "S" da sigla) passou a ser país para onde a moda também voltou sua atenção. Modelos, novos criadores, temas de inspirações de coleções etc. vindos desses países passaram a integrar o novo repertório da moda do início do século XXI, recheado de misturas inusitadas, como a própria Gisele Bündchen, uma brasileira do Sul do Brasil com cara de europeia e jeito de carioca que declara não gostar tanto do frio e adorar andar descalça.

Na moda, esses e outros acontecimentos, como o Ano do Brasil na França, em Paris; o Brasil 40 graus, na loja de departamentos Selfridges, em Londres, homenageando o Brasil (em ambos, a imagem do Rio era extremamente destacada) na primeira década dos anos 2000, e a vitória do Brasil na Copa do Mundo de 2002, realizada no Japão, conspiraram a favor do Brasil (e da moda feita no Brasil). A carreira de Gisele estourou, é claro, por seu incrível talento, sua beleza incomum, trabalho árduo e persistência, mas, na minha visão, o contexto favorável ao Brasil, a partir dos anos 2000, também contou a favor da valorização da modelo, que naquele momento incorporava o melhor do país. Sua graça, brejeirice, naturalidade, ginga, sensualidade e descontração – sempre muito associadas como típicas das mulheres brasileiras/cariocas – acabou conquistando o mundo, levando, por tabela, o Brasil a reboque. A modelo, que por mais de duas décadas estampou seguidamente as capas das mais importantes publicações de moda do mundo, foi, sem dúvida, uma espécie de embaixadora da moda do Brasil no exterior, reinando absoluta como ícone fashion ao longo de mais de uma década no início desse século XXI.

Gisele, como analisa o crítico de arte Rodrigo Naves, declarado fã da modelo: "podia ter dado errado, mas soube criar um novo sentido de harmonia e proporção". Exatamente como, na minha visão, aconteceu com a moda carioca, que soube, com a mistura de influências diversas, criar novo sentido e harmonia para o vestir local, que hoje, assim como Gisele, é também referência mundial.

Aquelas questões que surgiram durante minha temporada em Londres, tais como a importância e o valor que o Rio de Janeiro e sua moda têm no exterior como representativos do Brasil, as interpretações estrangeiras sobre brasileiros e cariocas, além de suas importantes contribuições para o vestir local e nacional, começaram a se tornar cada vez mais instigantes e provocadoras para mim, culminando com o desejo de realizar mestrado na busca de aprofundar os conhecimentos acerca da trajetória do vestir na cidade do Rio de Janeiro.

Com a decisão de cursar mestrado em moda, comecei a pesquisar onde poderia fazê-lo. Pensei em algumas instituições de ensino que julgava serem do meu interesse e me candidatei ao mestrado em duas delas: uma no Rio, que até aquele momento não tinha mestrado em Moda, mas em Design, e outra em São Paulo, que na verdade era pela que eu mais me inclinava, já que oferecia mestrado específico em Moda, Cultura e Artes, e não em outra modalidade que eu precisasse "adaptar" meu foco de estudos. Contavam a favor da instituição do Rio o histórico de prestígio e o fato de eu não ter de pensar em investimentos com passagens aéreas e hospedagens. Seria bem mais prático e menos oneroso.

Nessa instituição carioca, passei pelas etapas tradicionais e fui aprovada em todas. Faltava apenas a apresentação de meu projeto para uma banca avaliadora, o qual eu havia preparado seguindo as orientações da instituição. Assim que comecei a explicar o projeto e mencionei Gisele Bündchen como importante figura para a moda nacional, uma das integrantes da mesa se mostrou claramente incomodada e, franzindo a testa, me advertiu de que esse não deveria ser um tema relevante na minha pesquisa e que eu não deveria considerá-lo parte do trabalho. Nesse momento, percebi que aquela não seria a "minha praia". Deixei a especialista discorrer sobre as frivolidades da moda, sua antipatia por modelos em geral, em particular por Gisele, e sobre quais caminhos e linhas de pesquisa eu deveria seguir no mestrado. Agradeci os conselhos e, apesar de ter sido aprovada para o mestrado na instituição, não quis cursá-lo. Preferi seguir os sinais que me apontaram outra direção e cursar um mestrado em moda que, na época, só existia em São Paulo, onde, aliás, a minha proposta de tema para pesquisa, assim como Gisele, foram muitíssimo bem recebidas.

Foram dois anos sacrificados na "ponte aérea". Naquela época, o Brasil, especialmente Rio e São Paulo, vivia um período de caos aéreo e, com frequência, aeronaves eram desviadas de seu destino final (um voo que deveria me levar a Congonhas, muitas vezes, por exemplo, não pousava lá, era desviado para outras cidades de São Paulo, me impedindo de chegar a tempo nas aulas). As aulas eram das 8h às 18h e não tenho dúvidas de que, mesmo com todos os percalços, incluindo aí o fato de além de fazer o mestrado eu estar trabalhando na coordenação de cursos, escrevendo livros, mapeando a moda brasileira para outros países etc., a experiência valeu cada segundo dos dois anos que passei na ponte aérea e nas salas de aula do Centro Universitário Senac, em São Paulo, onde conheci grandes profissionais que se tornaram amigos e amigas queridas, com quem até hoje me relaciono.

No final dos dois anos de curso, após a apresentação de minha dissertação, minha orientadora, Eliane Robert de Moraes, recomendou-me publicá-la. Na época era impossível, tal a quantidade de compromissos profissionais, mas fui amadurecendo a ideia. Mestrado concluído e título de mestre na mão, comecei a pensar que todas aquelas interessantes questões que me levaram à realização daquele curso, bem como todo aquele trabalho de pesquisa realmente deveriam ser compartilhados, e não apenas ficar restrito ao meio acadêmico. Resolvi colocar a teoria na prática.

A cidade do Rio de Janeiro e Gisele Bündchen são, portanto, as musas inspiradoras deste livro, que começou como um trabalho de pesquisa para dissertação de mestrado e que não poderia ter recebido outro título, senão este: *A culpa é do Rio! A cidade que inventou a moda do Brasil*, por reunir todos os elementos do quebra-cabeças que me fizeram levar esse delicioso projeto adiante.

Aqui começa a nossa viagem.

*Caravelas portuguesas.
Século XVI.*

O Rio e o vestir no mundo. Grandes navegações e o pau-brasil

Desde antes de 1500 o Brasil esteve intensamente ligado às outras regiões do planeta, enviando e recebendo pessoas, produtos, animais, palavras, sentimentos, localizado bem ali, no meio do mundo.

Janaína Amado, Luiz Carlos Figueiredo

Há décadas falamos em globalização, em estarmos conectados, de, a um clique, sabermos tudo o que acontece no mundo, mas a verdadeira globalização não é coisa de agora. A ideia de rodar o mundo e ir "juntando" e "espalhando" pessoas, informações, mercadorias, conhecimento, tecnologias e negócios não é recente. No século XVI, o mundo já estava bem conectado, mas de outra maneira, é claro. Europa, Ásia, África e Oriente tinham forte conexão. A novidade ficava por conta da América, continente recém-descoberto, chamado de "Novo Mundo" pelo lado mais antigo do mundo.

No século XVI, o vestir já era assunto importante, e algumas das matérias-primas mais desejadas do universo, como especiarias e pigmentos para tingir roupas, chegavam à Europa fornecidas sobretudo pelo Oriente, com destaque para Índia e China. Com as grandes navegações e descobertas, o cenário do comércio mundial, assim como o próprio mapa-múndi, começou a ser redesenhado.

O Rio de Janeiro, desde que passou a existir e a figurar nos mapas ainda no século XVI, tinha conexão com o vestir do mundo, como verificaremos a seguir.

Grandes reinos europeus financiavam as grandes navegações.

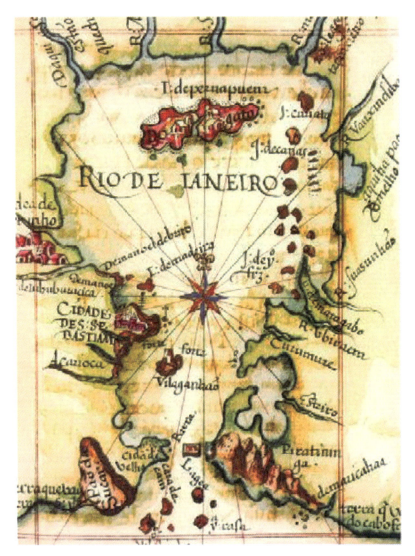

Mapa França Antártica do Rio de Janeiro século XVI - Invasão francesa no RJ.
Luiz Teixeira, 1565.

as grandes navegações

Naquele início de dezembro, a frota de Gonçalo Coelho também recolheu toras de pau-brasil – árvore que, em breve, iria definir o nome e o futuro daquele território. Seguindo sua jornada para o sul, as três caravelas chegaram a um local esplendoroso no primeiro dia de 1502. Era uma ampla "boca de mar", cercada de vastas montanhas recobertas de mata luxuriante. Julgando se tratar da foz de um rio, os exploradores batizaram o lugar com o nome de Rio de Janeiro. Um ano mais tarde, em sua segunda viagem ao Brasil, Américo Vespúcio voltaria ao local que os nativos chamavam de Guanabara* – e ficou tão extasiado com sua beleza quanto da primeira vez.

Eduardo Bueno

---

* Guanabara: Guaná-Pará, do tupi, significa seio do mar. [Houaiss. Segundo Teodoro Sampaio, do tupi, goanã-pará, o "lagamar".]

Do descobrimento do Brasil por Pedro Álvares Cabral, em 22 de abril de 1500, às primeiras descrições do que seria a região batizada de Rio de Janeiro pelo navegador português Gonçalo Coelho, contabiliza-se menos de dois anos. No entanto, a história oficial desse pedaço de terra descoberto pelos portugueses do outro lado do Atlântico demoraria mais meio século para ser conhecida, como resultado de uma estratégia de Portugal de preservar o Brasil dos interesses de outras nações europeias.

Ao contrário do que se imaginava há algum tempo, os primeiros capítulos da história do Rio de Janeiro, e registros do vestir na cidade, não começaram a ser escritos apenas em meados do século XVI, quando se deu sua fundação oficial, mas logo no início dos anos 500 do mesmo século, por meio de relatos de viajantes que aqui estiveram por breves ou longos períodos de tempo, personagens muito distantes da literatura tradicional, porém muito próximos da realidade de um novo continente que acabara de ser descoberto: a América (que recebeu esse nome em homenagem ao seu descobridor, o italiano Américo Vespúcio), também conhecida como Novo Mundo ou *Mundus Novus*.

Navegadores, aventureiros, náufragos, piratas, corsários, traficantes, degredados, nativos, índios, escravos africanos, entre outros, foram personagens dos capítulos iniciais da história da cidade que nos deixaram pistas sobre o vestir daqueles tempos. Foram protagonistas e coadjuvantes das grandes navegações, que considero o primeiro tipo de globalização surgida. Faz todo sentido, portanto, pensar que, séculos depois das grandes navegações e descobrimentos, a expressão "navegar na internet" tenha sido cunhada para definir os passeios de internautas pelo mundo virtual.

Se pensarmos bem, a fase inicial da globalização começou mesmo com as grandes navegações, patrocinadas por reinos e mecenas, que se conectavam ao mundo por meio das rotas comerciais existentes, garantindo intercâmbios comercial e cultural, mas também como resultado desse intenso processo, descobrindo novas terras.

No século XVI, a Ásia era o maior destino da navegação comercial mundial. China e Índia eram provedores de matérias-primas, tecidos, especiarias e metais preciosos para toda a Europa. Logo após o descobrimento do Brasil por Portugal, em 1500, tudo parecia indicar a conveniência da recém-descoberta região como escala estratégica em meio à longa viagem oceânica até as Índias – destino mais frequente de comerciantes e navegadores no período renascentista.

Assim, as expedições ordenadas por D. Manoel, na época rei de Portugal, e financiadas por banqueiros italianos de Florença, que viviam em terras lusas, tinham recomendações expressas de que as embarcações fizessem escala no Brasil antes de seguirem viagem a caminho das Índias. Era no Brasil que os navios portugueses com destino à Ásia "faziam a aguada" ou "tomavam refresco", permanecendo ancorados durante algum tempo, para abastecimento de água, lenha e mantimento, consertos, tratamento de doentes e descanso da tripulação, como os historiadores Janaína Amado e Luiz Carlos Figueiredo contam em seu livro *O Brasil no império português*.

Em 1501, a região que inicialmente servia apenas como "escala" na rota entre a Europa e a Ásia passou a despertar grande interesse no rei de Portugal. O monarca, pressionado pelo contexto dos descobrimentos do período das navegações, ordenou as primeiras expedições de caráter exploratório ao Brasil visando à prospecção de riquezas e metais preciosos, que, acreditava, seriam encontrados nas terras recentemente descobertas e dariam ao reino lusitano mais poder e autonomia.

Uma das mais notórias expedições dessa natureza de que se tem notícia foi a comandada por Gonçalo Coelho, que zarpou de Portugal em direção ao Brasil em maio do mesmo ano. Seria apenas mais uma de tantas outras viagens exploratórias não fosse a presença – entre as centenas de tripulantes das três caravelas que compunham a esquadra – do navegador italiano Américo Vespúcio. Ele servia aos reis católicos espanhóis Fernando de Aragão e Isabel de Castela, e o fato merece ser mencionado, pois Vespúcio era um oficial rico e culto, bem relacionado, amigo de reis, ministros, embaixadores, banqueiros e, segundo estudiosos, considerado o autor do único relato dessa viagem.

Publicado mais tarde com grande sucesso em toda a Europa, esse texto desencadeou no imaginário europeu – por causa dos detalhes descritos – a ideia do paraíso na Terra, a partir de então associado ao continente americano, o "Novo Mundo", que se descortinava diante da Europa, o "velho" continente. A exuberância da natureza tropical e o impacto que certas paisagens vistas ao longo da jornada causaram em Vespúcio podem ter inspirado o oficial e navegador italiano a fazer os registros que acabaram virando referências de "Paraíso na Terra" no imaginário europeu, como narra o jornalista Eduardo Bueno, em seu livro *Náufragos, traficantes e degredados – as primeiras expedições ao Brasil*:

> Em agosto de 1504, um dos primeiros grandes sucessos da história da literatura mundial começou a ser vendido nas feiras e praças de Augsburgo, na Alemanha. Era um panfleto de quinze páginas, escrito em latim, incrementado por algumas ilustrações e com um título bastante sugestivo: *Mundus Novus*. Seu autor era Américo Vespúcio. A narrativa vinha em forma de carta e seu destinatário era Lorenzo di Píer Francesco de Médici, o famoso mecenas italiano. O texto de *Mundus Novus* se concentrava nos aspectos mais sensacionalistas da viagem de Vespúcio. Em cada parágrafo havia a evidente preocupação de ressaltar a exuberância daquela parte do mundo, a estranheza de seus animais, o tamanho descomunal de suas árvores, a lascívia e a crueldade de seus habitantes humanos.

Segundo Bueno, o tom sensacionalista de *Mundus Novus* sobre o exotismo das novas terras descobertas, além de transformar o panfleto em sucesso editorial instantâneo

– que só em seu ano de lançamento teve 12 edições consecutivas – fez com que as atenções do Velho Mundo, como passou a ser chamado o continente europeu, se voltassem imediatamente para essa região do "Novo Mundo", tornando-a objeto de curiosidade e desejo. Sabe-se hoje que o panfleto era, na verdade, uma versão distorcida e cheia de erros – tanto linguísticos, escrito em latim vulgar, quanto geográficos, pois apresentava informações imprecisas, contradições geográficas e erros náuticos – da carta original escrita por Vespúcio para Lorenzo de Médici, nobre florentino. O fato é que o documento inspirou posteriormente outro clássico da literatura renascentista europeia, *A Utopia*, escrito em 1516 pelo reverendo inglês Thomas Morus. Nele o autor também invoca a imagem de um paraíso para descrever o sonho e o deslumbramento de viver em um mundo ideal, distante e exótico – tema compreensivelmente recorrente na literatura europeia do período das grandes navegações e dos descobrimentos.

Apesar de ser uma versão certamente distorcida e fantasiosa de uma carta de conteúdo sério e descritivo, a publicação foi responsável pela popularização da expressão "mundo novo" como definição para um lugar na Terra que reunia – naquele contexto histórico – tudo o que era novidade e ideal aos olhos de um continente que, naquele momento de descobertas, buscava a renovação e o frescor de novos ares e de novas culturas, um clima mais ameno, uma natureza exuberante e, é claro, exotismo. A publicação provavelmente se tornou grande sucesso porque traduzia o espírito do tempo das grandes navegações e dos descobrimentos: o escapismo. Talvez já em *Mundus Novus* tenha-se um bom exemplo da visão fantasiosa da expressão "Paraíso Tropical", cunhada na Europa para definir algumas das primeiras terras do Brasil descobertas e ocupadas pelo elemento europeu e que, de certa maneira, se tornou lugar-comum para se referir a determinadas regiões brasileiras, como o próprio Rio de Janeiro.

A versão da carta de Américo Vespúcio, publicada em 1504, tornou-se grande sucesso editorial. No entanto, não se pode dizer o mesmo dos decepcionantes resultados obtidos na expedição liderada por Gonçalo Coelho anos antes, em busca de riquezas. Nesse caso, as informações acerca da viagem foram compiladas por Vespúcio e Coelho e enviadas ao rei D. Manuel. As descobertas, definitivamente, não correspondiam às expectativas da Coroa Portuguesa quanto às promissoras riquezas que, esperava-se, seriam encontradas no Brasil.

Em seu relatório, entregue ao rei em julho de 1502, logo após desembarcar em Lisboa, Vespúcio afirmava que, além do pau-brasil, árvore encontrada em abundância no Rio de Janeiro e em outras regiões do Brasil, nada de interessante ou valioso havia em terras brasileiras que merecesse atenção ou justificasse a presença ostensiva da Coroa Portuguesa na região. O tom desanimador do relatório do florentino foi, em grande parte, responsável pela decisão de D. Manoel de reduzir os investimentos em vigilância no território brasileiro por pelo menos as duas décadas seguintes. Diante das diminutas potencialidades comerciais do Brasil em relação ao que oferecia a China e a Índia, a Coroa Portuguesa preferiu concentrar seus esforços no comércio com o Oriente, mesmo porque a situação financeira de Portugal no período não permitia excessos e gastos em diferentes frentes. O Oriente era, naquele momento, muito mais promissor, rentável e muito menos arriscado. As riquezas eram conhecidas, o retorno, garantido, e as rotas marítimas, dominadas. Para ter uma ideia do valor das riquezas do Oriente naquela época, conta-se que, em uma das expedições à Índia, Pedro Álvares Cabral, que partira de Portugal com 13 embarcações, teve 9 delas naufragadas. Das 4 remanescentes, 3 retornaram repletas de especiarias – como pimenta, gengibre, noz-moscada, almíscar, açafrão, sândalo –, além de pérolas, pedras como rubis, âmbar, porcelanas e tecidos nobres como a seda. O valor das mercadorias trazidas em 3 caravelas foi duas vezes superior ao investimento e aos gastos com a expedição de 13 navios, o que corresponde a dizer que o naufrágio de 9 embarcações foi compensado pelo valor das mercadorias que enchiam 3 embarcações.

Tingimento de tecido vermelho em um grande caldeirão sobre o fogo – Flemish.
The British Library, London, 1482.

O vermelho e o pau-brasil

Um antigo desejo das elites poderosas, transformado em verdadeira volúpia de aristocratas e clérigos europeus medievais era o de usar vestimentas da cor vermelha. A partir de meados da Idade Média, o principal meio de obtenção desse matriz passou a ser uma madeira de cerne vermelho chamada breazail, brezel ou simplesmente "Brasil".

Ricardo Maranhão

As transformações no vestir europeu foram, de acordo com estudiosos como Eduardo Bueno e Ricardo Maranhão, extremamente importantes, pois, desde o final do século XV, as populações urbanas da Europa encontravam-se em pleno processo de evolução na indumentária, passando a adotar maior distinção e requinte no vestir e abandonando os trajes mais simples, relegados aos camponeses e à maior parte da população que usava roupas sem coloração, com as cores naturais dos fios com que eram tecidas, em geral lã e linho, algodão ou cânhamo, além de outras fibras vegetais. Isso fez com que as matérias-primas para tingirem as peças de roupas da nobreza europeia, sobretudo o vermelho, se tornassem cada vez mais valorizadas no mercado internacional. O vermelho, o carmim escarlate e a púrpura passaram a ser cores diferenciadas da nobreza e, posteriormente, do alto clero – papas e cardeais – sendo vetadas a outros clérigos. Seu uso era, portanto, distintivo e restrito a essas categorias.

Em seu livro *Pau-Brasil, a Cor e o Som*, Maranhão, citando Mazé Leite, Ana Roquero e Michel Pastoreau, compõe um interessante texto sobre a importância e o significado da cor em tempos remotos:

> O vermelho é "cor", acima de tudo. Algumas palavras como *coloratus* em latim e colorado em espanhol significam tanto "vermelho" como "colorido". E na língua russa, a palavra "*krasnoi*" quer dizer tanto "vermelho" como "belo". Um dos motivos do predomínio do vermelho em nossa cultura desde a mais longínqua antiguidade, segundo Michel Pastoreau, deve-se ao fato de que muito cedo o homem começou a fabricar pigmentos vermelhos. Desde o período

Paleolítico. Há 35 mil anos, o ser humano já utilizava o vermelho, obtido com base em argilas e terra avermelhadas. Mas no Neolítico surgiu a erva garance, cujas raízes produzem uma cor enrubescida.

Nas civilizações antigas, o vermelho era utilizado para simbolizar força e poder – na guerra, por exemplo, seu uso nos uniformes de chefes militares romanos, e na religião, pelas cores de um deus como Marte. Relacionado também com o fogo, nas origens do cristianismo, o vermelho era símbolo de vida; por outro lado, o vermelho do sangue de Cristo é usado na consagração da missa e representa a busca da salvação.

Ainda no milênio anterior a Cristo, os fenícios difundiram pelo mar Mediterrâneo o prestígio do vermelho púrpura, adquirido por alto preço pelos reis e personalidades poderosas como símbolo tanto de força política como de elevação espiritual. Isso se consolidou de tal forma que, quando Alexandre, o Grande, conquistou Susa, capital da Pérsia, em 331 a.C., ele encontrou na câmara do palácio real uma espantosa quantidade de fardos de tecidos tingidos com a luminosa púrpura e o carmim escarlate, outra variedade do vermelho.

Era caríssima a forma de extração da tintura púrpura, que se retirava da glândula de um pequeno molusco chamado murex, encontrado apenas nas rochas do litoral de Creta. O processo era de baixo rendimento, chegando alguns a afirmar que para produzir um grama de corante eram necessárias dez mil conchas.

O vermelho era cor distintiva da nobreza e do clero.

Na Europa, o desejo dos nobres de vestir vermelho – uma continuidade do que ocorria nas civilizações mais antigas, nas quais a cor era símbolo de poder e força – era cada vez maior. Com a dificuldade, os altos preços e pouco rendimento de outras matrizes do valioso corante, como o murex, o pau-brasil passou a ser extremamente cobiçado. Desde que surgiu no mercado mediterrâneo, na Baixa Idade Média, vinda do Oriente, a madeira proveniente da Índia e de Sumatra, que tinha no interior de seu caule a matriz para o pigmento de tão desejada cor, passou a ser distribuída aos tintureiros de toda a Europa. Assim, a decisão da Coroa Portuguesa de abandonar temporariamente a vigilância ostensiva em terras brasileiras abriu a guarda desses pedaços de terra ao crescente e agressivo assédio por outras nações europeias, notadamente a França, interessada na exploração e no tráfico do pau-brasil. Se a Coroa Portuguesa não estava atenta e interessada no que havia a se explorar na região por não considerar rentável o suficiente, outras nações estavam.

Decidida a concentrar seus recursos no comércio com o Oriente, mas alertada sobre o assédio de outras nações e receosa em abandonar completamente as terras recém-descobertas, a Coroa Portuguesa lançou mão de uma interessante, porém não inédita, estratégia (já que o mesmo havia sido implementado nas colônias portuguesas da África) visando garantir a segurança de seus domínios e a exploração das terras sem, no entanto, ter de investir seus próprios recursos: arrendar terras brasileiras a mercadores portugueses ricos ou endividados para que, dessa maneira, o território fosse ocupado, explorado e vigiado por portugueses, sem que isso implicasse custo aos cofres da Coroa.

Em 1502, D. Manoel assinou o "contrato de arrendamento" do Brasil, outorgado a um grupo de ricos mercadores portugueses, geralmente cristãos novos – judeus convertidos ao cristianismo por decretos reais, conhecidos na época como "conversos", "batizados em pé", "marranos", "anussins" ou "gente nação" –, que, em troca, assumiam certos compromissos expressos com o rei. Em linhas gerais, os contratos obrigavam os mercadores a arcarem com todas as despesas relativas à vigilância de território e exploração das terras no Brasil por determinado tempo. Tais despesas incluíam desde a aquisição de caravelas, formação das expedições, manutenção da frota e remuneração da tripulação, até o compromisso de descoberta anual de 1.800 quilômetros de terras, construção de fortalezas e sua manutenção pelo período de três anos. Em troca do benefício de explorar e ocupar as terras, no primeiro ano, os mercadores estariam isentos de quaisquer impostos. Contudo, a partir do segundo ano, eram obrigados a pagar à Coroa Portuguesa não apenas porcentagens sobre as riquezas ou mercadorias que porventura viessem a encontrar, mas também efetuar parte do pagamento em mercadorias, fossem elas pau-brasil, escravos – como eram chamados os índios naquele período – ou quaisquer outras descobertas na região, por um período de três anos.

Um dos personagens mais notáveis desse período foi Fernando de Noronha. Em um trecho do livro *Brasil: uma história. Cinco séculos de um país em construção*, Eduardo Bueno fala sobre ele e descreve sua percepção de como se deu, na prática, a exploração de riquezas como o pau-brasil:

> Durante dez anos o Brasil teve um dono. Ao fechar um contrato de exclusividade para exploração do pau-brasil, em 1502, o cristão-novo Fernão de Noronha arrendou a Colônia por três anos, à frente de um consórcio de judeus conversos. O acordo teria sido renovado em três ocasiões. As obrigações do cartel eram: explorar o pau-brasil, defender a terra contra a cobiça já viva, de espanhóis e franceses, estabelecer uma feitoria, explorar 900 léguas (5,9 mil quilômetros) de litoral e pagar um quinto do lucro à Coroa. Em 1503, Noronha armou sua primeira expedição, descobriu a ilha que hoje tem seu nome e iniciou a exploração do "pau-de-tinta". Noronha, ou Loronha, agente dos judeus alemães Függer, era um armador nascido nas Astúrias, na Espanha, que enviava frotas à Índia e possuía uma rede de negócios, com sede em Londres.

O sistema de arrendamento de terras brasileiras a cristãos novos favoreceu o crescimento da exploração e do comércio do pau-brasil. Por coincidência, grande parte dos cristãos novos europeus encontrava-se intensamente envolvida na manufatura têxtil, naqueles dias um importante motor do desenvolvimento geral da economia do continente europeu. A exploração da matéria-prima em solo brasileiro encontrava-se igualmente nas mãos de cristãos novos portugueses arrendatários de terras brasileiras, muitos dos quais, por sua vez, mantinham negócios com comerciantes italianos, sobretudo florentinos, uma vez que em Florença, na Itália, havia muitas famílias de negociantes ligadas à fiação, à tecelagem e ao tingimento de tecidos. Formou-se, então, já naqueles tempos, uma interessante conexão entre o Rio e a Europa, como veremos a seguir – já envolvida em um processo de refinamento do vestir –, ligada ao comércio de matéria-prima específica utilizada no tingimento das vestimentas dos nobres europeus. Segundo o historiador Ricardo Maranhão, após muitas discussões, estudos recentes fazem crer que em 1503 foi construída na atual Ilha do Governador, no Rio de Janeiro, uma edificação que durante algum tempo foi importante para o tráfico de pau-brasil.

Os efeitos de mudanças nos hábitos de vestir na Europa foram diretamente responsáveis pela intensificação da exploração e do comércio do pau-brasil brasileiro naquele continente. De acordo com Eduardo Bueno, embora tenha se tornado a principal e quase única fonte de renda que Portugal encontrou no Brasil no período, o pau-brasil não foi estudado nem classificado pelos portugueses. O primeiro estudo científico sobre a árvore só foi realizado mais de um século depois do descobrimento do Brasil, em 1648, pelos botânicos britânicos Willem Piso e George Marcgraw e registrado no documento Historia Naturalis Brasilae, patrocinado pelo conde holandês Maurício de Nassau. Em 1789, a planta foi classificada pelo botânico Lamarck, que a batizou *Caesalpinia echinata*. O gênero *Caesalpinia* havia sido criado em homenagem ao botânico e médico do papa Clemente VIII, André Cesalpino. Já a denominação *echinata* é proveniente do étimo grego "ouriço", que se refere à grande quantidade de espinhos encontrados no pau-brasil. Apesar de as características e a qualidade da matéria-prima encontrada em terras brasileiras (*Caesalpinia echinata*) serem muito diferentes e inferiores àquelas originárias do Extremo Oriente, do Sudeste Asiático, sua descoberta foi muito importante e festejada, pois, com a queda de Constantinopla, em 1453, e o subsequente bloqueio das rotas orientais ao Ocidente, pelos turcos, o Brasil passou a ser o mais importante fornecedor dessa matéria-prima para a Europa. O tipo mais conhecido era de uma espécie nativa de Sumatra, na Indonésia (a *Caesalpinia sappan*, também conhecida como *sapang* – em malaio – do sânscrito *patanga*, ou "vermelho"). Do tronco dessa árvore extraía-se o pó de vermelho intenso, utilizado no tingimento de tecidos como sedas, linhos e algodões que vestiam os nobres europeus.

A partir do século XVII, grande parte dos tecidos produzidos em Flandres e na Inglaterra era tingida com o pau-de-tinta proveniente do Brasil. Segundo estudiosos, as primeiras referências à chegada do pau-de-tinta à Europa datam do século XI, em 1085, quando foi registrado em Saint Omer, na França, o desembarque de uma carga ou *kerka de bersil* (carga de bersil). Pouco tempo depois, a palavra evoluiu para *brezil*.

Na Espanha e em Portugal, a madeira já era conhecida como "brasil" desde 1220. Em 1193, em Ferrara; em 1221, em Módena; e 1243, em Gênova, na Itália, também foram encontrados registros alfandegários da matéria-prima, tendo sido a árvore chamada na Itália de *bracire* e, mais tarde, *verzino*, que, aliás, foi a forma utilizada por Américo Vespúcio para definir a madeira em um documento descritivo de suas experiências "além-mar" enviado ao mandatário fiorentino Pietro Soderini, seu amigo.

O texto, que ficou conhecido como *Lettera a Soderini* (Carta a Soderini), transformou-se em um livreto de 32 páginas cuja capa trazia uma excêntrica gravura que reproduzia um cenário tropical, com índios, palmeiras e barcos observados por um monarca. Publicado em 1506, em Florença, desfrutou de um êxito ainda maior que *Mundus Novus*. Segundo Bueno, o êxito foi tão grande que as terras descobertas por Colombo e por outros exploradores que vieram a seguir passaram a ser chamadas de América. Após as Cruzadas na Palestina, os europeus passaram a ter conhecimento de várias substâncias para tingimento de roupas, mas nenhuma agradava mais do que o "brasil".

A origem da palavra que posteriormente compôs a expressão pau-brasil, como hoje é utilizada, é muito remota. O mais provável é que as palavras *breazail, brezel, brezil* ou *brésil*, na França, e *bracire, brazili* ou *verzino*, na Itália, provenham do francês *bersil*, cujo significado mais provável é brasa.

O Rio de Janeiro foi das poucas regiões no Brasil a ser agraciada com a existência do pau-brasil. Com a intensificada utilização do pigmento para coloração de tecidos na

Europa, houve também aumento da exploração e do comércio do pau-brasil e, com isso, a necessidade de instalação no Brasil de depósitos e armazéns para estocagem e comercialização dessa matéria-prima. A partir de então, os arrendatários decidiram estabelecer feitorias – que eram entrepostos comerciais estrategicamente instalados em regiões do litoral brasileiro onde havia pau-brasil.

Atlas Miller.
Biblioteca Nacional de Paris, 1519.

Por volta de janeiro ou fevereiro de cada ano, as toras de pau-brasil derrubadas (trabalho feito pelos índios) ao longo de vários meses eram reunidas, transportadas e estocadas nos entrepostos, que em nada lembravam aqueles localizados na África, na Índia, no Japão e na China, bem mais organizados. Eram, ao contrário, estruturas toscas formadas por galpões de madeira delimitados por toras pontiagudas, que acomodavam de três a quatro pessoas, em que arcas e caixotes improvisavam mobílias. Não havia conforto ou diversão no local, e a vida dos homens que ali permaneciam por um ano inteiro, ou até mais tempo, era extremamente monótona. Diz-se que uma das poucas distrações dos homens nas feitorias era ensinar papagaios a falar. Os contatos com os nativos e com o território selvagem que os cercava deveriam se restringir ao estritamente necessário para que não houvesse qualquer risco. Imagina-se que essa tenha sido uma difícil regra do regimento a ser respeitada.

O importante era a preservação da carga de pau-brasil e a manutenção de seu comércio para a Europa, onde as toras de madeira seriam lixadas, o pó vermelho seria extraído do miolo do caule e fermentado, originando o pigmento vermelho, e as roupas dos nobres europeus, então, tingidas com o pau-de-tinta, ou o pau-brasil do Brasil, **alguns localizados no litoral do Rio de Janeiro**. Assim, desde os tempos mais remotos, o Rio já integrava o circuito de moda internacional, na medida em que era uma das fontes da matéria-prima para colorir os tecidos que desfilaram durante um longo tempo entre a nobreza nas Cortes europeias.

Desembarque de Cabral em Porto Seguro, em 1500.
Oscar Pereira da Silva, Museu Paulista da USP, 1922.

Os índios, inventores dos cariocas

Imaginem vocês qual não foi a surpresa dos portugueses quando aqui chegaram e encontraram, pela primeira vez, aquele bando de selvagens desnudos, vivendo no meio da floresta tropical, cercados por pássaros, animais selvagens e plantas exóticas, sem fé, sem rei e sem lei.

Francisco Elia

O pau-brasil crescia apenas no Rio de Janeiro, no sul da Bahia e em Pernambuco, daí a escolha de tais regiões para a instalação de entrepostos para estocagem da madeira. Em 1519, três eram as feitorias: Rio de Janeiro, Cabo Frio e Pernambuco. No Rio de Janeiro, o pau-brasil era tão abundante que crescia praticamente no limite da praia. Talvez por esse motivo o português Gonçalo Coelho tenha fundado no Rio uma das primeiras feitorias brasileiras, justamente em uma região em que hoje – como afirmam alguns historiadores – se localizam as praias da Glória e do Flamengo, onde desaguava o rio hoje conhecido como Carioca, mas que na época era denominado Aguada dos Marinheiros.

O historiador Nireu Cavalcanti* explica que, em 1531, o curso d'água abastecia os índios e os navios que paravam na Baía de Guanabara. E que, naquele ano, para expulsar estrangeiros da costa, os irmãos Martim Afonso e Pero Lopes de Souza atracaram na foz, com sua frota, desembarcaram e construíram uma casa de pedra. Segundo Nireu, uma das versões contada por estudiosos da língua tupi é que os índios acharam esquisito morar em casa de pedra. O rio tinha muito acari, um tipo de peixe. E os índios então criaram a expressão *Akari Oka*, fazendo uma analogia: os portugueses (pela semelhança entre suas armaduras e as escamas do peixe) eram, aos olhos dos nativos, como os acaris e moravam em uma casa (oca) de pedra. A expressão tupi *Akari Oka* virou "Carioca" para os portugueses.

---

* Caderno Rio, jornal *O Globo*, 14/1/18.

O Carioca. Alguns associam-no à palavra cari ou acari, o peixe cascudo dos nossos rios, e sugerem, com seriedade que os colonizadores lusitanos, revestidos de suas pesadas roupagens, não raro armaduras metálicas, fizeram recordar aos indígenas esse extravagante peixe de água doce.*

Armadura portuguesa do século XVI, que aos olhos dos nativos se assemelhava ao peixe acari.

Interessante observar que a expressão de origem indígena é uma descrição (nativa) dos primeiros moradores da região, tendo como referência suas vestimentas militares. Na visão dos nativos, as armaduras e os elmos dos portugueses faziam com que eles mais se assemelhassem a peixes cheios de escamas do que a seres humanos. A percepção faz todo sentido se pensarmos que as populações nativas não tinham, até o momento da chegada dos portugueses à região, qualquer contato com outros estrangeiros. A versão "aportuguesada" da expressão em tupi para designar os estrangeiros em terras nativas (em suas vestimentas militares) nos leva a refletir sobre algo curioso: os cariocas, hoje mundialmente famosos como os nativos do Rio, eram, na verdade e originalmente… os estrangeiros. Carioca, expressão cunhada pelos tupis para designar o estrangeiro que foi parar no Rio, é, curiosamente hoje, a palavra que brasileiros e estrangeiros usam para definir os "originais" do Rio. A palavra surgiu no século XVI, mas, segundo Cavalcanti, data do final do século XVIII a primeira referência conhecida do termo carioca para designar os que nascem na cidade do Rio. E foi em um documento no qual militares citavam problemas para montar tropas com os cariocas, que já eram, à época, considerados festeiros.

---

* KNOX, John France, "Introdução". *In*: GAUTHEROT, Marcel. *Rio de Janeiro*. Munique: Wilhelm Andermann Verlag, 1965.

Em sua fase inicial no período colonial, as feitorias negociavam diretamente com os nativos, que faziam a exploração da madeira, recolhendo e armazenando os produtos que deveriam ser transportados para a metrópole. A árvore do pau-brasil já era há muito conhecida pelos índios nativos, que a chamavam de ibirapitanga – que significa pau vermelho – e a utilizavam como matéria-prima para a confecção de utensílios de caça, recurso decorativo como corante para tingir penas brancas (na confecção de adornos) e fibras, assim como para pintura corporal. Logo o pau-brasil também seria empregado como matéria-prima utilizada para a maquiagem das mulheres da colônia, que passavam em suas bochechas uma espécie de pasta concentrada desse pigmento, dando um tom rosado em seus rostos.

Os troncos do pau-brasil eram extremamente grossos e resistentes. As árvores mediam entre 10 e 15 metros e levavam cerca de duas horas para serem derrubadas com machado de pedra ou 15 minutos com machado de ferro. O comércio do pau-brasil era estimulado por portugueses e franceses, mas o trabalho pesado com a árvore – derrubá-la, descascá-la e prepará-la, organizando-a em toras para comercialização – era realizado por tabajaras, tupiniquins e tupinambás. Segundo o historiador Armelle Enders, no início da nossa era, populações de tradição tupi-guarani começaram a deixar as bacias dos rios Paraná e Paraguai para ganharem a costa. No século V, os tupis dominavam a região do Rio de Janeiro, onde expulsaram os primeiros habitantes, povoando a partir de 1500 o litoral, da embocadura do Amazonas até Santa Catarina. Assim, a Baía de Guanabara era habitada pelos tamoios, que são tupinambás e, portanto, pertencem ao grupo linguístico e cultural tupi.

Em troca de todo o trabalho de corte e do transporte da madeira, os índios recebiam os chamados "resgates", que consistiam em espelhos, contas e miçangas, vidrilhos, pentes, peças de roupas e pedaços de tecidos. Com o tempo, às quinquilharias habituais foram sendo incorporadas outras "moedas de troca", como facas, tesouras, anzóis e machados – artefatos apresentados aos índios pelos europeus e muito cobiçados pelos nativos, pois facilitavam a caça, a pesca e garantiam mais proteção em situações de perigo na floresta.

Em poucos anos, os nativos brasileiros perceberam o grande interesse que a árvore despertava nos europeus, sobretudo portugueses e franceses, mas ainda não faziam distinção para qual dos exploradores deveriam trabalhar, ignorando a animosidade entre ambos. Com o tempo, passaram a distingui-los entre *mair*, franceses de pele clara e cabelos louros, boa parte oriunda da Normandia ou da Bretanha, e *perós*, como chamavam os portugueses de pele e cabelos morenos (daí o nome da Praia do Peró, em Cabo Frio). Por sua vez, os europeus que aqui chegaram encontraram quase que exclusivamente tribos de língua tupi-guarani, mas as sociedades indígenas eram de tal forma fragmentadas que, mesmo depois de grande esforço tentando identificar suas características comuns, eles resolvem englobá-las todas como pertencentes a um núcleo comum tupi.

Os padres jesuítas, que ao Brasil chegaram com a missão de catequizar a população indígena, elaboraram, a partir do século XVI, uma espécie de "língua franca" que possibilitou aos colonos comunicarem-se com as diferentes tribos, facilitando, com isso, a comunicação entre índios e portugueses. Assim, classificavam dois grupos de índios: os tupis, com quem tinham mais facilidade de comunicação, e os tapuias, categoria de ameríndios designada pelos tupis como pertencentes aos outros grupos linguísticos e culturais, cujos usos e costumes eram desconhecidos por tupis e europeus. Os tamoios, que pertenciam ao mesmo grupo cultural e linguístico dos tupis, odiavam os portugueses e se entenderam bem com os franceses, com quem passaram a formar alianças nos frequentes confrontos contra os portugueses.

Em relato de 1557, o missionário calvinista francês Jean de Lery, que, com o frade franciscano André Thevet, integrou a comitiva de Nicolas Villegagnon no emblemático projeto França Antártica e cujos registros sugerem grande conhecimento acerca dos costumes dos índios, principalmente tupinambás, observava a admiração e o desejo que as quinquilharias, sobretudo as peças de roupas e os pedaços de tecidos, despertavam nos índios, em troca do árduo trabalho, como descreve Eduardo Bueno:

> Tanto por causa da dureza e, consequentemente, da dificuldade que existe em cortar essa madeira, quanto por não existirem nessa terra cavalos, asnos nem outros animais para transportar, carrear ou arrastar fardos, é absolutamente necessário que sejam os homens a fazer esse serviço, e os estrangeiros que por lá viajam, se não fossem auxiliados pelos selvagens, não poderiam carregar um navio médio em um ano. Portanto, em troca de alguns trajes de frisa, camisas de algodão, chapéus, facas e outras mercadorias que lhes são entregues, os selvagens, com as machadinhas, as cunhas de ferro e outras ferramentas que os daqui lhes dão, não somente cortam, serram, racham, toram e arredondam esse pau-brasil, mas também o transportam sobre os ombros nus, no mais das vezes por uma ou duas léguas, através de montanhas e léguas bastante incômodas, até a beira do mar, junto às embarcações que estão ancoradas, onde os marinheiros os recebem.

Rafael Freitas da Silva, em seu livro *O Rio antes do Rio*, cita relatos de estrangeiros no período colonial dando conta de que a sofreguidão dos nativos pelos resgates era tanta que, certa vez, uma índia subiu em uma nau europeia e dentro de uma cabine encontrou um prego do tamanho de um dedo. Encantada, o apanhou e tentou escondê-lo nos cabelos para levá-lo consigo. Eram também comuns as descrições em textos do período que falam sobre a desproporcionalidade das trocas que ocorriam entre portugueses e índios, quando uma faca ou um anzol, por exemplo, eram trocados por cinco ou seis galinhas ou um único espelho ou tesoura, por uma quantidade de peixes tão grande que nem uma dezena de homens seria capaz de consumi-la.

Uma vez extraído e organizado em toras, o pau-brasil era então transportado para Lisboa e de lá para Amsterdã, onde era raspado, transformado em pó e comercializado para toda a Europa, especialmente França e Itália. Em razão do intenso movimento de navios que vinham, ano após ano, desde a fundação da feitoria do Rio de Janeiro, recolher as cargas de pau-de-tinta do Brasil, o território que, em 1500, Pedro Álvares Cabral batizara de Terra de Vera Cruz seria, a partir de 1504, conhecido como Terra do Brasil. Os homens encarregados do tráfico do pau-brasil eram chamados de brasileiros, do mesmo modo que posteriormente se denominaram negreiros os que se ocupavam do tráfico de negros africanos. Brasileiro, portanto, não foi originalmente um nome dado para definir o nascido no Brasil. A expressão "brasileiros" como nascidos ou habitantes das terras descobertas por Portugal só é usada com esse sentido após a vinda da Família Real Portuguesa para o país, séculos depois.

Estima-se que, ao todo, 7 milhões de pés de pau-brasil tenham sido derrubados – só no primeiro ano de exploração foram mais de 2 milhões. Historiadores falam em 20 mil toras de pau-brasil enviadas por ano para a Europa durante três séculos de exploração. O processo era tão agressivo que, em 1558, as árvores, antes abundantes próximas às praias, passaram a ser encontradas apenas em regiões mais distantes, a mais de 20 km da costa. Um navio carregado de pau-brasil valia sete vezes menos que um navio carregado de especiarias do Oriente. Ainda assim, resultava em lucro de 300%. Em 1605, a Coroa Portuguesa, alarmada com a possibilidade de extinção da matéria-prima por corte indiscriminado, passou a tentar controlar a extração, designando inclusive uma espécie de guardas-florestais nas regiões onde a exploração era mais intensa. Contudo a medida não foi eficaz: a madeira continuou a ser explorada até o seu esgotamento. O pau-brasil foi, literalmente, uma vítima da moda!

A exploração do pau-brasil era tão intensa, e o gosto dos nativos pelos resgates tão grande, que os índios se antecipavam às encomendas e já deixavam centenas de toras cortadas e estocadas à espera dos europeus em troca das quinquilharias.

Iracema, *Museu Nacional de Belas Artes.*
José Maria de Medeiros, 1884.

Peças de roupas e pedaços de tecidos, apesar de muito desejados, eram, no entanto, mera curiosidade para os nativos. Na cultura indígena, a ideia de cobrir o corpo com tecidos não existia, segundo Jean de Léry.

> Andam os índios totalmente nus, enfeitando-se para solenidades, pintam o corpo com desenhos de diversas cores e escurecem as coxas e as pernas com suco de jenipapo que, ao vê-los de longe, pode-se imaginar estarem vestidos com calças de padre. Usam ao pescoço crescentes de ossos lisos, brancos como alabastro a que chamam Jacy, e conchas polidas, furadas ao centro e enfiadas em grandes cordões de algodão; logo que nascem furam o lábio inferior e na adolescência aí enfiam osso bem polido e alvo como marfim. Quando adultos usam uma pedra verde e alguns, não contentes com uma, trazem duas nas faces furadas para esse fim. Enfeitam-se nas solenidades com tinta de pau-brasil e cobrem-se com penas de diversas cores. É um prazer contemplar esses verdadeiros papagaios selvagens revestidos de vermelho. Na cabeça usam ornatos de osso branco – as mulheres usam conchas como cinto, alguns de mais de três braças de comprimento [...] Quando vão à guerra, ou quando matam com solenidade um prisioneiro, enfeitam-se com vestes – máscaras, braceletes e outros ornatos de penas: verdes, encarnadas ou azuis de incomparável beleza natural.*

Resistentes à aculturação, entre os costumes aos quais não se submetiam facilmente estava justamente o de terem seus corpos cobertos por roupas. Nos relatos quinhentistas sobre os usos e costumes dos nativos que habitavam a região do Rio de Janeiro, são patentes algumas características como a valorização da vida ao ar livre, a naturalidade com a nudez do corpo e o acentuado gosto pelas cores vivas e os adornos. Plumas, raízes, fibras e corantes, como o urucum, eram alguns de seus "itens de vestuário". As roupas e os tecidos recebidos como resgates não tinham qualquer serventia. A decoração do corpo com pinturas e adornos, sim, era uma rotina no cotidiano das tribos indígenas que habitavam a região.

Por outro lado, para os colonizadores portugueses, por questões óbvias, como o rigor da religião católica na época, a nudez era algo inaceitável. Como Portugal era um país

---

* Acervo Iconográfico da Biblioteca Nacional. *A Indumentária no Rio de Janeiro*, Séculos XVI a XIX. Estudos de Lygia da Fonseca Fernandes da Cunha. Organizadores: Renata Santos, Marcos Venicio Ribeiro e Maria de Lourdes Viana Lyra.

católico em um período no qual ainda se vivia à sombra da Inquisição e da crença de que a nudez era uma tentação diretamente vinculada ao mal, ao fazerem os índios prisioneiros, uma das primeiras providências dos colonizadores era obrigar os cativos a vestirem roupas ou quaisquer outros trapos disponíveis que cobrissem seus "sexos" ou suas "vergonhas", como se dizia. Mas se o desconforto dos portugueses com a nudez dos nativos era grande, o incômodo que as roupas causavam nos nativos era ainda maior. Jean de Léry, em relato no seu livro *Voyage faict en la Terre du Brésil* (*Viagem à terra do Brasil*), publicado no século XVI, reforçava a dificuldade de os brancos europeus convencerem os nativos a usarem roupas. Segundo o autor, somente o castigo físico conseguia impor o uso da roupa às índias:

> Embora fizéssemos cobrir à força as prisioneiras de guerra que havíamos comprado e que mantínhamos como escravas para trabalharem em nosso forte, assim que caía a noite, no entanto, elas despiam secretamente suas camisas e outros trapos que lhes eram dados; era preciso que, para seu prazer e antes de se deitarem, caminhassem nuas pela nossa ilha. Enfim, se pudessem escolher, e se, a fortes chicotadas, não tivessem sido obrigadas a vestir-se, essas pobres miseráveis teriam preferido suportar as queimaduras e o calor do sol, e até mesmo ter os braços e ombros esfolados por carregarem continuamente a terra e as pedras, a suportar algo sobre elas.

Por outro lado, entre os índios, a familiaridade com a nudez era tal, e o estranhamento causado pelas roupas era tamanho, que no diário de Anthony Knivet, marujo inglês de origem nobre, abandonado em meio aos canibais por uma expedição inglesa e posteriormente capturado pelos portugueses e levado para o Rio de Janeiro, há uma curiosa passagem em que narra o incrível caso de um índio incapaz de reconhecer um membro de sua própria tribo pelo simples fato de ele estar vestido. Na mesma passagem, Knivet descreve, ao contrário, sua própria surpresa e estranhamento ao ver, pela primeira vez na vida, seres – na verdade índios – que ele acreditava se parecerem com aves, por causa do corpo coberto por plumas e penas.

> Os dois canibais que capturamos no barco espantaram-se de ver homens com roupas, a ponto de não reconhecerem o membro de sua própria tribo, que me acompanhava, quando

o viram trajado como um português. Se eles se espantaram conosco, não me espantei menos com eles, pois em todas as minhas viagens eu nunca tinha visto canibais desse tipo. Assim que os vi julguei que nascessem com penas na cabeça e no corpo, como pássaros. Na verdade, eles besuntavam o próprio corpo com a seiva dos espinhos de um bálsamo e cobriam-no todo com penas coloridas, de tal forma que não restava uma só parte da pele nua, exceto as pernas.

Em outro relato de Knivet, há mais descrições sobre índios que viviam, segundo seu cálculo, a 18 léguas ao sul do Rio de Janeiro. Nele, o aventureiro conta que as mulheres daquela tribo pintavam o rosto e o corpo com urucum e que tanto homens quanto mulheres usavam os cabelos compridos, caindo pelos lados.

Sobre os índios tamoios, o aventureiro descrevia serem homens "bem apessoados quanto qualquer europeu" e segue destacando a boa forma física masculina comprovada pela nudez total e a vaidade no uso de enfeites e arranjos de penas coloridas produzindo "bonitos efeitos". Também merecem registro por parte do estrangeiro o asseio das índias, que, segundo ele, tinham pernas bem torneadas, cinturas muito finas, mãos bonitas, rostos "bem talhados" e tatuagens nos seios. A beleza dos cabelos longos e saudáveis também chamava a atenção do forasteiro. Os cuidados com o corpo, segundo ele, incluíam a depilação. Conforme o viajante, os selvagens depilavam-se cuidadosamente com uma espécie de lasca, afiada como uma lâmina. As mulheres, conta, "arrancavam todos os pelos que nasciam, como se estivessem aparando grama com navalha".

Relatos do mercenário e arcabuzeiro alemão Hans Staden, que em meados do século XVI por duas vezes esteve nas costas brasileiras, tendo convivido durante muitos anos com índios canibais, reforçam a extrema vaidade dos nativos, especialmente os tupinambás, cujos hábitos e cuidados com a aparência renderam registro em uma espécie de diário, no qual o aventureiro descrevia:

> Raspam o cabelo no alto da cabeça, e em torno dela deixam uma coroa de cabelos, como os monges. Perguntei-lhes frequentemente de onde vinha esse penteado, e diziam que

seus antepassados o haviam visto num homem chamado Meire Humane e que havia feito vários milagres entre eles. Era considerado um profeta ou apóstolo. Perguntei ainda como cortavam os cabelos antes de os navios lhes trazerem tesouras. Responderam que pegavam uma cunha de pedra, seguravam outro objeto por baixo e batiam nele de forma a cortar os cabelos. O corte no meio da cabeça, faziam-no com a lasca de uma pedra apropriada para esse fim e que usavam sempre para cortar coisas.

O mercenário narrava ainda que os homens da tribo eram muito vaidosos; preparavam ornamentos com penas vermelhas, que colocavam ao redor da cabeça, e apreciavam colares e ornamentos usados no pescoço, feitos com conchas de grandes caracóis marinhos, denominados *matapus*. Dessas mesmas conchas, faziam também ornamentos em forma de meia-lua e outros redondos, todos, segundo o aventureiro, muito difíceis de serem confeccionados. Nos braços, segundo ele, os nativos usavam conjuntos de penas vermelhas e brancas, que eram coladas por todo o corpo com uma substância viscosa que escorria das árvores. Pintavam o tronco, os braços e as pernas de preto e vermelho, e em ocasiões especiais, como festejos ou guerra, usavam um grande ornamento feito de penas de ema amarrado sobre as nádegas.

Canibais com penas nas nádegas e índios adornados com penas.
Hans Staden.

Sobre os adornos das mulheres, Staden relata que pintavam a parte inferior do rosto e o corpo como os homens, mas deixavam o cabelo ficar muito comprido, como as mulheres europeias. Que as nativas tinham furos nas orelhas e que nelas penduravam enormes ornamentos redondos, com um palmo de comprimento e uma polegada de espessura.

Também chamava a atenção do aventureiro o valor que os nativos davam às penas de pássaros, consideradas verdadeiras preciosidades entre eles. Para Staden, o valor que os nativos davam para determinadas penas era comparável ao valor que os europeus davam ao dinheiro: os que tinham muitas dessas penas eram considerados "ricos" e os que tinham, além das penas, as mais belas pedras para os lábios e as bochechas, considerados ainda mais poderosos.

O gosto dos nativos pela ornamentação, pela arte plumária, bem como pelas cores fortes e vibrantes em seus adornos e na pintura corporal comprova a forte ligação desses povos com a natureza tropical e a geografia da região. Para o antropólogo Darcy Ribeiro – em *O povo brasileiro* –, tal comportamento demonstrava a busca pelo belo e pela perfeição. Por meio dos adornos, os índios faziam essa conexão, como era o caso dos jovens, que aplicavam plumas sobre os corpos pintados de urucum, dando à pele um tom avermelhado, ou então a pintura corporal com o jenipapo, que resultava em tons de verde-azulado. Enfeites e adornos como brincos, colares, cocares, braceletes que utilizavam penas, sementes, dentes, peles e ossos de animais integravam o repertório indígena tanto em simples tarefas do dia a dia quanto em festividades, rituais religiosos ou na preparação para as guerras. Essa explosão de cores impressionava os estrangeiros.

O exotismo e a exuberância da arte plumária despertou enorme curiosidade e interesse nos europeus. As aves, especialmente os papagaios com sua coloridíssima plumagem e capacidade de reproduzir os sons da fala humana, provocaram um grande impacto em Portugal e em boa parte da Europa ocidental, onde animais silvestres e aves eram, por seu exotismo, vendidos a preços altíssimos e muitas vezes presenteados a nobres europeus, que os expunham como objetos de distinção e poder em festas e recepções. A pele de animais silvestres e a plumagem das aves encontradas no Brasil eram utilizadas na Europa em acessórios, roupas, decoração e joias. O uso de penas e plumas como adereço difundiu-se na Europa após o retorno dos cruzados do Oriente. Segundo Carl E. H. Vieira de Mello, influenciados pela aristocracia sarracena, que usava plumas nos turbantes, distinguindo o nobre de um plebeu, os cavaleiros também começaram a adornar seus elmos com plumas, o que posteriormente foi inclusive adotado e inserido nos brasões, nos cocares e paquifes do século XIII. Somente no final do século XV, quando se intensificou o comércio com as Índias, essa mercadoria passou a ser amplamente difundida, e seu uso foi também adotado pela burguesia.

Ainda segundo Vieira de Mello, são poucas as notícias disponíveis sobre o tráfico plumaceiro em razão dos poucos registros da época, mas Hans Staden e Thévet foram testemunhas de frequentes carregamentos de plumas conduzidos por índios que os franceses costumavam praticar na região.

Fora as toras de pau-brasil, as mercadorias traficadas para a Europa eram variadas e, de acordo com o antropólogo Gilberto Freyre, em grande volume, embarcadas em numerosas naus, enviadas por armadores de países como Holanda e França. Alguns navios chegavam a levar 3 mil toras de pau-brasil, 3 mil peles de onça, plumas e até 600 papagaios. Não à toa, de 1502 a 1505, o Brasil foi também conhecido como Terra dos Papagaios ou *Terra Papagallis*.

Entretanto, não era apenas o exotismo de aves e animais que exercia fascínio nos viajantes europeus. Os indígenas brasileiros eram considerados uma nova espécie da humanidade, a tal ponto de serem também levados para a Europa como curiosidades. Passaram a ser exibidos nas Cortes, desde o início do século XVI. Conta-se que foram inúmeros os nativos levados para a Europa que acabaram permanecendo por lá.

Entre os casos emblemáticos envolvendo o fascínio dos europeus pelos índios, um dos mais interessantes talvez seja o que ficou conhecido como a "Festa Brasileira em Rouen", na França, em 1550. Promovida por armadores e comerciantes franceses com o intuito de convencer o rei Henrique II e a rainha Catarina de Médici a investir em expedições exploratórias ilegais ao Brasil, a festa, segundo o historiador Eduardo Bueno, era, na verdade, um espetáculo – talvez o primeiro grande show "promocional" brasileiro na Europa de que se tem notícia – que recriava com requintes épicos um ambiente que remetia à exuberante natureza atribuída ao Brasil.

Brazilian ball to Henry II.
Rouen, França, 1550.

A ideia era impressionar os monarcas mostrando como era a vida nos trópicos, para que os "investidores" comprassem o projeto que estava sendo "vendido", de financiar as tais expedições exploratórias ao "Paraíso" na Terra. Para tanto, malocas, árvores, aves, animais, flores, frutos e pelo menos cinquenta nativos foram levados do Brasil para a França. A esses elementos nativos, misturaram-se centenas de figurantes que, juntos, simulavam cenas de atividades do cotidiano selvagem no "Paraíso", como a caça, a pesca, a coleta de frutas e de pau-brasil e até mesmo rituais e guerras entre tribos. O evento, conta-se, causou enorme furor. Diz-se que na plateia estavam também outros "potenciais investidores", como a rainha Mary Stuart, da Escócia, príncipes, duques, condes, barões, embaixadores, bispos, cardeais, entre outros importantes nobres, além de Nicolas Villegagnon, que viria a ser o líder da chamada "França Antártica", projeto de ocupação de parte do Rio de Janeiro por tropas francesas que, de fato, se concretizou alguns anos depois desse memorável show. Sinal de que provavelmente os objetivos da festa tenham surtido os efeitos desejados e o projeto obtido êxito.

O tráfico entre a Normandia e o Brasil, aliás, era tão intenso e rentoso que, na mesma região de Rouen, conta-se ter sido construída em 1550 uma "esplêndida estalagem", cujo sugestivo nome era *L'Isle Du Brésil* (A Ilha do Brasil). Decoravam a construção dois belíssimos entalhes em forma de painéis, com cerca de 2 metros de comprimento cada um, com cenas mostrando o corte do pau-brasil e seu transporte para as naus feito pelos índios brasileiros. A edificação foi derrubada em 1867, mas os dois entalhes foram preservados e hoje estão expostos no Museu Marítimo de Rouen.

Os índios continuariam a causar sensação na França durante décadas desse século, chegando até mesmo a influenciar os pensadores franceses iluministas. No Brasil, grande parte da população indígena das regiões mais desenvolvidas da colônia foi sendo convertida e protegida pelos jesuítas. Alguns séculos mais tarde, várias comunidades tiveram de se isolar e viver dependentes de seus "protetores".

No início do século XIX, apesar de muitos índios já estarem aculturados, ainda eram vistos com reserva e preconceito, e obrigados a viver fora das cidades, sobrevivendo da venda de artesanato e de excedentes de suas provisões. Em meados do mesmo século, havia no Rio de Janeiro apenas 12 aldeias com alguma importância, sendo as mais próximas da capital a de São Lourenço, em Niterói, cujas terras pertenciam a descendentes dos temiminós, de Arariboia, e a aldeia de São Francisco Xavier, em Itaguaí, em terras pertencentes à Companhia de Jesus. Muitos eram os missionários proprietários (usufrutários) de terras onde estabeleciam aldeias. Com a expulsão dos jesuítas do Brasil, em 1759, todo o patrimônio imobiliário acumulado pelos religiosos foi incorporado aos bens da Real Fazenda e depois negociados a particulares.

De meados ao final do século XIX, houve grande valorização da cultura indígena, e os nativos passaram a ser inspiração em movimentos artísticos e literários que os tinham, e às suas culturas, como principais personagens. A originalidade do tema garantiu grande sucesso no Brasil e no exterior, onde houve intensa produção, com a cultura indígena e os índios como inspiração, como foi o caso de *O Guarani*, de José de Alencar, que tinha como protagonista e herói Peri, que se apaixona por Ceci, filha de um fidalgo português com uma dama paulistana. *O Guarani* foi também o título de importante sinfonia de Carlos Gomes.

O Brasil e o Rio, quem diria, séculos atrás, já ditavam – por intermédio de seus habitantes nativos ou não – tendências para o mundo civilizado! Vale a pena lembrar que, até os dias atuais, as plumas são matérias-primas muito valorizadas e utilizadas na plumaceria, que vem a ser uma das técnicas manuais aplicadas na alta-costura, nascida no século XIX e até hoje considerada a categoria mais luxuosa da moda.

Sabe-se da paixão das cariocas pelos acessórios, ornamentos e cores vibrantes. Pelos cabelos, sobretudo longos, e por mantê-los sempre limpos e saudáveis. Do prazer em tê-los molhados e soltos. Assim como por manter sua pele hidratada, bem cuidada, a depilação em dia e o corpo em forma. Diz-se que muito dos gostos e hábitos de higiene, saúde e beleza dos cariocas estão ligados aos ancestrais indígenas. Se pensarmos bem, faz sentido.

A fundação da cidade do Rio de Janeiro.
Firmino Monteiro, 1881.

O Rio
objeto de desejo da França

O Brasil correu sério risco de ser francês.

Darcy Ribeiro

As feitorias continuavam com suas atividades a todo vapor, mas não tinham como objetivo nem a ocupação nem a proteção territorial. Eram as funções exploratórias as mais importantes. Funcionavam apenas como armazéns para estocar mercadoria. E como os planos da Coroa não eram os de ocupar ou proteger o território, o projeto começaria a dar sinais de fracasso.

A falta de uma política eficaz de proteção e de ocupação territorial do Brasil resultou em um crescente assédio de nações europeias ao Brasil, sobretudo por parte da França. O assédio, inicialmente fruto da iniciativa privada, tornou-se, a partir de 1524, política oficial francesa, estimulada pelo próprio rei Francisco I, que não aceitava os termos do Tratado de Tordesilhas – acordo celebrado em 1494 entre o Reino de Portugal e o recém-formado Reino da Espanha, que praticamente dividia o mundo entre ambas, e fechava as rotas marítimas do Oceano Atlântico a outros países.

Ao perceber as falhas de segurança e a vulnerabilidade do vasto território brasileiro em razão da falta de ocupação e vigilância por parte de Portugal, e atento ao potencial das terras brasileiras, Francisco I partiu para a ofensiva. Ignorando o tratado firmado entre portugueses e espanhóis, passou a sustentar que somente quando um território estivesse efetivamente ocupado é que poderia, de fato, ter um dono, como explica o historiador Armelle Enders, em seu livro *História do Rio de Janeiro*:

> Como os franceses não reconheciam a soberania do rei de Portugal sobre as terras em que os súditos deste não estavam firmemente estabelecidos, frotas de pesca ou de comércio armadas nos portos bretões e normandos sulcavam os mares que portugueses e espanhóis consideravam seus, ainda que neles não estivessem presentes. Segundo o rei da França, somente os lugares habitados e defendidos dependem legitimamente da soberania de uma Coroa, os outros são de quem os tomar.
>
> Enquanto isso, o frequente assédio da costa brasileira por frotas estrangeiras incita Portugal a reforçar sua autoridade naquelas paragens e a colonizar a terra firme.

Alertado sobre os riscos e perigos iminentes, o rei de Portugal decidiu, então, tentar adotar uma política mais agressiva: em 1530 fundou o governo português no Brasil e nomeou Martim Afonso governador, cuja missão principal era garantir a defesa das terras brasileiras e a soberania do rei de Portugal.

Em março de 1531, chegou ao Rio de Janeiro a expedição comandada pelo governador geral, que permaneceu na cidade até agosto do mesmo ano. Iniciou-se o levantamento e o reconhecimento de terras, a fabricação de embarcações, a construção de fortes e a instalação de postos de guarda e de abastecimento ao longo da costa.

A região foi descrita por Pero Lopes de Souza, escrivão da expedição, que fez o primeiro relato em língua portuguesa existente sobre o Rio de Janeiro. Os registros contidos nesse relatório foram enviados ao rei de Portugal e serviram como informações técnicas importantes para navegadores portugueses em futuras expedições ao Rio de Janeiro.

Historiadores concordam com o fato de que os portugueses foram competentes conquistadores, desbravadores, heróis, porém maus gestores. Negligentes na maioria das vezes. Prova disso foram as várias e infrutíferas tentativas de povoar e administrar o Brasil em razão do absoluto desinteresse dos portugueses convocados para tal missão e da própria falta de entusiasmo da Coroa pelo projeto. Quando a produção de açúcar das Ilhas do Atlântico entrou em declínio, a Coroa Portuguesa começou a registrar os reais prejuízos por não ter mais como atender seus compradores e percebeu a impossibilidade de fazer quaisquer novos investimentos nas colônias. O rei D. João III, também alertado dos perigos cada vez mais iminentes de uma invasão do território brasileiro, resolveu, em 1534, implementar o sistema de capitanias hereditárias – que havia sido bem-sucedido no século XV, em ilhas atlânticas, como a da Madeira, onde conseguira desenvolver povoamento e economia de plantação.

As capitanias hereditárias eram um sistema de administração territorial criado pelo rei que consistia em dividir o território brasileiro em 14 grandes faixas paralelas de terra e em entregá-las à administração por particulares, sobretudo nobres com importantes conexões com a Coroa Portuguesa. A ideia era, como diz o nome, que fossem transmitidas por herança de pai para filho. Os que recebiam a concessão de uma capitania eram conhecidos como donatários e tinham como principal missão colonizar, proteger e administrar o território recebido. Como contrapartida tinham o direito de explorar os recursos naturais – minérios, madeira, animais etc., que acaso fossem encontrados na faixa de terra recebida. Mais uma vez, o sistema implantado por Portugal não se mostrou eficiente. Apenas as capitanias de São Vicente e Pernambuco deram certo. No caso específico da capitania do Rio de Janeiro, os lotes nunca foram ocupados por seus reais proprietários, ficando a capitania praticamente entregue aos franceses. A grande extensão territorial para administrar, a falta de recursos econômicos, a negligência, a falta de entusiasmo dos donatários e os constantes ataques indígenas foram alguns dos motivos do fracasso do sistema, que vigorou até 1759, quando foi extinto pelo Marquês de Pombal.

Quando os negócios na Índia mostraram sinais de declínio, a colonização no Brasil foi, de fato, levada mais a sério. Em 1549 chegaram o governador-geral e os jesuítas, e, em 1559, as plantações de açúcar e tabaco começaram a prosperar. Mas os perigos vindos do estrangeiro ainda não haviam sido devidamente combatidos. Em 10 de novembro de 1555, sob o comando do almirante Nicolas Durant de Villegagnon, mais de seiscentos franceses desembarcaram na Baía de Guanabara para ali instalarem uma base militar e naval com o apoio de mais de quinhentos índios tamoios, habitantes do local e parceiros dos franceses, como já visto.

Segundo historiadores, de 1555 a 1567, a Colônia fundada no Rio pelo oficial francês, conhecida como França Antártica, foi uma realidade concreta até ser extinta pelos portugueses. Diz-se que até uma cidade, Henriville, teria sido fundada na região onde hoje se localiza a praia do Flamengo, o primeiro núcleo urbano antes mesmo de o Rio de Janeiro ser fundado por Estácio de Sá. Da instalação do forte Coligny, os franceses iniciaram o reconhecimento mais aprofundado da região, ampliando os contatos com as populações indígenas. As relações com os tamoios tornaram-se tão próximas que – como explica Antonio Luiz d'Araujo, estudioso do período colonial, autor de *Rio colonial: histórias e costumes* – era comum encontrar nas tabas crianças mestiças, filhas de marinheiros franceses com índias daquela tribo. O fato alarmante levou a Coroa Portuguesa a voltar atrás em sua decisão e retornar ao território para um confronto pela posse definitiva do Rio de Janeiro. A ocupação durou de 1555 a 1565 (alguns historiadores sustentam que durou até 1567), quando Estácio de Sá iniciou a expulsão dos franceses e seus aliados, os índios Tamoios, e, em 1º de março de 1565, fundou o Rio de Janeiro. Contudo, considera-se que a expulsão definitiva dos franceses, liderada por Mem de Sá, tio de Estácio de Sá, tenha ocorrido apenas em 20 de janeiro de 1567. Segundo relatos, a cidade tinha, nesse mesmo ano, apenas 150 moradores.

Expulsão dos franceses e aparição de São Sebastião.
Carlos Oswaldo.

O Rio por pouco teria, de fato, se transformado em um pedaço da França, mas acabou voltando para as mãos de Portugal. Segundo o antropólogo Darcy Ribeiro, na primeira metade do primeiro século de colonização, a costa esteve tão cheia de franceses quanto de portugueses. Para muitos historiadores, a colônia só não foi mantida – e o Brasil se afrancesou – porque, diante do dilema de investir na fixação de um território no Brasil ou assegurar a unidade na Europa, a França escolheu a segunda opção, pois estava mais preocupada com os conflitos internos pelos quais passava naquele momento do que em enviar reforços para o embate contra os portugueses em terras cariocas. De uma maneira ou de outra, podemos dizer que, desde os tempos mais remotos, o Rio era objeto de desejo dos europeus, sobretudo dos franceses, e, sem dúvida, serviu como inspiração para, no imaginário do Velho Mundo, tornar-se a referência de um paraíso tropical – como de certo modo se tornou um clichê por muito tempo –, já que as esperanças de encontrá-lo na Terra haviam sido frustradas depois das navegações realizadas para a Etiópia e outras distantes regiões já exploradas no antigo Oriente. Quanto ao "afrancesamento" do Rio, fracassado por ocasião da tentativa de instauração da França Antártica, estaria fadado a acontecer no futuro, por outras vias, como veremos adiante.

A expulsão definitiva dos franceses do Rio de Janeiro rende outra interessante curiosidade: a cidade é tão particular que, até bem pouco tempo atrás, o próprio carioca não sabia com precisão qual era a data correta de comemoração de sua fundação: se 1º de março de 1565 ou 20 de janeiro de 1567. A polêmica gerada foi tanta que, em 1965, uma comissão de historiadores resolveu definir que a data oficial de fundação da cidade seria 1º de março por entender que foi Estácio de Sá quem primeiro protagonizou a expulsão dos franceses do território carioca. Mem de Sá, que os expulsou definitivamente em 20 de janeiro de 1567, teria apenas concluído o serviço de seu sobrinho, como reza a lenda, ajudado por São Sebastião, que em uma aparição combateu ao lado dos portugueses até a vitória final. Por ter ocorrido na mesma data de nascimento do rei de Portugal, D. Sebastião (nascido em 1564 e com apenas três anos já declarado rei), e por ser também o dia de nascimento do santo, o dia 20 de janeiro ficou sendo então oficialmente o dia de São Sebastião, padroeiro da cidade.

São Sebastião.

A história de São Sebastião* é também bastante curiosa e merece nota nessa nossa viagem pelo tempo: o santo, cujo nome deriva do grego *sebástos* e significa divino, nascido na França no século III, se alistou como soldado no exército romano e logo se identificou com o cristianismo, religião então proibida pelos imperadores romanos de ser praticada. Por ser muito querido, o soldado tornou-se figura de confiança, integrando a Guarda Pretoriana, guarda pessoal do imperador. A sua conduta branda para com os prisioneiros cristãos levou o imperador a julgá-lo como

---

* MENGALI, Pe. Jeferson. *São Sebastião*. São Paulo: Planeta.

traidor, condenando-o à execução por flechadas. Foi dado como morto e atirado ao rio, porém, socorrido, sobreviveu e, recuperado, corajosamente apresentou-se diante do imperador, que então ordenou a morte do santo por espancamento. A imagem do Santo Padroeiro, venerada pelos cariocas, curiosamente não é a que mostra sua morte de fato, por apedrejamento, mas a primeira condenação à morte por flechadas a que ele bravamente resistiu. Poucos são os exemplos de santos que têm o corpo quase que totalmente desnudo, como São Sebastião. Quis o destino que esse santo francês, ironicamente, protegesse os portugueses dos próprios franceses. O santo padroeiro do Rio é hoje um dos ícones mais queridos dos cariocas. A Cidade Maravilhosa, portanto, foi batizada de São Sebastião do Rio de Janeiro em homenagem ao santo e ao então soberano português reinante à época em que a localidade recebeu a denominação, que tinha também o nome de Sebastião. São Sebastião teve sua primeira igreja construída por Estácio de Sá ainda no morro Cara de Cão – atual bairro da Urca. Era uma igrejinha de taipa, coberta de sapé. Com a transferência da cidade para o Morro do Castelo, onde hoje se localiza o Edifício Garagem Menezes Cortes, o então governador da cidade iniciou a construção da igreja do padroeiro, inaugurada entre 1578 e 1598. Em 1922, a Igreja de São Sebastião foi transferida para uma nova igreja na Rua Haddock Lobo, na Tijuca – a Igreja de São Sebastião dos Frades Capuchinhos. Para lá também foram transferidos, em 1931, os restos mortais de Estácio de Sá, o marco de fundação da cidade, um relicário com um fragmento do osso do mártir, e a imagem do santo trazida de Portugal pelo fundador da cidade.

O Oriente influenciando a colônia, configuração da entrada da Barra de Goa.
Carlos Julião, 1779.

Orientando o curso do Rio. O Oriente é aqui

O Oriente foi quase uma invenção europeia, e tem sido, desde a Antiguidade, o lugar de romances, exotismos, memorias e cenários assombrosos, e experiências memoráveis.

Eduardo W. Said

A vida econômica do Rio de Janeiro no século XVI e parte do XVII tinha como base os engenhos, a pesca de baleia e o comércio desenvolvido com o rio da Prata. Conforme explica Elidio Bento Filho em seu livro *A história do Rio de Janeiro – do século XVI ao XXI,** dos engenhos vinha o açúcar, que abastecia o mercado interno, e a cachaça, que passaria a funcionar como moeda na compra de escravos africanos, cuja importação tinha custo superior.

A pesca de baleia teve início no final do século XVI, tornando-se fonte de renda e negócio extremamente lucrativo, ao ponto de haver necessidade à época de uma intervenção para regular seu funcionamento. Do mamífero, quase tudo poderia ser aproveitado: o óleo, utilizado para a iluminação de lampiões e misturado à cal do reino, resultava um excelente material de construção, a carne, que servia de aumento, e as cartilagens e tendões aproveitados pelos sapateiros.

Para ambas as atividades eram empregados indígenas, mas com a proteção e resistência dos jesuítas, que exigiam pagamento aos nativos, iniciou-se o processo de compra de escravos africanos, cuja importação tinha custo superior.

---

* BENTO FILHO, Egídio. *A história do Rio de Janeiro: do século XVI ao XXI.* Rio de Janeiro: Lestra Capital, 2017. p. 45.

Ainda segundo Bento Filho, além dos lucros vindos dos engenhos e da pesca da baleia, o Rio foi especialmente beneficiado pelo comércio que desenvolveu com a região platina.

Todas essas atividades faziam com que a cidade se tornasse cada dia mais conhecida.

De meados do século XVI – quando o governo português decidiu fundar quatro capitanias diretamente ligadas à Coroa, entre elas a de São Sebastião do Rio de Janeiro, e quando as plantações de tabaco e de cana-de-açúcar no litoral começaram a dar os primeiros sinais de sucesso, alterando sobremaneira a rotina da cidade, como em breve veremos – até 1763, mais de um século depois, quando se instituiu o vice-reinado e a capital do Brasil foi transferida de Salvador para o Rio de Janeiro, a cidade ainda tinha condições urbanas muito precárias e não havia sistema de documentação adequado sobre os hábitos e costumes da população. Isso não impede, entretanto, que esse seja um dos mais interessantes períodos no que diz respeito à indumentária na cidade, especialmente a feminina.

No início do século XVII, o Rio ainda era uma pequena vila, com aproximadamente mil habitantes. Não havia planejamento urbano. As casas eram cercadas por mangues, os edifícios eram pouco elevados, e as escassas ruas, muito estreitas, eram todas orientadas para o mar. Mas logo a cidade começou a crescer. As moradias se multiplicaram no alto dos morros – o mais importante de todos era o Morro do Castelo – onde também eram construídos fortes e igrejas por ser uma região considerada mais segura. O acúmulo de residências foi tanto que os habitantes, contrariando as ordens de se manterem nas regiões mais altas para se protegerem dos índios e de ataques estrangeiros, começaram a espalhar moradias também pela planície. No decorrer do século, além dos fortes e fortalezas, construídos para a defesa da cidade, foram também edificadas igrejas (por jesuítas, beneditinos e franciscanos) as quais, aliás, desempenharão importante papel na sociedade colonial como dos poucos lugares onde donzelas de família podiam ser vistas publicamente, mesmo que cobertas da cabeça aos pés. Por isso, conforme nos conta a história, foram cenário de muitos flertes.

Em uma terra sem muitas diversões, as missas funcionavam como um compromisso social. Era aí que as pessoas iam para ver as outras e serem vistas. Durante as cerimônias, os rapazes trocavam ardentes olhares com as moças. Depois, às vezes, elas mandavam, por escravas, recados que possibilitavam a aproximação dos admiradores.

Passeio Público do Rio de Janeiro.

No século XVIII, em 1763, quando o Rio foi declarado capital do Vice-Reino, sua população não passava de 30 mil habitantes. Apesar de já ter melhores condições de defesa, um porto por onde era enviado para a Europa o ouro descoberto em Minas Gerais, e de ser o centro do poder colonial, a cidade ainda não tinha condições urbanas adequadas. A vida no Rio passou a crescer ao redor do cais e não mais do Morro do Castelo, seu primeiro polo de desenvolvimento. Os habitantes residiam em casarios sombrios e mal ventilados, e as ruas eram muito sujas. A cidade limitava-se a cumprir funções burocráticas, e ainda dependia da produção rural. Somente muitas décadas depois, em 1783, ainda durante o vice-reinado, houve a primeira reformulação urbana com a construção do Passeio Público, um espaço público próximo do mar, para o lazer dos habitantes. O local, cujo projeto original era de Valentim da Fonseca e Silva – conhecido como Mestre Valentim – contemplava jardins, fontes, esculturas, chafarizes e pavilhões, e passou a ser o centro de convívio social mais frequentado da sociedade do vice-reinado. Ali os habitantes viam e eram vistos, e as roupas e "modas" eram exibidas orgulhosamente, mesmo que, na maioria dos casos, escondidas sob mantilhas, longos véus que desciam dos rostos e cobriam parte dos corpos femininos. O local passou a ser uma espécie de "cartão-postal" da cidade, para onde eram levados todos os estrangeiros e diplomatas (que dispunham de autorizações especiais para permanecerem na cidade) quando em visitas oficiais ao Rio de Janeiro, e era muito elogiado por todos, como se confirma no relato do cirurgião inglês George Hamilton, que passou pelo Rio no início de 1791, a bordo da Pandora, uma fragata de 24 canhões:

> Depois de realizarmos a visita de praxe ao vice-rei, esse colocou suas carruagens à disposição dos oficiais britânicos, que conduziu-nos pelas principais ruas da cidade até o jardim público. O jardim, obra do último vice-rei, foi construído com muito gosto e gastos. Ao longo de toda a extremidade que dá para o mar, edificou-se um belo terraço, frequentado pelas pessoas da moda. Em cada uma das extremidades desse terraço há um cômodo ortogonal, magnificamente mobiliado, onde por vezes são realizadas reuniões vespertinas. Nas suas paredes estão pintados diversos artigos produzidos e comercializados pela América do Sul. Há representação da extração de diamantes, do processo de preparação do índigo, do plantio e colheita do arroz, de uma plantação de cana-de-açúcar, da pesca de baleias no Mares do Sul etc.

O projeto, que transformou completamente a região antes tão insalubre, foi inspiração para outras obras de renovação urbana ocorridas no final do século XVIII, como o aterro de mangues e locais insalubres, a reforma e a ampliação do aqueduto da Carioca, assim como a abertura de novas ruas e caminhos para regiões mais distantes. A cidade começava a descobrir os prazeres dos espaços abertos, que seriam, no futuro, alguns de seus maiores atrativos.

Apesar de toda a precariedade reinante na cidade e do isolamento inicial imposto por Portugal – isolamento esse em relação à Europa, diga-se de passagem, pois Ásia, África e Oriente estavam fortemente representados no Rio pelo intenso comércio com essas regiões – não se vivia no Brasil, em especial no Rio de Janeiro, no período colonial, totalmente isolado do mundo, segundo a historiadora Claudia Heynemann. Nota-se, no entanto, que até a chegada da Corte portuguesa, no início do século XIX, as influências sentidas na cidade e nos costumes de seus habitantes, inclusive no vestir, eram muito mais originárias da Ásia, em parte da Índia e particularmente de Macau, da África – onde Portugal mantinha importantes colônias e intenso comércio –, e do Oriente do que da Europa, continente do qual o reino luso procurou manter afastado o Brasil por séculos, como medida de proteção do território e preservação de sua soberania.

O intenso trânsito de embarcações da Coroa, em um vaivém de outros continentes, que não o Europeu, propiciou profundo intercâmbio de culturas que não se restringia apenas à circulação de mercadorias, mas, acima de tudo, de pessoas, ideias, hábitos e crenças originárias dessas regiões, que muito influenciaram os habitantes do Rio a rapidamente incorporarem os hábitos vindos sobretudo do Oriente. Os brasileiros residentes no Rio vestiam-se e comportavam-se muito mais próximos dos costumes asiáticos, africanos e orientais que dos europeus. Em um relato do oficial francês Guillaume François de Parscau, das primeiras décadas do século XVII sobre o comércio na cidade, fica patente essa constatação:

> Pode-se avaliar o comércio da cidade pelo grande número de navios que encontramos no porto. Também é essa a única ocupação honesta dos habitantes, que não deixam de ser muito hábeis na matéria. Recebem da Europa o vinho, as aguardentes, as farinhas e todas as mercadorias necessárias e agradáveis do dia a dia. Das Minas, na costa da África, é trazida uma grande quantidade de negros, que lhes é absolutamente necessária. Da Índia Oriental recebem, de dois em dois anos, uma Urca com tudo o que lá se produz de mais magnífico e curioso.*

O Rio estava atualizado com o que acontecia no mundo, mas não exatamente na Europa, ou, mais precisamente, em Portugal. O isolamento que separava o Brasil de Portugal era um obstáculo para que se andasse na moda, ou melhor, "no chifre da

---

* FRANÇA, Jean Marcel de Carvalho. *Outras Visões do Rio de Janeiro Colonial. Antologia de textos – 1582-1808.* Rio de Janeiro: José Olympio Editora.

moda", como se dizia à época, segundo o historiador Luiz Edmundo de Melo Pereira da Costa. No entanto, Portugal, como apontam alguns historiadores, "não tinha muito no gênero para nos mandar". Além do fato de as mulheres serem praticamente proibidas de visitarem a Corte e se atualizarem com as novidades. Um alvará de 1732 ordenava que não podiam ir mulheres do Brasil para o Reino (Portugal) sem licença especial concedida por sua majestade, o rei D. Joao V.

Em uma passagem de seu livro *O Rio de Janeiro no tempo dos vice-reis*, o estudioso narra que um viajante que esteve em Lisboa nos fins do século XVII afirmava não ter visto por lá um grande número de negócios de moda, como modistas e perfumistas, bem como lojas que vendessem "artigos de fantasia". Quando alguém vestido com muito bom gosto era visto passeando por Lisboa – dizia-se – era alguém de fora, provavelmente da França. Conta-se que a rainha de Portugal, Maria Francisca Isabel de Sabóia – antes princesa francesa conhecida por alguns como Maria ou Isabel de Nemours –, foi quem, após casar-se com o rei de Portugal, D. Afonso VI (que reinou de 1656 a 1683), levou à Corte portuguesa o bom gosto e a magnificência das modas da França, fazendo "desmoronar" a influência espanhola tão fortemente sentida no traje português até aquele período.

Para dificultar ainda mais a situação de quem tinha esperanças de "andar no chifre da moda" na colônia, havia outro grande impeditivo: naquela época quaisquer embarcações com mercadorias a não ser as provenientes de Portugal eram proibidas de vir ao Brasil. Inclusive as embarcações vindas da Inglaterra, velha aliada dos portugueses. O que não fosse descarregado pelas naus portuguesas não se descarregaria mais de parte alguma. Foi essa a situação no Brasil até os tempos do último vice-rei no Rio de Janeiro, o Conde dos Arcos.* Tal fato, entretanto, não impediu as brasileiras residentes no Rio de consumirem o que podiam ou não podiam. Antes de a lei Pragmática, de 1749, ser imposta na colônia, artigos de luxo, tecidos caros, adornos variados eram tão consumidos que se dizia na colônia ter se estabelecido uma cultura de aparências na qual o bom gosto não era o mais importante.

---

* EDMUNDO, Luiz. *O Rio de Janeiro no tempo dos Vice-Reis: 1763-1808*. Belo Horizonte: Itatiaia, 2000. p. 244.

O mais importante era a ostentação. Quanto mais raro e caro o artigo, mais feliz era a mulher. O gasto excessivo de colonos com artigos de luxo, sobretudo para suas mulheres, era muito criticado, e era comum o endividamento daqueles que compravam fiado e depois não tinham como pagar. O que era mais curioso é que as mulheres cariocas no período colonial, como sabemos, raramente podiam sair às ruas.

Os estrangeiros eram proibidos de residir ou permanecer na cidade se não tivessem permissão legal, explicou o explorador e oficial da marinha britânica James Kingston Tuckey, primeiro-tenente do Calcutta, embarcação que, em 1803, permaneceu vinte dias ancorada no porto do Rio de Janeiro – tempo suficiente para que o oficial compusesse um dos mais completos e curiosos panoramas do Rio de Janeiro colonial:

> A nenhum estrangeiro é permitido residir aqui, salvo aqueles que subsistam de algum trabalho mecânico ou que prestem serviço para o Estado. Se algum desavisado permanece na colônia depois de sucessivos avisos e oportunidades de partir, ele é preso, confinado na Ilha das Cobras e embarcado no primeiro navio disponível que rume para o seu país ou então é transferido como prisioneiro para Lisboa.

Assim, a população do Rio de Janeiro, durante séculos, absorveu muito mais dos costumes asiáticos e africanos que dos costumes europeus. Da Europa, conheciam apenas os hábitos dos portugueses que viviam no Brasil – estes igualmente menos envolvidos com a Europa do que com a Ásia e a África. Para o antropólogo Gilberto Freire, mesmo depois de iniciado o processo de recuperação de valores estéticos europeus, após a chegada da nobreza portuguesa no início do século XIX, os habitantes do Rio de Janeiro, por muito tempo ainda, permaneceriam sob a influência de costumes notadamente orientais – resultado de intensos contatos do Brasil colonial com o Oriente. O fato, aliás, impactará também os costumes e as vestimentas da população do Rio de Janeiro, sobretudo a feminina.

Outras importantes influências orientais que predominavam no Rio de Janeiro colonial e perduraram até a chegada da Corte, refletindo-se profundamente nos hábitos e na moda feminina, faziam-se sentir no comportamento repressor dos portugueses em relação às mulheres. Bastante conservadores, adotavam maneira "à oriental" de tratar essa questão, impondo a reclusão extrema de suas companheiras, assim como o uso obrigatório de mantilhas – espécie de manta que cobria o corpo inteiro – em seus trajes. Alguns viajantes que aqui estiveram, e que aqui só puderam desembarcar e permanecer após receberem permissão especial de vice-governadores, relatavam surpresa com o ciúme extremo dos portugueses em relação às mulheres. Um tenente da marinha britânica, por exemplo, mencionava em seus relatos reconhecer nesses habitantes fortes traços da *gelosia*,* e como eram também chamadas as pesadas estruturas das janelas que existiam nas casas no período colonial e que tinham por objetivo esconder e preservar a intimidade das mulheres.

Gelosias eram painéis inteiriços de madeira que tinham o mesmo mecanismo dos basculantes atuais, em que apenas uma pequena fresta era aberta, assegurando a circulação do ar, a intimidade do lar e a preservação da figura feminina aos olhos de transeuntes mais curiosos, mantendo-a distante do convívio social e das tentações mundanas condenadas pela Igreja. Esse tipo de recurso denuncia o isolamento compulsório das mulheres que nessa época viviam no Rio de Janeiro. Só após a vinda da Família Real, e apenas em 1809, as gelosias foram proibidas por decreto e gradativamente substituídas por janelas de vidro, importado – não por acaso – da Inglaterra, como efeito da Revolução Industrial.

---

* Tradução em italiano da palavra ciúme.

Muxarabiês.
Jean-Baptiste Debret.

A casa colonial onde a mulher carioca vivia era como uma clausura, clara influência das construções árabes. De acordo com Luiz Edmundo,* no Rio de Janeiro colonial o lar era uma espécie de prisão mourisca, cujas gelosias e janelas de treliças de madeira escura evocavam os muxarabiês** árabes e davam à construção um aspecto de gaiola. Joaquim Manoel de Macedo, famoso escritor carioca, é autor de uma das melhores descrições dessas moradias:

> (...) Tinham os sobrados engradamentos de madeira de maior ou menor altura, e com gelosias abrindo para a rua; nos mais severos, porém, ou de mais pureza de costumes, as grades de madeira eram completas, estendendo-se além da frente pelos dois extremos laterais e pela parte superior, onde atingiam a altura dos próprios sobrados, que assim tomavam feição de cadeias. Também nessas grandes rótulas ou engradamentos se observavam as gelosias, e rentes com o assoalho pequenos postigos, pelos quais as senhoras e as escravas, debruçando-se, podiam ver, sem que fossem facilmente vistas, o que se passava nas ruas. As

---

* EDMUNDO, Luiz. *Op. cit.*, pp. 301-303.
** Balcão mourisco protegido, em toda a altura da janela, por uma peça inteiriça de madeira, donde se pode ver sem ser visto.

rótulas e gelosias não eram cadeias confessas, positivas, mas eram pelo aspecto e pelo seu destino grandes gaiolas, onde os pais e maridos zelavam sonegadas à sociedade as filhas e as esposas.*

Segundo historiadores, a casa era um território com fronteiras definidas, e o chefe de família era uma espécie de patriarca bíblico, dono absoluto de toda a população vivente sob sua moradia. Sobrava como consolo às mulheres as varandas que levavam aos quintais ou jardins, mas, quando existentes, sempre nos fundos da casa, para preservar a intimidade feminina. Mesmo quando estavam nos jardins e varandas, dentro de suas casas, não raro eram vigiadas por alguém da família. As Ordenações do Reino conferiam plenos poderes aos pais. Detentor de prerrogativas judiciárias atribuídas pelo próprio Estado, o chefe de família perdoava ou castigava escravos, criados, filhos e a própria esposa quando achasse conveniente, e como se fosse um juiz.

---

* MACEDO, Joaquim Manuel de. *Memórias da Rua do Ouvidor*. Brasília: Ed. Universidade de Brasília, 1988. p. 64.

*Os costumes do Rio de Janeiro colonial na intimidade do lar se refletiram no século seguinte.
Joaquim Cândido Guillobel, 1814.*

a mulher no Rio colonial

No Brasil do século XVI, os focos de colonização espalharam-se ao longo da costa, uns mais povoados que outros. É difícil saber exatamente quantas esposas acompanharam seus maridos à Terra de Santa Cruz (Brasil) e também quantas amas e serviçais chegaram com os colonos casados que eram de condição nobre. Para diminuir a falta de mulheres brancas, as soluções aventadas foram: o envio de sentenciadas a cumprir sua pena no Brasil e não em outras regiões do império ultramarino português; a remessa de órfãs desprovidas de dote em Portugal, uma vez que na colônia facilmente encontrariam maridos e o envio de mulheres "erradas", as meretrizes, desde que não tivessem perdido de todo "a vergonha a Deus a ao mundo".

Maria Beatriz Nizza da Silva

> As mulheres brancas, em pequeno número no acanhado litoral do século XVI, teriam vivido em completa sujeição, primeiro aos pais, os todo-poderosos senhores de engenho, depois aos maridos. Teriam vivido, como escreveu Gilberto Freyre, num "isolamento árabe", idealizando uma estrutura de serralho à moda tropical, quer no tocante à submissão, quer as eventuais "solturas" de sinhás e sinhazinhas, todas invariavelmente punidas, em caso de falta grave, com o rigor da lei patriarcal.*

O modo repressivo como as mulheres eram tratadas e a dominação masculina legitimada pelo Estado impressionava os visitantes estrangeiros. De acordo com relatos de viajantes – e no Rio de Janeiro colonial, em razão da austera política de Portugal de manter o território afastado das ameaças de invasão, eram raros os estrangeiros que obtinham permissão oficial para desembarcar e permanecer em terra firme –, a mulher só saía às ruas para ir à missa, geralmente entre quatro e cinco horas da manhã, quando tudo estava deserto e ainda escuro, e, muito raramente, para visitas familiares – conhecidas como funções ou visitas de cerimônia, que eram serões de família, de caráter íntimo e que ocorriam raríssimas vezes. Sinhá-Moça – como ironiza o historiador Luiz Edmundo – "só três vezes podia sair à rua em toda a vida: a primeira para batizar, a segunda para casar e a terceira para enterrar". Sair, somente nessas ocasiões. Não era de bom tom uma moça recatada e de família andar pelas ruas, inundadas de licenciosidade, "de mulatos de capote", de ciganos e homens

---

* Citação de Ronaldo Vainfas.

mal-intencionados. Sair às ruas significava ser seguida, desejada, devassada pelo olhar dos homens, como ocorria com a "mulher dama". Na mentalidade colonial, se o ambiente era libidinoso, as mulheres deveriam ser tratadas com cuidados "mouriscos".

Mulheres de mantilha.
Joaquim Cândido Guillobel.

Reclusão e austeridade em relação à mulher foram fortes traços coloniais que se mantiveram até a chegada da Corte. Nas raras vezes em que as mulheres brancas iam às ruas, geralmente na saída dominical para a missa, deveriam estar invariavelmente cobertas por mantilhas – espécie de véus, em geral pretas ou em tons escuros – que cobriam praticamente todo o rosto e quase todo o corpo. Uma herança mudéjar,* que já havia sido abolida em Portugal, mas a despeito do insuportável calor que fazia na cidade, ainda era mantida para as mulheres no Rio de Janeiro àquele período, como confirma o relato de John Luccock.

---

* Designação arábica dos mouros que habitavam a Península Ibérica depois da reconquista pelos cristãos. Pertencente ou relativo aos mouros remanescentes na Península Ibérica. Feito ao gosto mourisco; mouro.

> As mulheres raramente se viam fora de casa, salvo ao irem para a missa, muito cedo, pelas quatro da manhã nos dias santos ou dias de obrigatoriedade devocional; mas mesmo então, o vulto todo e mais o rosto iam de tal forma envolvidos em mantos, ou ocultos detrás das cortinas de uma cadeira, que impediam gozar do ar fresco, escondendo todas as feições, com única exceção talvez de uns olhos tagarelas e maus.*

Em outro relato, reforça-se o caráter de austeridade, então mantido para com as mulheres na ocasião. A falta de prática de andar nas ruas, segundo nos sugere o texto, era tão grande que chegava a dificultar a desenvoltura das mulheres:

> Quando passeava, o que raro acontecia, destreinada em movimentos, movendo-se com a desgraciosidade dos palmípedes fora d'água, era na fileira da família, guardada, vigiada pelo pai, pela mãe, pelo irmão, pelo marido, pelas mucamas de estimação... E a mantilha sempre tapando-lhe todo o rosto, escondendo-a, isolando-a à arrogância, ou à simples proximidade dos homens. Coisa que na frase do tempo – afidalgava muito. Sinal de recato, nota de pureza, mostra de fidalguia.**

Segundo Adolfo Morales de los Rios Filho,*** a mantilha ao mesmo tempo que funcionava como sinal de dominação da mulher pelo homem também era um sinal de distinção, símbolo de elegância, de situação social privilegiada. Por isso, as mulheres se distinguiam e se classificavam como as "com" e "sem" mantilha. Aquelas que não tinham as mantilhas originais, mais elegantes, geralmente de tecidos finos, enfeitadas de rendas, encontravam um modo de cobrir-se com panos coloridos ou xales para imitar as demais. As mantilhas acabavam conferindo às figuras femininas um ar misterioso e uma aura de cidade oriental às ruas do Rio, tal a quantidade de homens e mulheres cobertos que circulavam por suas vias. Algumas vezes poderiam também funcionar como estratégia que permitia à mulher passar incógnita, sob disfarce, na medida em que eram tantas as vestidas e cobertas com mantilhas que muitas delas poderiam se desviar do caminho da igreja para algum encontro amoroso sem que

---

* LUCCOCK, John. *Op. cit.*, p. 76.

** EDMUNDO, Luiz. *Op. cit.*, p. 303.

*** RIOS FILHO, Adolfo Morales de los. *O Rio de Janeiro Imperial*. 2. ed.; prefácio Alberto da Costa e Silva. Rio de Janeiro: Topbooks; UniverCidade, 2000. p. 382.

fossem identificadas. Mas essa seria uma manobra arriscada, tal era a vigilância sobre a mulher naquele período.

Alguns viajantes estrangeiros elogiavam o uso dessas peças, mas achavam impróprios xales ou panos – muitas vezes de lã – por serem muito quentes e inadequados para o clima tropical do Rio. O uso da mantilha se impôs de tal maneira que inspirou inúmeros poemas e até romances históricos, como *As mulheres de mantilha*, de Joaquim Manoel de Macedo, no século XIX. O costume das mantilhas – de renda ou de pano –, assim como o uso de mantos, capas e "josezinhos" (capas de gola e capuz), ainda perdurou por parte do período inicial da transferência da Família Real Portuguesa até ser gradativamente abandonado.

O cotidiano da mulher colonial dentro de casa. Jean-Baptiste Debret.

O cotidiano de tanta reclusão da mulher brasileira branca e cristã no período colonial fez com que até o início do século XIX sua vida social praticamente inexistisse. Passava a maior parte do tempo confinada em casa, restrita aos afazeres domésticos, ao contato com escravos e à família, submissa às leis do marido e sob forte influência religiosa. Na casa colonial, as mulheres deveriam passar o dia rezando em frente a um oratório, descansando em uma rede ou esteira, ou, então, fazendo rendas, bordando, costurando, comendo, engordando e "aprendendo a falar mal dos outros com os escravos", criando "mexericos" e fofocas, como contam os historiadores.

Era comum as Sinhás passarem horas a fio sentadas no chão sobre esteiras, bordando com as pernas cruzadas (uma herança árabe) ou simplesmente conversando. Dentro de casa, protegidas por gelosias e muxarabiês, não havia qualquer preocupação com o recato ou com a elegância. O que contava era o conforto. Entre quatro paredes, a regra que valia tanto para homens quanto para mulheres era a da total displicência, como atestaram diversos relatos de visitantes estrangeiros estarrecidos com o nível de "sem cerimônia" dos cariocas em suas casas. Mesmo nas famílias mais abastadas, muitas vezes os trajes caseiros femininos usados no dia a dia por causa do extremo calor e do abafamento das casas beiravam à negligência e ao descuido, e em quase nada se diferenciavam das roupas usadas pelas escravas. O calor intenso fazia com que, segundo Edmundo Luiz, houvesse simplificação da indumentária carioca.

Peças como o "timão", um tipo de camisolão branco em tecido leve, e o "lava-peixe", espécie de robe de chambre, quase sempre de mangas curtas, frequentemente abertos, mostrando às vezes uma camiseta "à húngara", eram muito utilizadas pelas mulheres cariocas em sua rotina de confinamento nas casas e se pareciam muito mais com roupas de mucamas. O clima era muito quente, as casas tinham pouca ventilação, e as mulheres não aguentavam se vestir com tantas roupas. A mulher dos tempos da colônia só se vestia adequadamente para sair, mas uma coisa é certa: quando saía, mesmo coberta por longas mantilhas, não abria mão de joias e artigos luxuosos. Relatos de visitantes estrangeiros davam conta de que o clima extremamente quente da cidade fazia com que seus habitantes se mantivessem o máximo de tempo possível em casa para que pudessem estar à vontade e "só se vestissem para sair". Muitos se espantavam com a extrema descontração no traje das mulheres na intimidade do lar, totalmente diferentes daqueles que eram obrigadas a usar nas raras saídas para fora de casa.

Observações acerca da intimidade nas casas coloniais foram feitas por Von Leithold, que observava haver um curioso contraste entre a vida reclusa das mulheres cariocas, a displicência como se vestiam dentro de casa e o luxo de vestimentas e acessórios mantidos em seus guarda-roupas. Enfeites diversos, musselinas bordadas, vestidos em seda pura e linho, véus – todos artigos de luxo encontrados em pouca quantidade e de uso restrito aos mais ricos.*

---

* LEITHOLD, Von *apud* SILVA, Maria Beatriz Nizza da. *Cultura e sociedade no Rio de Janeiro: 1808-1821.* 2. ed.; prefácio Sérgio Buarque de Hollanda. São Paulo: Nacional, 1978. p. 34.

Sabe-se que acessórios e roupas de boa qualidade e procedência eram artigos raros e muito valorizados no período. Muitas vezes peças de roupas eram vendidas em leilão, presenteadas, doadas e até deixadas em testamento – nesses casos a herança não significava apenas um aproveitamento econômico de bens ainda utilizáveis, mas, também, o desejo de deixar uma lembrança às pessoas queridas. Roupas e tecidos eram artigos de tanto valor que se transformavam em frequente alvo de roubos. Eram comuns os casos de furtos de roupas cometidos por várias classes de indivíduos na sociedade colonial: podia ser um par de botas roubado da casa de um bacharel ou peças de tecido "levadas" das lojas. Os tecidos, aliás, atraíam a cobiça das camadas mais pobres da população. O furto de roupas era o que resultava na maior incidência de prisões de escravos por crimes contra a propriedade até 1821.* Não à toa, a palavra vestimenta é a origem da palavra investimento, dado o alto valor de muitos trajes luxuosos no passado, como costuma ressaltar em suas brilhantes aulas o amigo, historiador e professor João Braga – autor de diversos títulos de moda, inclusive coautor do *História da moda no Brasil – das influências às autorreferências,* escrito também por Luis André do Prado, e cuja leitura recomendo.

Para as observações de Von Leithold acerca do estranho "estoque doméstico" de artigos luxuosos nas casas das mulheres cariocas comparado ao desmazelo em relação à vestimenta na intimidade do lar, existem algumas explicações: no Brasil, até 1748, o consumo de artigos mais caros ou luxuosos era permitido e praticado pelas mulheres com entusiasmo, e até mesmo de maneira excessiva, desde que tudo viesse da Corte, mesmo que de origens diversas, como vimos anteriormente e como nos informa o interessante relato do navegador e naturalista francês Pierre Sonnerat, que esteve no Rio de Janeiro em maio daquele ano. É interessante ressaltar que nessa época ainda havia grandes restrições à permanência de estrangeiros no Rio, mas, ao que parece, o francês tinha boas conexões na cidade:

> O comércio de produtos de luxo é infinitamente mais significativo. Importa-se de tudo: estofos bordados a ouro e prata, galões, peças de seda, belos tecidos, telas finas e uma série

---

* SILVA, Maria Beatriz Nizza da. *Vida privada e quotidiano no Brasil: na época de D. Maria I e D. João VI.* 2. ed. Lisboa: Editorial Estampa, 1993. pp. 237-238.

de outras mercadorias da moda, produzidas, em sua maioria, pelas manufaturas francesas. Uma vez por ano, entre os meses de setembro e outubro, Lisboa envia para a sua colônia, sob escolta de três ou quatro navios de guerra, uma frota carregada com os produtos referidos. (...) Os habitantes comuns que querem satisfazer a sua vaidade aos olhos do povo, na impossibilidade de usar o castão de prata, escondem a sua inferioridade exagerando no brilho de suas roupas e nas roupas de seus acompanhantes. Para tal são capazes de qualquer sacrifício (...) E nada faltará a essa grandeza quimérica se a pessoa for proprietária de uma cadeira, isto é, de um leito portátil para mulheres, esculpido em madeira, dourado e coberto com uma cortina de seda franjada com galões. Dentro dele, suas deusas flácidas e delicadas são, nos dias de festa religiosa, conduzidas às igrejas por muitos escravos. Elas vão sempre meio escondidas e vestindo muitas roupas adornadas com pedrarias; são muito brancas e pálidas e têm um jeito infantil, que, no entanto, pode ser desmascarado com um olhar mais detido.

Na sociedade brasileira daquele tempo, mesmo com acesso a artigos luxuosos, eram raros os casos de mulheres que se vestiam com apuro e elegância. Às mulheres que se vestiam mal, dizia-se que se "vestiam de redondo". Já às mulheres bem vestidas, dizia-se que se "vestiam de redingote". Na colônia era, portanto, pouco "de redingote" e muito "de redondo". De acordo com Luiz Edmundo, eram mesmo raríssimos os casos de mulheres bem vestidas. A serem citadas, e em número reduzidíssimo, estavam as fidalgas que aqui passavam para "dourar o brasão" com certos hábitos de luxo, as esposas ou filhas mais velhas de oficiais de patentes mais altas, as esposas dos altos funcionários da administração e da justiça e "meia dúzia" de burguesas do comércio. Ainda segundo o autor, isso só era possível porque algumas das embarcações que chegavam da Corte traziam miniaturas de bonecas com modelos de vestidos vindos de Paris e logo copiados e exibidos em ocasiões raríssimas, como espetáculos de gala e festas de carvalhadas promovidas pelo Senado da Câmara, no Campo da Lampadoza (que, segundo se tem notícia, foram apenas três em dez anos), quando as moças eram vistas transportadas em cadeirinhas de couro, serpentinas panejadas e até em coches de aparato. Mesmo assim, eram poucas as que tinham o privilégio de desfrutar o que alguns historiadores consideram terem sido os "arremedos de elegância que aqui nos chegavam de terceira mão".

Trajes da sociedade colonial carioca.
Carlos Julião, século XVIII.

O traje da mulher colonial no tempo dos vice-reis era composto basicamente de uma vasta saia (estrutura rodada), como um balão (que no século XIX seria relançado em versão mais comprida e com o nome de crinolina), porém mais curta que seu similar europeu; uma camisa, que podia ser bordada, desde que os bordados viessem do reino; um espartilho e calções (que no frio poderiam ser de veludo), e, sobre a armação de arame, chamada de polheira, o guarda-pé. Conta-se que o que se diminuía de comprimento no tamanho do balão graças ao calor da cidade – deixando o pé à mostra, um fetiche para a época, não recomendado para as mulheres de classe – parecia aumentar o comprimento dos decotes, que eram mencionados por muitos visitantes como muito profundos. Por cima do traje completo, geralmente vestia-se o saio, casacão com abertura no nível dos cotovelos, para passagem aos braços, ou capas em estilo militar, tipo redingote, usadas de maneira muito peculiar, como mantas, jogadas no torso e cruzadas nos ombros, sem que os braços fossem vestidos pelas mangas (percebe-se que essa era também a maneira como os oficiais muitas vezes usavam suas casacas de uniformes).

Na falta de acesso a referências atualizadas de moda, vindas da Europa, as mulheres coloniais passaram a, muitas vezes, se inspirar no estilo militar usando capas, chapéus e meias brancas, típicas dos uniformes de oficiais da época, misturados aos seus trajes, uma herança vinda do século anterior, conforme atesta Gilda Chataignier em trecho de seu livro *História da Moda no Brasil*:

> Um dado interessante diz respeito à moda feminina dessa época: muitas vezes ela se inspirava nos trajes masculinos, pois não existiam por aqui referências diretas ou informações

suficientes em relação à vestes femininas. Capas curtas, chapéus desabados e grandes, muitas penas e até as meias eram influências das vestes do universo masculino.

Os tecidos geralmente usados na confecção dos trajes femininos coloniais podiam ser sedas lisas ou com motivos coloridos e delicados, como florais ou folhagens, lã grossa, saragoça (um tipo de lã mais fino e utilizado no dia a dia pela durabilidade), sarrabisque, crespo ou chita, o tecido mais barato, popular e em voga na colônia, também chamado de pano da terra. As cores preferidas na colônia eram geralmente as mais vibrantes, característica já presente no século XVII, no qual eram populares o vermelho, verde, amarelo-ouro, roxo, dourado e, posteriormente, o salmão, verde tília, amarelo limão e azul turquesa. Para o inverno, tons mais sóbrios como marrom escuro, verde intenso, cinza e preto, considerado muito elegante, como afirma Chataignier.

Trajes Quatro Damas coloniais e inspiração militar.
Carlos Julião, século XVIII.

As combinações de cores de peças de roupas eram muito peculiares e, não raro, a escolha de duas ou mais cores vibrantes (adicionadas a algum padrão estampado no caso das vestimentas femininas) tanto nas roupas do dia a dia das mulheres quanto nos uniformes militares dos homens. Vermelho e verde; verde e rosa; vermelho sangue e amarelo; azul e amarelo eram algumas dessas combinações de cores vibrantes.

Apesar de usarem mantilhas, tão inadequadas para temperaturas altas, a maioria das mulheres cariocas do período colonial não tinha o hábito de usar chapéu. Sobre o estranho hábito de as mulheres brasileiras, até então, não usarem chapéus para protegerem o rosto e os olhos em suas raras saídas à rua – apesar do sol inclemente e do calor insuportável – assim como a adoção de tecidos pesados nas vestimentas e das mantilhas que escondiam todo o corpo, o comerciante inglês John Luccock, que na cidade viveu por muitos anos, teorizava que tais impropriedades de costumes poderiam ser as causadoras de alguns malefícios à beleza das mulheres cariocas:

> Outra das causas das alterações já vistas podem ser encontradas, conforme por muitas vezes tenho imaginado, no apego obstinado a costumes impróprios. As feições contraídas e vincadas parecem-me provir em grande parte das seguintes modas europeias adotadas sob o sol candente da zona tórrida "onde a maré plena do dia se derrama". Mesmo as mulheres brancas e fidalgas do Brasil não usam coisa alguma sobre a cabeça, abrigo algum para os olhos; e por isso as sobrancelhas e pupilas se contraem o quanto podem a fim de protegerem esses órgãos delicados contra a super abundância de luz.

De fato, não há menção relevante ao chapéu feminino colonial, ao que parece de tão pouco uso que, ao que tudo indica, não mereceu registros importantes. Entretanto, apesar de não terem merecido destaque em registros e relatos escritos, os chapéus podem ser vistos em muitas pinturas da época. Eles aparecem com algumas variações, em sua maioria de cores escuras, geralmente pretos com detalhes que variavam de véus ou acolchoados de cetim ou tafetá, a fitas, gorgorões e até mesmo cordas em alguns usados por escravas, muitas vezes por cima de seus turbantes. Em muitas pinturas, os chapéus das damas em muito se assemelham aos dos homens quando vestidos com suas fardas de oficiais. Acredita-se que, como sustentava Gilberto Freyre, apesar de toda a claridade e do sol, os chapéus femininos não foram um adereço de muito sucesso na cidade até, pelo menos, a chegada da Família Real Portuguesa talvez em razão de terem sido introduzidos no Rio por prostitutas de luxo europeias. A posterior adoção do chapéu pelas mulheres, no entanto, será registrada em diversos relatos após a chegada da Corte, já como uma "reeuropeização" de costumes de uma nova sociedade carioca.

Em relação aos calçados, predominavam as botinas – geralmente pretas, *chapins* ou *chopines*, espécie de plataformas altíssimas originalmente usadas por razões higiênicas em banhos públicos no Oriente, mas que no século XV foram adotadas em Veneza pelas prostitutas e cortesãs para que parecessem mais altas e se destacassem – ou os chinelos coloridos e tamancos de madeira, geralmente usados pelas escravas quando não estavam descalças (o que era comum). Para festas e reuniões femininas, entretanto, não se economizava, afinal, com a colônia sob o signo do Ciclo do Ouro, nada mais adequado que a ostentação: sapatos de brocado, rebordados com motivos florais, de seda, bordados e enfeitados de lantejoulas e pedrarias eram algumas das variações luxuosas. De acordo com Gilda Chataignier, as cores de calçados de festa mais usadas eram o vermelho amora – também chamado de "mourado" por conta da cor da fruta e da origem moura –, o bege queimado e o rosa cravo.

Outra importante constatação em relação à moda e aos usos e costumes locais do período é a de que no Brasil – sobretudo no Rio de Janeiro –, assim como os chapéus, o uso das perucas tanto masculinas quanto femininas foi insignificante, apesar de estas serem, naquela época, uma febre na Europa. Não que a peruca não tenha sido adotada, mas seu uso não se popularizou entre os habitantes do Rio, ficando restrito a apenas algumas personalidades e notáveis da cidade. O fato é que foram pouquíssimos os cariocas que fizeram uso desse acessório.

Existe unanimidade nos relatos de viajantes estrangeiros que aqui estiveram, afirmando que os cariocas, em sua maioria, andavam com os cabelos naturais, geralmente limpos e bem cuidados. Segundo relatos, os cariocas repeliam o uso das perucas não apenas por conta de seus preços exorbitantes, em virtude de serem na maior parte importadas da França, via Portugal, mas pelo incômodo, sujeira e mau odor que causavam (as perucas eram fixadas com uma espécie de cola extraída do peixe). Diz-se que essa resistência à peruca e a adoção dos cabelos naturais pela população do Rio já poderia ser considerado um eco dos costumes oriundos dos índios, que também legaram aos cariocas o hábito do banho diário.

Se por ocasião da vinda da Família Real, no século XIX, o trabalho de artistas que para o Rio foram trazidos por missões patrocinadas por nobres, como no caso de Jean-Baptiste Debret, será fundamental para a documentação acerca da moda e dos costumes de seus habitantes, no século XVIII, as obras de Carlos Julião, artista luso-italiano – que atuava em funções militares no período colonial –, serão importantes referências dessa época. Julião se notabilizou pela obra retratando em detalhes as vestimentas tanto das classes mais abastadas quanto das classes menos favorecidas da população carioca, produzindo grande número de aquarelas e pinturas que registravam personagens como escravos, vendedores, oficiais militares etc., em atividades típicas do período colonial. Seu estilo, se comparado a outros artistas que na cidade estiveram nos séculos seguintes, é bastante simples: traços mais limpos, figuras humanas menos clássicas e cores vibrantes em profusão. Tecidos, estampas variadas, trajes diversos e acessórios compõem a maioria de suas obras. Nelas percebe-se não apenas os gostos predominantes e o que a população costumava vestir, mas as diversas influências de tais vestimentas, notadamente asiáticas, africanas e orientais, misturadas a elementos europeus e temperadas com o gosto local. A obra de Carlos Julião é uma excelente fonte de estudos para quem se interessa por indumentária no período colonial brasileiro.

Historiadores concordam que, já no período colonial – pela grande quantidade e diversidade de influências recebidas de outras culturas aliadas ao fato da grande carência de referências vestimentares de moda europeia e das particularidades climáticas –, iniciou-se na cidade do Rio de Janeiro o processo de criação de um estilo próprio de se vestir que era uma mistura de elementos de diversas culturas, absorvidos e adaptados ao gosto local, sem uma definição muito clara, mas nitidamente permeada de múltiplas influências. Essa característica é atestada por Gilda Chataignier quando diz que o figurino feminino brasileiro desenvolvido sem parâmetros definidos foi muito importante para a configuração das peças de vestuário, uma vez que estilos e origens de diversas etnias criavam um vestir local bastante original, verdadeiro patchwork tropical – expressão utilizada pela pesquisadora.

É curioso pensar como até os dias atuais as tendências de moda que chegam do estrangeiro no Rio de Janeiro acabam sempre, de alguma maneira, sendo primeiro "processadas", depois misturadas com outros elementos locais, resultando em releituras e adaptações inusitadas que lembram a expressão utilizada pela pesquisadora.

Ao final do vice-reinado, já no governo do Conde dos Arcos, e seguindo as tendências da moda pós-Revolução Francesa, que condenava todas as formas volumosas usadas pelas mulheres no chamado Antigo Regime, as roupas femininas mudaram drasticamente na Europa. O "balão" foi extinto. Os vestidos foram ficando cada vez menos volumosos e cada vez mais fluidos e próximos ao corpo. A nova moda, porém, demorou a emplacar na colônia em razão de ter sido resultado de uma revolução na França que não agradava à Corte portuguesa. Mesmo assim, a moda das formas mais simples e mais verticalizadas acabou chegando à cidade e se instalando gradativa e definitivamente por ocasião da vinda da Família Real, em 1808. De toda maneira, mesmo já tendo adotado as novas formas, as mulheres cariocas ainda viveriam por algum tempo usando mantilhas e capas no dia a dia. Resquícios orientais...

Na colônia, copiar o que chegava da Corte, mesmo que de maneira adaptada, já que não havia circulação de manuais de moda impressos ou quaisquer outras referências, dava o que falar. Como no caso da mulher do Juiz das Justificações da Índia e da China, que, de acordo com relatos, causou furor ao descer de sua serpentina de jacarandá (espécie de liteira, cadeira de transporte) com "um penacho amarelo gema de ovo alto como um coqueiro" amarrado à cabeça, "um polheiro de seda verde periquito e o guarda-pé tirando a vermelhão da China". Aos olhos dos estrangeiros presentes, a mulher mais se parecia com uma arara, mas como se tratava da esposa de uma autoridade, que sabidamente tinha acesso às novidades do reino, o povo considerou tudo de muito bom gosto, ou afinado com o extravagante gosto local. Se pensarmos bem, o caso ilustra a tese da influência de elementos das culturas asiáticas e orientais presentes por séculos no dia a dia da colônia, por exemplo o uso de cores vibrantes – como amarelo, verde, azul e vermelho –, aos quais a população da colônia já estava muito acostumada.

Hábitos orientais registrados nas obras de Jean-Baptiste Debret.

A convivência dos habitantes da cidade com hábitos notadamente adquiridos de culturas orientais fazia parte do cotidiano como a preferência por cores vibrantes, o uso da mantilha ou até mesmo sentar-se no chão quando em reuniões ou ocasiões íntimas (como é possível verificarmos em inúmeras obras de Debret).

Para Alberto da Costa e Silva, seria importante que também se fizesse um estudo do influxo da Índia sobre o Brasil. De acordo com o estudioso, se isso fosse feito, talvez se revelasse que as águas do Zaire, Cuanza, Níger, Ogun e Gâmbia entram pelos rios brasileiros e que o Índico chega às praias do país. Goa, colônia portuguesa na Índia, e o Brasil tinham muitos traços em comum, e isso pode ser verificado por meio das vestimentas coloridas e personagens mostradas em uma emblemática obra de Carlos Julião que retrata as três culturas sobrepostas.

É muito interessante quando vemos que até hoje a África, a Ásia e o Oriente são inspirações recorrentes na moda do Hemisfério Norte (e também do Sul) quando ocorrem lançamentos de coleções. Fala-se em tendências orientais (nos Estados Unidos e no Brasil, o Oriente é geralmente associado à China e ao Japão, mas aqui no livro já explicamos que se trata, sobretudo, de países do mundo árabe e do Islã), afro e por aí afora. No Rio de Janeiro colonial, a África, a Ásia e o Oriente impregnaram o vestir da cidade desde que esta surgiu, deixando marcas profundas no vestir carioca que virariam moda com a chegada da Corte. O contato com esses continentes – ironicamente feito por causa de uma proibição de contatos com a Europa pelos portugueses – só fez enriquecer o Rio, que, antes de conhecer a moda e os costumes da Europa, já conhecia bem aqueles da África, da Ásia e do Oriente.

PREGMATICA
E
LEY
POR QVE SVA ALTEZA HA
por bem pellos refpeitos nella declarados
prohibir os trajes, veftidos de Seda com ouro, guarnições de fitas, ouro, prata, dourados, bordados coches de feis mul-
las, & o mais q̃ nella fe declara.

LISBOA.
Por Antonio Craesbeeck de Mello, impreffor de Sua Alteza.

Leis Pragmáticas de Portugal.

a pragmática
e a proibição do luxo no Brasil: castigo para as cariocas

Grandes foram os efeitos provocados pela Pragmática sobre os costumes da população local, a arquitetura de suas edificações e sobre todo o conjunto de móveis e objetos a elas ligados. Com essa lei, os moradores da cidade do Rio de Janeiro foram fortemente privados em seus prazeres mundanos de se vestirem e de adornarem com luxo, de se transportarem em coches finamente elaborados, de circularem acompanhados de numeroso séquito de escravos domésticos, de realizarem festas pomposas ou até de gastarem excessivamente com funerais.

Nireu Cavalcanti

Se até meados do século XVIII o acesso aos artigos de luxo foi permitido e praticado no Rio de Janeiro, a população, sobretudo a feminina, estava então prestes a sofrer um duro golpe. Ao longo desse século, o centro de convergência da América portuguesa deslocou-se do Nordeste para o Sudeste, e o Rio de Janeiro passou a ser, por vontade real, a principal cidade brasileira. Essa mudança de eixo deveu-se à sua função militar – pois foi do Rio que os portugueses partiram para a colonização do sul do Brasil e enfrentaram os espanhóis do rio da Prata – e à descoberta do ouro em Minas Gerais, iniciando o ciclo de ouro no país. O Rio passou a ser a cidade por onde estrategicamente se chegava até o ouro encontrado nas minas, bem como o porto por onde o ouro era levado do Brasil para Portugal.

Do ouro encontrado em Minas Gerais, a quinta parte do que era oficialmente declarado deveria pertencer ao rei de Portugal e à Coroa, que, dizia-se, deveria usá-lo para ampliar o orçamento do reino e realizar benfeitorias, obras e construções em Portugal. Contudo, em dado momento, a Coroa descobriu evidências de que parte do ouro descoberto nas minas brasileiras não estava sendo declarada. A sonegação nas declarações e a prática do contrabando do ouro, somadas ao deficit crescente da balança de pagamento de Portugal, foram os motivos alegados que levaram D. João V, então rei de Portugal, a promulgar, em 24 de maio de 1749, a lei Extravagante, denominada Pragmática, um instrumento já muito conhecido e utilizado em outros reinos europeus (inclusive já tendo sido utilizado anteriormente por seus antecessores) como resposta e punição à população pelos crimes cometidos na colônia.

*D. João V e D. Maria I - século XVIII.
Museu de Lisboa.*

Assim, de 1749 até o final do século XVIII, o consumo de artigos luxuosos, bem como a exibição de excessos nas vestimentas e a fabricação de tecidos finos, foi terminantemente proibido no Brasil pela Corte de Portugal. A lei Extravagante, ou Pragmática, era uma variação das leis Suntuárias – que regulamentavam em detalhes a vida dos súditos dos grandes reinos, determinando, inclusive, as roupas, as cores e os tecidos que poderiam, ou não, vestir e que vigoraram no continente europeu do século XIV ao século XVIII, variando as regras e o rigor, conforme o monarca e o reino.

Algumas dessas leis em vigor nos reinos italianos, por exemplo, proibiam expressamente o uso de roupas de seda por artífices e vendedores, sendo estas de uso exclusivo da nobreza; seda, ouro e prata eram proibidos para camponeses. Vestidos deveriam ser diferentes para mulheres solteiras, casadas ou viúvas. Assim como as vestimentas das prostitutas, ou *malae muileres* (mulheres más), como eram conhecidas: em Pádua, na Itália, deveriam usar um capuz vermelho; em Milão, eram proibidas de usar roupas pretas, e, em Dijon, na França, proibidas de usar toucas ou véu. Sabe-se que uma das mais tiranas e rigorosas monarcas a se valer das leis Suntuárias foi Elizabeth I, cujo reinado impôs um dos mais rigorosos conjuntos de leis reguladoras do modo de vida de seus súditos, inclusive no que dizia respeito ao vestuário. Em tese, as leis Suntuárias, ou Sumptuárias – do latim *sumptus*, que significa despesa –, eram leis que se destinavam a limitar os excessos de luxo, bem como a regulamentar sinais exteriores de prestígio, mas que, na verdade, tinham caráter distintivo e punitivo para classes inferiores, na medida em que explicitavam o significado e o valor das aparências, sempre favorecendo a nobreza.

No caso do Brasil, a Pragmática de 1749 tratou, em seus 31 capítulos, diversas questões relativas a restrições nos usos e costumes da colônia, que, apesar de abastecer a metrópole de ouro e riquezas e sustentar os nobres portugueses, era privada de luxo e quaisquer mordomias. Estavam contempladas leis regulamentando o luxo dos adornos, dos vestuários, das carruagens, dos móveis, tipos de luto que deveriam ser observados, uso de espadas por pessoas de condição inferior e inúmeros outros comportamentos considerados abusivos. Sabe-se, como nos informa Nireu Cavalcanti, que, dessas leis, obviamente, escapavam o monarca e sua Corte, que podiam continuar vivendo luxuosamente, bem como parte significativa do clero, apesar de integrantes estarem obrigados a se reportar ao rei sempre que tivessem solicitações especiais.

Apesar das medidas de contenção dos gastos tomadas pela Pragmática, o deficit comercial português continuou crescendo, só se equilibrando mais de trinta anos depois. Tais leis eram tirânicas em relação a toda e qualquer manifestação de "excesso" que pudesse "causar tentação" no homem. E a moda, é claro, estava incluída entre os tais excessos, como informava a Pragmática de 1749 para o Brasil:

> A nenhuma pessoa de qualquer graduação e sexo que seja, passado o tempo abaixo declarado, será lícito trazer em parte alguma de seus vestidos,[*] ornatos, enfeites, telas, brocados, fitas, galões, galancins, passamanes, franjas, cordões, espeguilhas, debruns, borlas, ou qualquer outra sorte de tecido, ou obra em que entrar prata, nem ouro fino ou falso, nem riço cortado à semelhança de bordado.

---

[*] O termo vestido, no período, se aplicava simultaneamente aos trajes masculinos e femininos: "Vestido. Vestidura. § Um vestido: isto é, uma casaca, véstia e calções. § Um vestido de mulher consta das peças ordinárias, roupa, saia etc.", é a definição de Morais Silva no Dicionário.

Assim também não será lícito trazer coisa alguma sobreposta nos vestidos, seja galão, passamanes, alamares, faixa ou bordados de seda, de lã, ou de qualquer matéria, sorte ou nome que seja, excetuando as cruzes das Ordens Militares.

Permito que possam trazer botões, e fivelas de prata ou outros metais, sendo lisos, batidos, ou fundidos, e não de fio de ouro, ou prata, nem dourado ou prateado, nem com esmalte, ou lavores. Proíbo usar nos vestidos enfeites de fitas lavradas, ou galões de seda, nem de rendas, de qualquer matéria, ou qualidade que sejam, ou de outros lavores, que imitem as rendas; como trazê-las na roupa branca nem usar delas em lenços, toalhas, lençóis ou em outras algumas alfaias.*

À Pragmática, nem as roupas íntimas escapavam:

Poderá usar-se de roupa branca bordada de branco, ou de cores, contanto, porém que seja bordada nos meus domínios, não de outra manufatura. Toda pessoa que usar de alguma das coisas proibidas do presente capítulo, perderá a peça em que se achar a transgressão: pela primeira vez será condenada a pagar vinte mil réis; pela segunda, quarenta mil réis e três meses de prisão, e pela terceira vez pagará cem mil réis e será degredado por cinco anos para Angola.**

Eram ainda proibidas as sedas de "primeira qualidade", ornatos em pedras preciosas ou quaisquer outros materiais que as imitassem, como cristais e vidrilhos de qualquer forma ou cor. As penalidades aplicadas iam desde o confisco das peças consideradas "criminosas" e multas em dinheiro até a prisão e o degredo (exílio para as colônias mais distantes).

Ainda segundo Cavalcanti,*** com essa lei, os moradores da cidade do Rio de Janeiro foram, por um longo período, duramente privados – pelo menos oficialmente – de se vestirem e de se adornarem com luxo, de se transportarem em coches finamente

---

* EDMUNDO, Luiz. *Op. cit.*, pp. 212-214.
** EDMUNDO, Luiz. *Op. cit.*, p. 214.
*** CAVALCANTI, Nireu. *O Rio de Janeiro setecentista: a vida e a construção da cidade da invasão francesa até a chegada da corte.* Rio de Janeiro: Jorge Zahar Editor, 2004. pp. 91-92.

elaborados, de circularem acompanhados de numeroso séquito de escravos domésticos, de realizarem festas pomposas ou até de gastarem excessivamente com funerais. Como o comércio de tais artigos de luxo era proibido no período colonial, eles eram contrabandeados e, quando usados, eram "ocultados" pelas mantilhas, um artifício feminino de usar veladamente o que era proibido de ser usado e exibido publicamente. Proibidos, os tecidos de seda, algodões finos, galões de ouro e de prata desapareceram dos ateliês que se multiplicavam na capital do Estado do Brasil.

Entretanto, as privações não parariam por aí. Algumas décadas mais tarde, a colônia do lado de cá do Atlântico sofreria um novo golpe. Apesar de o país ter sido um dos maiores produtores e exportadores de algodão para a Europa – tendo abastecido as manufaturas da Inglaterra, França e Portugal no século XVIII, uma ordenação de D. Maria I, mãe de D. João VI, em 1785, proibiu – a título de assegurar a continuidade de outras atividades ali desenvolvidas que estavam sendo "canibalizadas" pelas atividades têxteis – na colônia a fabricação de quaisquer tecidos finos e derivados do algodão, assim como aviamentos luxuosos. A única produção local permitida foi a de panos rústicos de algodão para o ensacamento de colheitas e para a confecção das vestimentas mais simples dos escravos.

Era clara a mensagem contida no Alvará que extinguiu, no Brasil, todas as fábricas e manufaturas de ouro, prata, sedas, algodão, linho, lã e, com elas, a possibilidade de desenvolver-se no país qualquer atividade que pudesse prejudicar o monopólio europeu. A medida – justificada de modo duvidoso pela soberana – atrasou sobremaneira o processo de desenvolvimento no país de uma das indústrias mais importantes para a moda – a têxtil.

> Eu a Rainha. Faço saber aos que este Alvará virem: que sendo-me presente o grande número de fábricas e manufaturas, que de alguns anos a esta parte se tem difundido em diferentes capitanias do Brasil, com grave prejuízo da cultura e da lavoura, e da exploração das terras minerais d'aquele vasto continente; porque havendo nele uma grande e conhecida falta de população, é evidente que quanto mais se multiplicar o número dos fabricantes, mais diminuirá o dos cultivadores, e menos haverá que se possam empregar no descobrimento

e rompimento de uma grande parte d'aqueles extensos, domínios, poderão prosperar nem florescer por falta do benefício da cultura, não obstante ser esta a essencialíssima condição com que foram dadas aos proprietários delas: e até nas mesmas terras minerais ficará cessando de todo, como já tem consideravelmente diminuído, a extração do ouro e diamantes, tudo procedido da falta de braços, que devendo empregar-se nestes úteis e vantajosos trabalhos, ao contrário os deixam e abandonam, ocupando-se em outros totalmente diferentes, como são os das referidas fábricas e manufaturas: e consistindo a verdadeira e sólida riqueza nos frutos e produções da terra, as quais somente se conseguem por meio de colonos e cultivadores, e não de artistas e fabricantes: e sendo além disto as produções do Brasil as que fazem todo o fundo e base, não só das permutações mercantis, mas da navegação e do comércio entre os meus vassalos habitantes destes reinos e daqueles domínios, que devo animar e sustentar em comum benefício de uns e outros, removendo na sua origem os obstáculos que lhe são prejudiciais e nocivos: em consequência de tudo o referido hei por bem ordenar que todas as fábricas, manufaturas ou teares de galões, de tecidos ou de bordados de ouro e prata: de veludas, brilhantes, setins, tafetás, ou outra qualquer qualidade de seda: de belbutes, chitas, bombazinas, fustões, ou de outra qualquer qualidade de fazenda de algodão ou de linho, branca ou de cores: e de panos, baetas, droguetes, saetas, ou de outra qualquer qualidade de tecidos de lã; ou os ditos tecidos sejam fabricados de um só dos referidos gêneros, ou misturados e tecidos uns com os ouros; excetuando tão somente aqueles dos ditos teares e manufaturas em que se tecem ou manufaturam fazendas grossas de algodão, que servem para o uso e vestuários dos negros, para enfadar e empacotar fazendas, e para outros ministérios semelhantes; todas as mais sejam extintas e abolidas em qualquer parte onde se acharem nos meus domínios do Brasil.*

Além da Extravagante, e do alvará de D. Maria I, o Rio continuaria a ser ainda mais castigado por leis restritivas que afetavam diretamente o consumo de luxo das cariocas. Entre elas, a de 7 de dezembro de 1770, que proibia a importação de chapéus estrangeiros, mas, entre todas as leis complementares regulatórias, a que mais repercutiu sobre o cotidiano da cidade, e que pesou sobre centenas de famílias – mais precisamente 440 – que, da noite para o dia, foram impedidas de exercer sua profissão,

---

* Ibidem, pp. 133-134.

foi a que respondeu à carta enviada pelo conde da Cunha pedindo ao rei que fossem tomadas medidas urgentes contra a prática da ourivesaria na cidade do Rio de Janeiro. A carta denunciava que alguns ourives da cidade estariam envolvidos em atividades ilícitas, falsificando moedas e contrabandeando ouro, prata e pedras preciosas. A lei aplicada visava tecnicamente punir centenas de ourives, proibindo-os de trabalhar, mas, na verdade, o que tal legislação buscava era, sobretudo, reprimir a população da cidade – notadamente famílias de judeus e ciganos, geralmente envolvidas com atividades ligadas à ourivesaria e joalheria –, que dava claros indícios de ser tão ou mais rica que muitos nobres portugueses. E pelas regras hierárquicas, a externalização do luxo pelos súditos era contraindicada, na medida em que acabavam ofuscando a imagem do vice-rei, o mais alto representante da monarquia de Portugal no Brasil.

No final do século XVIII, o embaixador britânico Samuel Holmes relatava algumas de suas impressões sobre a cidade, como registrado no livro *Outras visões do Rio de Janeiro Colonial*, de Jean Marcel Carvalho França:

> O Rio de Janeiro é a feitoria mais importante que Portugal possui. Ela produz açúcar, tabaco e algodão. Dela retira-se também couro e excelentes drogas para a medicina e manufatura; sem falar do ouro, da prata e dos diamantes. A propósito do ouro, comenta-se que a quantidade exportada anualmente para a Europa excede o valor de 4 milhões de libras esterlinas.

A falta de contato com o refinamento europeu, sobretudo o francês, aliada às proibições da Pragmática, do alvará de D. Maria I e das constantes leis regulatórias que atingiam a população carioca, e o intenso contato com as culturas asiáticas e africanas, certamente forneceram às cariocas um conjunto de "soluções criativas" para burlar as proibições. Com tantas limitações e, ao mesmo tempo, tão influenciadas por elementos de culturas tão diferentes, as cariocas acabaram criando uma maneira muito particular de se vestir nos tempos de vice-reinado. A moda feminina de parte do período colonial – notadamente do vice-reinado, posterior à Pragmática, ao Alvará e às demais proibições – desenvolveu-se em um curioso jogo de insinuações, de "mostrar-se escondendo", que foi observado e registrado no relato de muitos viajantes e visitantes que no Rio estiveram nessa época.

A chegada da Família Real e a posterior Abertura dos Portos foram o estopim para importantes mudanças na moda no Rio. Com seus hábitos europeus, a nobreza passaria a demandar produtos luxuosos – que antes da transferência da Corte para o Brasil eram proibidos pela Pragmática e pela própria D. Maria I – para serem usados nos espaços sociais e de diversão, criando novo nicho e demanda, sobretudo no que dizia respeito ao consumo de artigos femininos de luxo. Em virtude desse golpe de sorte do destino, a população, sobretudo as mulheres, finalmente se livrou das restrições da Pragmática e de D. Maria I.

A presença da Corte não provocou mudança instantânea nos hábitos dos cariocas, como frisam alguns historiadores, mas certamente deu início a um processo que alteraria para sempre a vida social e a moda vestida pela brasileira do Rio.

A Corte portuguesa – que originalmente deveria se estabelecer em Salvador – chegou ao Brasil desprovida do luxo com o qual era aguardada pelos habitantes da ex-colônia, mas mesmo não tendo sido a chegada da Família Real ao Rio de Janeiro um evento com "pompa e circunstância" habituais em cerimônias reais, o fato foi um divisor de águas para a moda carioca. O Rio de Janeiro tornava-se, a partir daquele momento, a sede de um império europeu. Com a revogação da lei Extravagante e a abertura dos portos a outras nações, a cidade viveria transformações que jamais aconteceriam se não fosse a decisão de D. Carlota Joaquina em querer estabelecer-se no Rio – e não em Salvador, como era o plano originalmente traçado para a Família Real portuguesa quando chegasse ao Brasil.

Chegada da Família Real portuguesa ao Rio de Janeiro.
Geoff Hunt, 1808.

Uma Corte europeia no Rio

Sim, com a vinda de sua Majestade para o Brasil, extinguiu-se o sistema colonial, que não permitia aos brasileiros mais do que agricultura, o trabalho das minas de ouro, e as artes fabris indispensáveis, sem as quais não podem os homens viver em sociedade. Mas, apenas chegou Sua Majestade, quando logo franqueou o comércio, permitiu a indústria, facultou as artes e ciências, admitiu os estrangeiros, mandou abrir estradas, facilitou a comunicação dos povos e, entre outros bens, que nos concedeu, promoveu a civilização. Ora todos sabem quanto poder ela tem sobre os homens, e sobre o terreno, que eles habitam, por mais rudes e bárbaros que tivessem sido.

Luis Gonçalves dos Santos

Ameaçado por uma invasão planejada pela França, tendo à frente Napoleão Bonaparte, e para garantir seu poder e soberania na Europa, Portugal não teve alternativa senão planejar a fuga de sua Corte para o continente, transferindo-se para o Brasil, território sob sua colonização. O plano foi incentivado pelo império britânico, então aliado de Portugal e também interessado em manter sua hegemonia contra os avanços de Napoleão Bonaparte na Europa. A Inglaterra não apenas induziu o então rei de Portugal, D. João VI, a tal decisão, como também – em um dos inúmeros acordos que firmou com a Coroa Portuguesa visando garantir o fracasso dos planos de vitória da França – se responsabilizou pela escolha das embarcações lusas desde a saída no porto de Lisboa até a chegada no Rio de Janeiro, em 1808. Essa cumplicidade renderá à Inglaterra uma série de futuras e importantes regalias comerciais na cidade.

Caso inédito de cidade que se tornou sede de um império europeu fora daquele continente, o Rio passou, da noite para o dia, de ex-colônia, sem identidade ou qualquer refinamento, à sede de um império europeu nos trópicos. Segundo o brasilianista britânico Leslie Bethell,* a transferência de uma Corte europeia para a periferia colonial foi um evento inédito na história do mundo moderno, e a presença da Corte Joanina, por 13 anos na cidade, provocou grande impacto no Brasil. O Rio começava um novo capítulo de sua história, mais uma vez atraindo a atenção do mundo sobre si.

---

* BETHELL, Leslie. "Um império sob a coerção britânica". Entrevista cedida a Rachel Bertol. *In*: *O Globo*, 11 de março de 2008. p. 4. Segundo Caderno.

A historiadora Isabel Lustosa* explica que, em virtude da parceria política estratégica entre Portugal e Inglaterra, os ingleses tiveram grande influência na cidade no período que vai da Abertura dos Portos, em 1808, à elevação do Brasil a Reino, em 1815. Com a derrota de Napoleão Bonaparte e o retorno das relações do país com o resto da Europa, será então a França que passará a ter grande influência nos modos e modas da sociedade carioca, sendo os costumes franceses de significativa importância para a trajetória do vestir na cidade do Rio de Janeiro.

A fuga de Portugal e a chegada da Família Real ao Rio foi algo tão inusitado que muitos habitantes, pegos de surpresa, foram, por decretos reais, obrigados a abandonar suas casas cedendo-as compulsoriamente como moradia para os numerosos membros da Corte que chegaram inesperadamente à cidade. Mesmo diante de tal arbitrariedade, os "colonos" estavam ansiosos por conhecer uma Família Real europeia, de quem há séculos só ouviam falar ou conheciam apenas por meio de gravuras e pinturas romantizadas.

A Família Real chega à Igreja de Nossa Senhora do Rosário para missa comemorativa da chegada da corte portuguesa ao Rio de Janeiro – Museu da Cidade, Rio de Janeiro.
Armando Martins Viana.

---

* LUSTOSA, Isabel. "Daslu imperial". In: *Folha de S. Paulo*, 29 de julho de 2007. p. 8. Caderno Mais.

Segundo o historiador Egídio Bento Filho, em meio à correria, soube-se que uma tempestade abateu-se sobre a frota real, obrigando-a a fazer uma parada em Salvador, onde a família permaneceu por alguns dias.

Quando a Família Real finalmente chegou ao Rio de Janeiro, em março de 1808, parte da população da cidade – à época estimada em cerca de 50 mil habitantes – se aglomerou no local onde desembarcariam os nobres. Entretanto, ao contrário do que se esperava, o desembarque causou grande espanto aos habitantes da cidade, que esperavam por um acontecimento cheio de pompa e luxo. Conta-se que, após mais de três meses de intempéries enfrentadas na penosa travessia do Atlântico, era lastimável o estado em que se encontravam alguns dos membros da Comitiva Real na chegada, isso sem falar no estilo *sui generis* da própria Família Real. Desembarcaram, além de toda a entourage e funcionários da Corte, D. Maria I, rainha de Portugal, seu filho D. João VI, sua esposa D. Carlota Joaquina e os filhos Pedro I, Miguel, Maria Teresa, Maria Isabel, Maria Francisca e Isabel Maria.

Entretanto, os habitantes da colônia, que foram recebê-los, também não ficaram nada a dever em termos de desleixo nas vestimentas.

> Dom João foi recepcionado como um grande monarca. Ele, D. Carlota Joaquina e indivíduos da Corte seguiram até um altar montado no meio do Paço onde se encontrava uma cruz. Receberam a bênção dos representantes da igreja e, em seguida, formou-se um cortejo a fim de levá-los até a Sé, a igreja de Nossa Senhora do Rosário, para uma missa de ação de graças pela viagem de Lisboa até o Rio de Janeiro. A rua que fica em frente ao templo (rua do Rosário) foi atapetada com areia trazida da praia e pétalas brancas.*

Nesse breve descritivo de Egídio Bento Filho, é possível perceber a criatividade vigente em terras cariocas para driblar a falta do protocolar tapete vermelho, improvisando-se um tapete de areia e pétalas de flores.

---

* BENTO FILHO, Egídio. *A história do Rio de Janeiro: do século XVI ao XXI*. Rio de Janeiro: Lestra Capital, 2017. p. 45.

A CULPA É DO RIO! A cidade que inventou a moda do Brasil

Para o historiador Patrick Wilcken, vista de perto, a Família Real estava longe de se assemelhar às imagens idealizadas – as alegorias religiosas, os retratos e gravuras lisonjeiras – pelas quais era conhecida na colônia. Em sua detalhada descrição dos membros da Corte portuguesa no dia da chegada ao Rio de Janeiro, o autor nos aponta traços importantes tanto da moda europeia daquele período, que Portugal tentava reproduzir, quanto da moda adotada pelos habitantes do Rio, não menos curiosa:

> As mulheres, muitas praticamente carecas depois de suas provações no Atlântico, desfilaram pelas ruas do Rio como curiosidades. Uma vez superada a visão fantástica de um bando de *dames d'honneur* calvas, seus trajes de inspiração parisiense foram observados, desde a cintura alta e os bordados intricados do estilo império até as longas luvas de seda. As que não tinham viajado a bordo do Alfonso de Albuquerque, infestado de piolhos, podiam exibir um outro estilo: penteados rebuscados e altos, com pequenos cachos soltos a lhes emoldurar o rosto. Quanto aos homens, as meias de seda, as perucas, as jaquetas justas e os sapatos de bico quadrado usados por eles pareciam meio deslocados nos trópicos.
>
> Diante deles estavam seus primos coloniais, cujos trajes, em sua maioria, eram simples e práticos – e por bons motivos. No Rio, as temperaturas ultrapassavam os 35 graus centígrados e raramente caíam abaixo dos 20 °C. Enquanto os dignatários da cidade batalhavam com suas roupas de estilo europeu, quase todos os demais preferiam roupas mais soltas. As mulheres – quando circulavam – o faziam com vestidos sem manga e com capas e mantilhas que cobriam tudo, deixando os cabelos soltos, com pouca afetação. As cores eram vibrantes – em tons de verde limão, azul vivo e sangue *de boeuf* – destacadas por colares e brincos volumosos, feitos dos diamantes e pedras preciosas que ainda eram extraídos das minas no interior do país. A moda masculina também evoluíra num sentido mais prático: camisas abertas, coletes desabotoados, calças frouxas e sandálias sem meias eram a norma nos trajes informais cotidiano. Os escravos não usavam praticamente nada, andando descalços e com o tronco nu, embora os que carregavam as liteiras dos ricos se adornassem com perucas e casacos bordados. No Rio havia também muitos escravos e escravas alforriados, que haviam começado a imitar os hábitos dos trajes europeus. Ao

inspecionarem as multidões reunidas, os exilados ficaram surpresos com a visão de afro-brasileiras cobertas de joias e africanos que usavam cartolas, bengalas e caixas de rapé.*

O desembarque da Corte portuguesa na cidade causou surpresa em seus habitantes. Logo, os costumes e o vestir na cidade seriam profundamente impactados com a chegada da Família Real e o séquito de milhares de súditos vindos de Portugal que a acompanhou nas inúmeras caravelas que no Rio de Janeiro aportaram naquele dia de início de março, no nascer do século XIX.

---

* WILCKEN, Patrick. *Império à deriva: a corte portuguesa no Rio de Janeiro, 1808-1821* - Tradução Vera Ribeiro. Rio de Janeiro: Objetiva, 2005. pp. 107-108.

D. João VI e Dona Carlota Joaquina, século XIX.

Um novo curso para o Rio

A instalação da Corte portuguesa no Rio de Janeiro, em 1808, foi responsável por uma série de mudanças tanto no aspecto físico quanto nas formas de comportamento de, pelo menos, uma parcela da população da capital da colônia portuguesa da América que visava adaptar a cidade à sua nova função: sede do império português.

Sérgio Hamilton da Silva Barra

Com a chegada da Corte, a cidade também passou a viver duas realidades bem distintas: a de uma elite branca formada por funcionários reais e pelos ricos negociantes e comerciantes brasileiros e estrangeiros, que habitavam os melhores bairros e regiões, e a de uma população pobre, da qual metade era escrava. Essa situação se manteve até meados do século XIX, quando foi decretada a proibição do tráfico de escravos, atividade que, como se sabe, mesmo com a proibição, na prática continuou intensa.

Tais realidades, apesar de tão distantes, acabaram misturando-se intensamente, e dessa mistura de elementos culturais e sociais nasceu um estilo único, muito particular de a população do Rio vestir-se e comportar-se.

Apesar dos muitos ajustes iniciais pelos quais passou a cidade, Manuel Diegues Júnior confirma que o vestuário mais refinado no Brasil foi uma introdução europeia. Com a transferência da Corte, logo os cariocas passaram a acompanhar, em princípio, a moda de Portugal, depois a inglesa e a francesa, conforme o tempo ia passando.* Os habitantes da cidade, entretanto, não tinham nos membros da realeza seus melhores exemplos de elegância, como era comum em reinos europeus. A rainha D. Maria I, já idosa, vestia-se ainda de acordo com a moda do antigo regime. D. Carlota Joaquina, princesa regente e rainha de Portugal, famosa por seu temperamento difícil

---

* DIEGUES JÚNIOR, Manuel. *Etnias e culturas no Brasil*. 5. ed. Rio de Janeiro: Civilização Brasileira, 1976. p. 161.

e explosivo e pouca beleza, tinha personalidade e gostos extravagantes. Apesar de já se apresentar publicamente vestindo trajes característicos do império, não era o que se podia considerar a melhor tradução da nobreza e do refinamento. Dessa maneira, até a chegada da imperatriz Leopoldina ao Rio, as cariocas padeceram de referências de estilo e graciosidade entre os membros da Família Real.

Ainda assim, e com todas as limitações, as mulheres cariocas, entretanto, já tinham no estrangeiro fama de serem muito belas, o que preocupava a jovem Leopoldina, que, ainda na Áustria e já na condição de noiva de D. Pedro I, recebia notícias sobre a extrema graciosidade e beleza das brasileiras habitantes do Rio. Em um diário mantido secretamente, Leopoldina confessava sua preocupação em relação a isso. Tinha receio de não agradar tanto seu noivo (e futuro marido) quanto as brasileiras, sobretudo aquelas da colônia.

Nos primeiros anos da Corte na cidade, foi imposta no Rio uma estética europeia, totalmente diferente daquela que os habitantes da cidade estavam até então acostumados a seguir.

Modos e modas trazidos pela Corte deveriam ser absorvidos pelos colonizados sem que se levasse em conta o clima quente e tropical da cidade colonizada e o modo de vida anterior de seus moradores. Esse tipo de imposição, via indumentária, era praxe no período e tinha a função de padronizar e, ao mesmo tempo, distinguir os cidadãos. Sabe-se que a moda é uma poderosa ferramenta de dominação. Recordo-me bem de uma interessante leitura feita no mestrado, na qual fica patente esse tipo de dominação pela moda:

> (...) os membros de cada camada aceitarem como ideal de decência o esquema de vida em voga na camada mais alta logo acima dela, ou dirigirem suas energias a fim de viverem segundo aquele ideal. Sob pena de perderem seu bom nome e respeito próprio em caso de fracasso. Devem eles, pelo menos na aparência, conformar-se com o código aceito.*

---

* VEBLEN, Thorstein. *A teoria da classe ociosa*. São Paulo: Nova Cultural, 1988.

Essa imposição de padrões estéticos e comportamentais pelas classes altas tendo como justificativa um "processo civilizador" está presente em reflexões de diversos estudiosos e filósofos de vários períodos da História, que explicam a naturalidade como era encarada a supremacia dos membros da Corte pelo simples fato de já terem nascido nobres:

> (...) Os dominantes só aparecem como distintos porque, tendo de forma alguma nascido numa posição positivamente distinta, seu *habitus*, natureza socialmente constituída, ajusta-se de imediato às exigências imanentes do jogo, e que elas podem assim afirmar sua diferença sem necessidade de querer fazê-lo, ou seja, com a naturalidade que é marca da chamada distinção natural: basta-lhes ser o que são para ser o que é preciso ser, isto é, naturalmente distintos daqueles que não podem fazer a economia da busca da distinção.*

Impor novos padrões de elegância e de moda não se mostraria uma tarefa fácil, afinal uma população que durante séculos jamais convivera com a realeza – como era a praxe na Europa, onde os súditos aprendiam desde que nasciam a respeitar e admirar seus reis e rainhas – também não havia aprendido a cultuá-la, e não sentia pela Família Real portuguesa a admiração e reverência que os europeus nutriam por suas realezas. No caso do Rio, ao contrário: havia na relação entre os habitantes da cidade e a Família Real mais de irreverência e intimidade que de respeito e admiração. O fato de a cidade e seus habitantes, por séculos, terem sido privados das novidades da moda vindas da Europa, por ordenação da própria Coroa Portuguesa, obviamente não contava a favor. Mesmo com todo esforço e ordens da Coroa no intuito de, de certa forma, reverter o que já havia sido feito e "padronizar" a moda de sua ex-colônia, não havia como a população local esquecer de uma hora para a outra todos os costumes adquiridos ao longo de tantos séculos de isolamento em relação à Europa, absorvido de outras culturas, sobretudo africana, asiática e oriental, muito mais presentes enquanto o Rio estivera na condição de colônia e vice-reino.

---

* BOURDIEU, Pierre. "Fieldwork in philosophy", Coisas ditas. pp. 23-24. *Apud* RAINHO, Maria do Carmo Teixeira. *A cidade e a moda: novas pretensões, novas distinções – Rio de Janeiro, século XIX*. Brasília: Universidade de Brasília, 2002. p. 46.

De acordo com Marly Motta* e outros estudiosos, com o estabelecimento da Corte no Rio foi desencadeada, então, uma verdadeira febre de empreendimentos na cidade que, é claro, àquela altura, precisava suprir as necessidades de luxo demandadas pelos nobres. Eles precisavam de tudo o que, ironicamente, haviam proibido e privado sua ex-colônia, e a solução para isso era a revogação imediata de todas as medidas restritivas que tinham sido impostas na colônia.

Após a revogação das medidas que proibiam instalação de fábricas e manufaturas no país, diversos empreendimentos industriais começaram a surgir em várias regiões da cidade, como fábricas de pólvora, de papel, gráficas etc. Fundaram-se escolas de medicina, de marinha, de guerra, de comércio; uma Imprensa Régia, que sempre fora recusada à colônia; o Jardim Botânico; a Academia de Belas Artes; o Teatro Real de São João, que deu grande impulso às produções teatrais e à vinda de artistas estrangeiros; a Capela Real, que se tornou o centro de concertos musicais e a Real Primeira Orquestra formada no Brasil; a Real Biblioteca; o Hospital da Ordem Terceira do Carmo e o Banco do Brasil. Organizou-se a vinda dos arquivos do Ministério dos Negócios Estrangeiros português, cujo acervo hoje integra a Coleção de Documentos Anteriores a 1822 do Arquivo Histórico do Itamarati, no Rio de Janeiro.

Todas essas iniciativas, que afetaram profundamente a rotina da cidade, tinham como objetivo não apenas afirmar a construção da capital imperial como lugar de unidade de seu centro político-jurídico, mas também fazer a capital anular a visão provinciana, garantindo a imposição de hábitos e costumes, padrões de comportamento, linguagem, gosto e moda que conferissem ao Rio mais elegância e *status*, já que se tratava da principal cidade do Brasil. Aos modos de agir, pensar e sentir da "província", a capital teria de contrapor padrões e normas que deveriam ser internalizados por todos aqueles desejosos de se tornar "homens da Corte". Ou seja, os habitantes da colônia, abandonados por séculos, tinham de se encaixar rapidamente no novo cenário.

---

* MOTTA, Marly. *Rio, cidade-capital.* Rio de Janeiro: Jorge Zahar, 2004.

Segundo Armelle Enders,* grandes e rápidas mudanças urbanas e sociais ocorreram desde então. Estrangeiros e migrantes afluíram para a América portuguesa em número espantoso, afirmando-se, assim, o caráter cosmopolita do Rio.

A nobreza – que antes proibira todo e qualquer luxo na colônia – era agora quem mais demandava produtos luxuosos para serem usados nos espaços sociais e de diversão, como o teatro e a ópera, tão caros a D. João VI, que muito investiu na vinda de grandes artistas e produções. Assim sendo, significativas mudanças em relação ao consumo de luxo sucederam-se às próprias medidas políticas tomadas pelo príncipe regente, como a revogação do Alvará instituído por D. Maria I e com a Abertura dos Portos – que permitiu a entrada em grandes quantidades de mercadorias estrangeiras e o comércio, até então bastante restrito, de mercadorias diferenciadas vindas do estrangeiro. Por mercadorias estrangeiras entenda-se, sobretudo, aquelas importadas da Inglaterra – parceira de Portugal na empreitada da transferência da Corte para o Brasil –, comercializadas pelos atacadistas britânicos que começaram a se estabelecer no Rio entre 1808 e 1810, recebendo inúmeras facilidades por seu papel estratégico e pela parceria com a Corte portuguesa. Interessantes textos tratam da grande afluência de ingleses na cidade:

> (...) Com efeito, foi a Inglaterra, como de razão, pela intimidade de relações que mantinha com a Monarquia portuguesa, que imediatamente aproveitou do grande ato político e econômico aconselhado por Cairu ao Príncipe D. João. O Ministro inglês no Rio de Janeiro, Lord Strangford, que jeitosamente tutelava o Governo português em favor dos interesses ingleses, de par com outros rendosos favores obtidos para o seu país, conseguiu direitos especiais de importação para as procedências inglesas, direitos que não excediam os dezesseis por cento do valor das mercadorias.
> As taxas para outras procedências eram maiores e variáveis.
> Os ingleses aproveitaram-se logo dessa situação de preferência, estabelecendo-se no Rio de Janeiro. As primeiras grandes casas comerciais europeias foram inglesas, que se apoderaram em pouco tempo do comércio internacional, desalojando os comerciantes luso-brasileiros.**

---

* Ibidem, p. 92.
** SENNA, Ernesto. *O velho comércio do Rio de Janeiro*, Apresentação George Ermakoff. Rio de Janeiro: G. Ermakoff Casa Editorial, 2006. p. 23.

Apesar de mais envolvidos com o comércio de artigos para montaria, os comerciantes ingleses também tinham participação decisiva no comércio de tecidos – proibidos de serem produzidos no Brasil e sempre importados de Portugal até a abertura dos portos, em 1808, e a partir de então, também provenientes da Inglaterra –, especialmente os mais pesados, como a lã ou a caxemira, tradicionalmente utilizados na alfaiataria masculina britânica, mas totalmente inadequados ao clima quente predominante no Rio. Apesar de muito presentes no comércio de tecidos, os ingleses não competiam em pé de igualdade com os franceses no que dizia respeito à moda feminina.

No início do período imperial, como era de se esperar, pelas razões históricas vistas anteriormente, o estilo britânico predominava, especialmente na moda masculina. Os homens tinham o cuidado de, por questão de adequação aos novos tempos da Corte, vestirem-se de acordo com as regras europeias – geralmente no estilo vigente na Inglaterra, famosa pela alfaiataria impecável –, mas já com toques locais:

> (...) Poucos comerciantes de recursos conheci que não fizessem suas casacas com panos pretos de uma qualidade por mim nunca vista, igual à seda. Também trazem as chamadas capas escocesas importadas da Inglaterra. Têm elas gola alta e pala grande, não são forradas e a fazenda é de padrões coloridos e quadriculados, para verão, de tessitura resistente. Achei demasiado vistosa essa indumentária, que lembra um robe de chambre.*

Aos ingleses, aliados dos portugueses em sua decisão de fugir da ameaça de domínio napoleônico, foram dadas inúmeras vantagens e facilidades por ocasião da Abertura dos Portos, como a concessão de vistos especiais de permanência e favorecimento comercial. Não por acaso é de ingleses o maior número de relatos sobre a cidade no período da transferência da Corte portuguesa para o Rio.

Diante de tantas facilidades, a cidade foi inundada por comerciantes britânicos que compraram todos os espaços disponíveis em armazéns locais, alugaram uma infinidade de lojas no centro e adquiriram grande quantidade de propriedades nos

---

* LEITHOLD, Von a*pud* SILVA, Maria Beatriz Nizza da. *Cultura e sociedade no Rio de Janeiro: 1808-1821.* Op. cit., p. 33.

morros próximos. Em virtude dessa demanda, os aluguéis tiveram acentuada alta e logo muitos comerciantes locais, que sofreram intensamente os efeitos com a abertura do livre comércio e os benefícios concedidos aos britânicos, se viram obrigados a mudar de cidade. O fato gerou grande animosidade dos comerciantes locais em relação aos parceiros de Portugal, potencializada pela resistência britânica ao tráfico negreiro, ainda uma atividade intensamente lucrativa no Brasil.

A especulação imobiliária, que resultou em uma espécie de "bolha" imperial, e as facilidades oferecidas aos comerciantes ingleses fizeram com que as importações aumentassem desmedidamente, causando um verdadeiro caos alfandegário: o porto do Rio, totalmente desprovido de instalações adequadas, ficava abarrotado de mercadorias estocadas ao relento, expostas a intempéries como o sol e as tempestades tropicais nas praias da baía. Entre os artigos estocados inadequadamente estavam tecidos finos como casimiras, musselinas, rendas, entre outros. Por causa da falta de segurança e controle, tais mercadorias podiam ser levadas por qualquer interessado que tivesse recursos necessários para subornar oficiais encarregados da vigilância dos estoques na alfândega. Essa já era uma prática muito adotada naqueles tempos.

O número de comerciantes britânicos no Rio teve aumento sistemático nos anos de permanência de D. João VI no Brasil. Antes que se completasse uma década da chegada da Corte, já havia sessenta empresas britânicas funcionando na cidade, entre elas tabernas, pubs, lojas de tecidos, de porcelanas e de ferragens. O comércio carioca foi invadido por mercadorias vindas da Inglaterra, muitas das quais totalmente inúteis e inadequadas ao clima do Rio, como espartilhos femininos, que não agradavam às mulheres cariocas e não eram usados com frequência no Brasil; artigos de luxo, como tecidos finos de lã; selas caríssimas – com preços que normalmente iam muito além das posses dos brasileiros –; e até mesmo patins de gelo, que, por total falta de serventia, e graças à inventividade dos cariocas, se transformavam em maçanetas. O mesmo ocorreu com os aquecedores de colchões, uma espécie de recipientes fechados onde se colocava carvão em brasa para aquecer camas, igualmente sem função no Rio, e que eram perfurados e utilizados nos engenhos de açúcar para retirada de espuma dos tachos. Criatividade não faltava aos habitantes locais.

A CULPA É DO RIO! A cidade que inventou a moda do Brasil

Mesmo considerada muito atrasada em relação às cidades europeias, o Rio de Janeiro logo se revelaria surpreendente aos olhos dos primeiros visitantes estrangeiros do período Joanino, como o comerciante John Luccock. O jovem britânico, que, ainda na Inglaterra, era aprendiz na indústria têxtil, casou-se com a herdeira de negociantes bem-sucedidos que mantinham interesses com Portugal. Na ocasião da invasão francesa na Europa, ele foi enviado ao Brasil já como negociante de tecidos para tentar compensar os prejuízos sofridos pela família em razão das invasões promovidas por Napoleão Bonaparte. Desembarcou no Rio em julho de 1808 – com uma grande leva de outros comerciantes ingleses que chegaram ao Rio nesse período – trazendo apenas uma pequena soma em dinheiro, algumas peças de tecidos, balanças, livros contábeis e literatura sobre o comércio, sobretudo das Índias. Permaneceu na cidade por dez anos e foi um dos mais importantes observadores estrangeiros dos gostos e do comportamento de consumo local desse período. Tinha incrível sensibilidade e grande tino comercial. Suas cartas e seus relatórios para fornecedores na Inglaterra nos dão excelentes exemplos de como era o comércio carioca naqueles tempos. Além de criticar a inadequação de muitos dos artigos ingleses que chegavam à cidade, Luccock, que negociava tecidos (geralmente os mais pesados como a lã) e outras mercadorias, não tardou a perceber que o clima na cidade era quente demais e que os tecidos pesados não tinham chance de competir com os tecidos leves de algodão, que vinham diretamente da Ásia e agradavam muito mais à população. Como observava, as casacas, tão frequentes na Inglaterra, só eram usadas no Rio em casos muito extremos. Em carta enviada a um de seus fornecedores na Inglaterra, o comerciante contava que os homens da cidade compravam as capas não para se manterem aquecidos, mas para ficarem "decentes" quando não usavam nenhuma outra peça de roupa; e que os padrões de cores inglesas caíam muito mal nos habitantes da cidade tropical, onde se vivia um clima alegre e jovial, com "pessoas que gostavam de rir".

O negociante pedia a fornecedores ingleses que não enviassem à cidade tecidos em tons "pardacentos" por não existirem quacres* no Rio. Avisava que os cariocas não

---

* Segundo o *Novo Aurélio – O Dicionário da Língua Portuguesa* – Século XXI. [Do ingl. quaker.] S. m. Membro de uma seita protestante (Sociedade de Amigos) fundada na Inglaterra, no séc. XVII, e difundida principalmente nos Estados Unidos. Os quacres não admitem sacramento algum, não protestam juramento perante a justiça, não pegam em armas, nem aceitam hierarquia eclesiástica.

gostavam de cores sombrias, mais próprias para um novembro inglês e não para os meses em uma cidade iluminada pelo sol quase que o ano inteiro.*

Flores naturais e criatividade nos enfeites – Jovens da elite.
Jean-Baptiste Debret, 1829.

Em seu detalhado diário de registros sobre a cidade, escrito ao longo dos dez anos de permanência no Brasil, grande parte no Rio de Janeiro, Luccock também descreve os trajes das mulheres cariocas em sua intimidade, nos fornecendo pistas de que no início do século XIX as mulheres ainda conviviam com resquícios coloniais. Ao final de um de seus textos, há menção elogiosa a curiosos tipos de acessórios que as cariocas

---

* WILCKEN, Patrick. *Op. cit.*, p. 153.

criavam com "bom gosto", misturando flores e "insetos brilhantes" – sem dúvida, uma combinação inusitada e talvez uma criativa estratégia inventada pelas cariocas de se enfeitar com brilho, sem sofrerem as terríveis punições da Pragmática, em uma época na qual a população colonial, sobretudo a feminina, era proibida de ostentar brilho e acessórios luxuosos.

> É preciso que se lembre que as mulheres das classes altas e médias, e especialmente as mais moças, vivem muito mais reclusas que em nossa própria terra (...) De sua aparência e modos de vestir, nós outros, estrangeiros, éramos melhores juízes que de suas mentalidades. Os primeiros são da mais ligeira espécie; quando entre amigos íntimos, vêem-se apenas de camisa, cingida à cintura pelos cordões da saia e com as alças frequentemente caindo de um dos ombros; não usam meias e raramente põem chinelos ou mesmo os socos de madeira com correias pardas a que chamam de tamancos. Os cabelos são compridos, e em geral despenteados e seguros por uma fita bem rente por detrás da nuca, com as pontas voltadas para o alto da cabeça e ali torcidas ao redor de uma espécie de travessa. Por vezes acrescentam um ramalhete de flores artificiais, engenhosamente feito por elas mesmas, de seda, de contas, de papel de cor, brocatel e asas de algum dos insetos brilhantes do país, arranjando-os e usando-os com muito bom gosto.*

As preferências dos habitantes da cidade, assim como as próprias cariocas, chamavam atenção dos estrangeiros, como Thomas O'Neil, conde irlandês e tenente da Marinha britânica, que não apenas acompanhou a travessia das embarcações trazendo a Família Real como também acompanhou de perto o primeiro ano dos nobres no Rio, registrando algumas de suas impressões no livro *A vinda da Família Real portuguesa para o Brasil,* publicado em 1810, na Inglaterra, e que se tornou um dos primeiros veículos "oficiais" de propaganda sobre a sede da Coroa Portuguesa nos trópicos, além de *best-seller* naquele país. Segundo o irlandês, chamavam a atenção a hospitalidade do povo e, sobretudo, a beleza e a graciosidade das mulheres brasileiras, especialmente as jovens cariocas:

---

* LUCCOCK, John. *Notas sobre o Rio de Janeiro e partes meridionais do Brasil.* Tradução Milton da Silva Rodrigues, apresentação Mário Guimarães Ferri. Belo Horizonte, Itatiaia, São Paulo: USP, 1975. pp. 75-76.

Os habitantes em suas maneiras e costumes são extremamente liberais, hospitaleiros e bondosos para com os estrangeiros. Em minha opinião, as mulheres deste país são muito encantadoras e geralmente morenas. Em sua maioria, são lindas e, embora delicadas e pequenas, são elegantemente bem formadas e parecem recatadamente sedutoras. Elas são graciosas e caminham com um garbo extremamente cativante. Sua roupa, tanto a usada em grandes ocasiões quanto a de uso diário, é sempre preta; e a seus vestidos fora de moda nenhum refinamento moderno adicionaria mais graça ou beleza. As saias de cetim franjadas e enfeitadas com ricas rendas parecem indicar seu gosto nativo, e a mantilha solta de cetim preto, como que jogada à vontade sobre os ombros, aumenta – se possível – a elegância superior do talhe com que a natureza as abençoou. É de se lamentar que tais mulheres, feitas para transmitir as mais puras sensações à nossa natureza, não tenham mentes igualmente cultivadas; e que, com as vantagens que a natureza lhes concedeu em abundância, devam ser – devido a resquícios do ciúme italiano que ainda paira nas mentes dos homens – impedidas de usar os privilégios que minhas simpáticas conterrâneas possuem no mais alto grau, e que as torna, intelectual e pessoalmente, a glória, o orgulho e o adorno da terra.

Seu véu, cuja intenção, ocultando sua beleza, seria torná-las mais instigantes, é preso no penteado e cai graciosamente para trás; e sua tez morena se deve unicamente ao fato de que elas não têm outra sombra senão a de seus leques para protegê-las do sol a pino, pois na infância sua tez é clara como a das europeias.

Uma pessoa que desconheça totalmente seus costumes pode chegar a supor que elas são inclinadas à licenciosidade, sendo sua inocência, típica da terra, muito menos refreada que a das nações que têm um intercâmbio maior com as outras.*

Questões políticas entre Portugal e Inglaterra, o fim da guerra na Europa e a elevação do Brasil à categoria de Reino Unido de Portugal, Brasil e Algarve, em 1815 – uma decisão tácita da Corte de permanecer na cidade – fizeram com que a influência britânica fosse gradativamente enfraquecendo e no Rio fosse nascendo uma percepção de sua própria importância no cenário internacional, uma vez que oficialmente havia sido elevada à categoria de reino. A partir de 1816, instalaram-se na cidade novas embaixadas e houve ainda maior afluência de estrangeiros na capital. Sobretudo

* O'NEIL, Thomas. *A vinda da Família Real portuguesa para o Brasil.* Tradução Ruth Sylvia de Miranda Salles. 2. ed. Rio de Janeiro: José Olympio, Secretaria Municipal das Culturas, 2007. pp. 91-92.

oficiais, diplomatas e suas comitivas, que criaram novas demandas, atraindo para a cidade um contingente cada vez maior de comerciantes de artigos de luxo da Europa. De acordo com Wilcken, também chegavam ao Rio viajantes ricos que na cidade passavam dias, semanas, meses e até anos, apenas para desfrutar das delícias de uma cidade que rapidamente se tornava centro das atenções e uma das principais atrações do novo continente.

À influência britânica sucedeu-se a francesa, facilitada pelo fim das guerras napoleônicas. Os franceses chegaram ao Rio em grande número e, no princípio, não foram recebidos muito amigavelmente ou aceitos com facilidade. Mesmo assim, a entrada foi tão maciça em termos comerciais que mereceu registros de funcionários da Corte, como o arquivista da Biblioteca Real, Luiz Marrocos, pessoalmente convocado por D. João para vir para o Brasil, responsável por um dos mais completos registros sobre a vida dos exilados no Rio, escritos como cartas para seus familiares em Lisboa.

Marrocos, inicialmente avesso ao Rio e a seus habitantes, acabou, ironicamente, apaixonando-se e casando-se com uma carioca de 22 anos, filha de família abastada, com quem – como explicava aos parentes em Portugal – "havia se encostado", já que a jovem esposa tivera um bom dote. Em sua permanência na cidade, o funcionário real tomou gosto pela moda e passou a receber, de seus parentes em Lisboa, acessórios e itens de armarinho, que comercializava com sucesso, iniciando uma prática que viria a ser conhecida de todos os cariocas: a do comércio informal.

As seguintes considerações sobre "invasão comercial francesa" que assolou a capital, logo depois de encerrada a guerra na Europa, são de Marrocos, em carta dirigida à irmã:

> Não posso explicar-te a abundância e fartura das fazendas e quinquilharias francesas que têm inundado essa cidade (...) Já não se vê fazendas Inglesas, que todas tem sido abandonadas, e toda gente se vê ataviada ao gosto Francês, menos eu que sou de Portugal velho, e ninguém me tira dessa cisma. Este porto se vê coalhado de Navios Franceses que só no mês passado entraram 29 carregados de bugiarias.

O arquivista não estava enganado. E mesmo com certa resistência da população do Rio aos franceses por causa das notícias de atrocidades cometidas durante a guerra, logo a população francesa superou a britânica e "tomou conta" do lado feminino na cidade, encantando as cariocas admiradoras da moda. Enquanto os ingleses continuavam importando materiais pesados, produtos manufaturados e se dedicavam ao comércio atacadista, os franceses foram se estabelecendo como confeiteiros, chapeleiros, costureiros, cabeleireiros, professores de línguas e de dança, atividades que, por seu refinamento, passaram a ser as preferidas pelas damas da Corte, que começaram a imitar tudo o que fosse relacionado aos modos e à moda francesa. Um certo Girard, cabeleireiro francês recém-chegado à cidade, em 1808, anunciava seus serviços na Gazeta do Rio de Janeiro, se apresentando como o cabeleireiro das damas e princesas seguindo a última moda de Paris e Londres. Logo passou a ser considerado o cabeleireiro mais requisitado da cidade, pois não só penteava, mas também tingia os cabelos e sobrancelhas das damas sem causar danos à pele ou à roupa.

Àquela época, a maioria das ruas do Rio era designada de acordo com a natureza do negócio que nela predominava: rua dos Sapateiros; rua dos Ferreiros; rua dos Ourives (muito procurada pelos estrangeiros que visitavam a cidade e queriam comprar joias e as pedras preciosas do Brasil, já muito famosas no exterior) etc. A rua do Ouvidor, que até a chegada da Corte em nada se distinguia das demais ruas do Centro, passou a ser o centro do comércio de luxo e de serviços por conta da localização estratégica, ligando o Porto ao Centro, facilitando, dessa maneira, a circulação de mercadorias importadas.

Os comerciantes ingleses, cujos negócios estavam mais voltados para outros setores, foram gradativamente se mudando para a rua Direita, de modo que a rua do Ouvidor se tornou uma via elegante e importante ponto de encontro de políticos, jornalistas, escritores e intelectuais. Diz-se que era onde todos os boatos sobre tudo e todos que no Rio viviam se espalhavam pela cidade, pelo Brasil e até pelo mundo. Era onde residiam as amantes de políticos e as cortesãs mais desejadas, e onde aconteciam as mais importantes reuniões e os encontros de toda natureza: da política à amorosa. Em 1814, o movimento comercial no Porto do Rio já era bastante intenso e recebia embarcações de diversos países. Tem-se a curiosa notícia, inclusive, da existência de um armazém chinês de grandes proporções onde, em certas épocas do ano, uma infinidade de produtos da China podiam ser adquiridos a preços baixíssimos. Diz-se que essa foi também uma tentativa de introduzir no Rio a cultura do chá, já muito difundida e valorizada na Europa e que conferia *status* e classe, e que, como sabemos, acontece na Inglaterra, onde o chá das cinco, ou *afternoon tea*, como lá é conhecido, é até hoje uma tradição.

Com a chegada maciça de franceses atuantes nas mais diversas atividades e ramos comerciais, foram lançadas na cidade as bases de uma das mais duradouras influências nos gostos e hábitos dos brasileiros, em especial das mulheres, não apenas em relação à moda, mas também em relação à sua vida cultural e intelectual, como afirma Wilckens. De fato, a situação da mulher começou a se modificar, e a reclusão doméstica do passado diminuía gradativamente:

> A partir de 1808, com a abolição do atrasado costume das gelosias, as mulheres passam a frequentar as janelas e dali observar o movimento das ruas e conversar com vizinhas e amigas. Com a chegada de tantos profissionais franceses encarregados do ensino da beleza, da moda, da música e da dança, as mulheres começam também a gradativamente frequentar bailes e festas, que se tornam o divertimento favorito, pois facilitavam o conhecimento dos companheiros de dança e tornavam mais frequente o namoro. Ocorre, nessa fase, outro fato importante: as mulheres começam a ter aulas de piano ou violino e a estudar idiomas estrangeiros, principalmente o francês.

As janelas de vidro geralmente importado da Inglaterra, o epicentro da Revolução Industrial, quando novos materiais e tecnologias passaram a ser introduzidos no cotidiano dessa e de outras cidades europeias, se tornaram uma febre e foram rapidamente substituindo as pesadas estruturas anteriores. Nos tempos imperiais, funcionaram como uma espécie de "vitrine" para a mulher carioca, que novamente parecia "se vingar" de tantos anos de sofrimento e reclusão escondida atrás de gelosias e muxarabiês.

Jovens apaixonados.
Johann Moritz Rugendas, 1823.

A exposição da população feminina nas janelas era tão excessiva que mereceu registro nos cadernos de viagem de inúmeros visitantes, impressionados com a quantidade de tempo que as cariocas passavam debruçadas nas janelas exibindo-se, sendo observadas e observando a vida alheia. Ficar na janela passou a ser um dos maiores passatempos dos habitantes da cidade no Rio Imperial, sobretudo as mulheres, que acabaram sendo apelidadas de "moças janeleiras". Como ainda não circulavam muito nas ruas, e ainda não tinham total liberdade para os flertes e namoros, as jovens cariocas criaram uma espécie de sistema de códigos utilizado em relacionamentos, sobretudo amorosos, muito ousado para os padrões de recato do período. Esse sistema era na verdade uma linguagem na qual flores e folhas, cada uma com significado diferente, eram atiradas das janelas para seus admiradores ou pretendentes, transmitindo mensagens cifradas. O miosótis, por exemplo, lembrava ao amado que ele não deveria esquecê-la; o cravo rosa representava a fidelidade; o jasmim miúdo, a paixão; o lírio-vermelho, que a amada já não podia mais resistir; o amor-perfeito, a promessa de amor apenas para o amado; o botão de rosa, a esperança; o cravo-branco, a espera de uma resposta. Duas ou mais flores juntas compunham expressões completas e também traduziam decisões tomadas ou ainda a serem tomadas: duas rosas significavam a promessa de que o amado teria sua amada em breve; duas margaridas, que a donzela estava de acordo com os sentimentos do admirador; duas violetas informavam que a mulher queria ficar solteira. As cariocas não paravam por aí. Flores no cabelo não eram apenas meros enfeites. Quando se colocava determinadas flores no cabelo, as mensagens poderiam ser as mais diversas, indo desde a timidez em assumir um relacionamento do tipo "não digo o que sinto" até declarações mais ousadas. As folhas, do mesmo modo simbolizavam sentimentos, substituindo as palavras e criando expressões. O alecrim seco significava saudade; o verde, a firmeza; e o desfolhado, ciúmes. As folhas de cipreste, separação forçada; a folha de rosa vermelha, sim; e a folha de rosa branca, não. Como vemos, a natureza exuberante da cidade, aliada à criatividade de seus habitantes, mais uma vez produzia resultados curiosos.

Outras impressões sobre as cariocas e seus hábitos também estão registradas em passagens de diários de mulheres estrangeiras – notadamente as esposas de oficiais – que na cidade estiveram de passagem ou por certo tempo, como é o caso da jovem Rose, esposa do capitão de fragata e naturalista francês Louis Freycinet.

> Nas casas que frequentei no Brasil, nunca tive a oportunidade de encontrar mulheres portuguesas. Elas não podem sair de casa a não ser para ir à igreja, aonde vão com bastante assiduidade. Parece, de resto, que a Igreja se esforça em proporcionar constantes ocasiões para isso, pois há festas quase todos os dias, sobretudo a partir do entardecer. As mulheres embelezam-se de acordo com a importância da festa. Fui a uma dessas animadas reuniões, as quais recuso-me a denominar cerimônia religiosa, já que mais pareciam um espetáculo de ópera. As mulheres, proibidas de ir à espetáculos, cuidam de substituí-los por festas religiosas, às quais comparecem sempre muito enfeitadas e decotadas, como se estivessem em um baile, tratando mais de se divertirem do que de rezar a Deus. Vi algumas muito bonitas: são realmente umas morenas atraentes.*

---

* KINDERSLEY, Jemima; MACQUARIE, Elizabeth Henrietta; FREYCINET, Rose. *Mulheres viajantes no Brasil (1764-1820): antologia de textos.* Organização e tradução Jean Marcel Carvalho França. Rio de Janeiro: José Olympio, 2008.

Vista do pátio da igreja de São Bento.
Johann Moritz Rugendas.

A chegada da Corte e a Abertura dos Portos, em 1808; a elevação do país à categoria de Reino Unido de Portugal, Brasil e Algarve com a transformação das capitanias em províncias em 1815; o casamento da princesa austríaca D. Leopoldina com D. Pedro I, em 1817; e a aclamação de D. João VI, em 1818, foram alguns dos acontecimentos que aceleraram sobremaneira as grandes transformações sofridas na cidade, que na mesma época ganhou a Intendência Geral de Polícia da Corte e cobrança de taxas para financiar obras viárias e de urbanização, como a iluminação pública, e quando também foram extintos todos os costumes considerados atrasados, arcaicos ou perigosos, como as gelosias e os muxarabiês. Foram promovidos o abastecimento de água e uma espécie de ensaio para as futuras redes de esgoto. O despejo das águas usadas pela população era feito pelos escravos, chamados de tigres, por causa das marcas brancas em formas de linhas deixadas em suas peles produzidas pelo ácido utilizado nos tonéis, cujo conteúdo era lançado ao mar em praias próximas e em horários predeterminados, o que frequentemente afastava a população das imediações em razão do intenso mau-cheiro causado pelo despejo dos dejetos.

A cidade contava com um número considerável de igrejas. As igrejas e paróquias centrais como a Candelária, São José, Santa Rita e Sacramento continuavam funcionando não apenas como locais de oração, mas principalmente como centros de socialização, como já era costume no período colonial. A população continuava a se regalar com as ruas de comércio e, gradativamente, se deslocava do centro, buscando entre outras direções o campo e as regiões mais próximas do mar. O Morro do Castelo e suas imediações iam sendo abandonados em favor de outras paragens, como o Campo de São Cristóvão, a Praia do Flamengo e de Botafogo, locais onde se encontravam sítios, chácaras e as casas de campo e de veraneio da população mais favorecida. E se havia um deslocamento da população mais abastada, a mão de obra escrava e infraestrutura de serviços com ela iam também se deslocando.

O Paço Imperial era o centro político da Corte, passando a ser a sede administrativa da monarquia, ao passo que a Quinta da Boa Vista era a residência oficial da Família Imperial, onde D. João VI trocaria gradativamente a vida "sufocante" do Largo do Paço, transferindo-se para o campo como, àquela época, eram também consideradas as terras próximas às praias. A Quinta da Boa Vista, em São Cristóvão, propriedade que lhe fora presenteada por Elias Antonio Lopes – comerciante e traficante de escravos, um dos homens mais ricos do Rio de Janeiro àquela época –, se tornaria a casa de veraneio do rei e de sua família, que, além de apreciar o clima mais ameno da região, passou a promover melhorias nas cercanias como o embelezamento dos jardins e pomares do lugar. Por recomendação médica, em virtude de uma infecção causada por carrapatos, o monarca passou a frequentar a praia do Caju, muito próxima de sua nova residência e onde se construiu uma casa de banho móvel especial. Nela D. João VI deitava-se em uma banheira de madeira que era baixada por cordas até o nível da água do mar, com a qual a infecção na perna deveria ser tratada.

> Nisso D. João, mesmo refugiado na América colonial, não poderia estar mais em dia com a última palavra da moda europeia. O século XIX acabou marcado pelo prestígio medicinal do banho de mar. Os médicos, inspirados nos modelos das estâncias termais, o prescrevem

para o tratamento de tudo e de todos – crianças raquíticas, jovens atacados por erupções cutâneas, mulheres estéreis, leucorreia.*

O banho de mar, nessa época, "não era recreio, e sim receita de médico", segundo o historiador Luiz Edmundo. A praia e o mar foram recursos terapêuticos também utilizados como tratamento contra a depressão e os surtos de loucura de D. Maria I, mãe de D. João VI, que, de acordo com relatos, só se acalmava ao contemplar o mar em seus passeios pela Praia de Botafogo. Logo os ares marinhos começariam a atrair a atenção dos cariocas. A tendência iniciada pela Família Real portuguesa de adquirir imóveis e chácaras em regiões praianas da cidade – D. Carlota Joaquina possuía uma bela casa na enseada de Botafogo – acabou também por seduzir a alta sociedade vinda da Europa – continente no qual as informações sobre os benefícios para a saúde dos banhos de mar, e do iodo contido na água salgada, já circulavam amplamente.

A historiadora Cláudia Braga Gaspar lembra que, em razão da ocupação da região pelos aristocratas, todas as ruas internas do bairro de Botafogo foram abertas nessas chácaras no século XIX, promovendo Botafogo à local da moda, preferido por nobres e comerciantes abastados. Em vários anúncios de vendas de casas em jornais e periódicos cariocas da época, para que se valorizassem ainda mais os imóveis, fazia-se menção ao fato de serem próximas ao mar – uma novidade que só agregava valor – e de terem janelas de vidro de frente para ele. Quanto maior o número de janelas, mais caro o imóvel. As janelas se tornaram, no final do século XIX, um importante elemento na vida e nos costumes dos cariocas, e o hábito do carioca de "viver à janela" foi definitivamente incorporado pela população. Ainda acerca dos banhos de mar, apesar de na maioria dos relatos de época estarem frequentemente associados a tratamentos específicos de saúde, estes já eram, em 1812, curiosamente, uma das diversões da sociedade carioca. Os primeiros banhos de mar foram em balsas flutuantes que alternavam os locais onde ficavam ancoradas. Antes os banhos eram exclusivos, e os interessados tinham de pagar pelo ingresso para sessões de banho que duravam cerca de meia hora. Um aviso publicado no mesmo ano na *Gazeta do Rio de Janeiro* divulga a grande novidade:

---

* GASPAR, Cláudia Braga. *Op. cit.*, p. 81.

No 1º de outubro próximo, achar-se-á a flutuante dos banhos fundeada defronte ao Largo do Paço, para uso público dessa corte. Os camarotes e tanques foram aumentados, e se acham com todas as comodidades, tendo salas de espera e tanques separados, assim para os homens como para senhoras, e igualmente sala e tanques separados em que poderão entrar homens casados juntamente com suas mulheres; o que terá lugar tão-somente por bilhetes de assinatura, não se admitindo casais de outra maneira. Os escaleres estarão prontos desde que amanhecer até às dez da noite, um no cais do largo do Paço, e outro no cais novo da ponte do Arsenal da Marinha. O preço de cada banho será de 200 réis por pessoa, e querendo entrar duas justamente pagarão 320 réis, e os bilhetes de assinatura, serão pelo mesmo preço.*

Ao final da segunda década do século XIX, percebe-se, por meio de avisos e anúncios de época como esses, o surgimento de outros tipos de estabelecimentos também voltados para essa modalidade – as Casas de Banho. Deslocamentos urbanos importantes, em direção às praias, começavam a esboçar um dos traços característicos da população na cidade e que, futuramente, se refletirá significativamente na moda local: a proximidade com o mar e as atividades associadas à vida ao ar livre.

O surgimento de chácaras nas regiões próximas à enseada de Botafogo, assim como palacetes nas Ilhas do Governador e de Paquetá, fez com que se intensificasse o povoamento nas regiões praianas mesmo que, inicialmente, apenas em períodos de veraneio. O Rio de Janeiro ia, gradativamente, se reaproximando do mar, que, afinal de contas, foi o grande anfitrião em toda a sua história.

Em 1816, D. Maria I faleceu, aos 82 anos. Conta-se que a morte, por incrível que pareça, causou comoção nos habitantes de São Sebastião do Rio de Janeiro. Ordens expressas foram dadas para que todos os cidadãos vestissem luto fechado, o que acabou gerando uma corrida às lojas especializadas em tecidos e acessórios, e os preços dos artigos de cor preta tiveram grande alta no mercado.

---

* SILVA, Maria Beatriz Nizza da. *Op. cit.*, p. 76.

O corpo da rainha de Portugal foi enterrado no Convento da Ajuda, e o funeral, que a população esperava ser pomposo, foi frustrante. Mesmo assim, o cortejo fúnebre foi registrado por John MacLeod, cirurgião naval britânico que esteve na cidade na ocasião:

> O único espetáculo a que assistimos durante a nossa estada foi o enterro da rainha, realizado à luz de archotes. Todos os militares que estavam à mão, a cavalo ou a pé, foram convocados e colocados em linha, nas ruas que ligavam o palácio ao convento da Ajuda – ruas que estavam todas devidamente iluminadas. O carro fúnebre e as carruagens reais surgiram na entrada principal do palácio cobertas com um tecido preto. A roupa que vestiam era um antigo e tradicional traje de luto português; todos traziam um chapéu de abas largas, cujas pontas caíam sobre os ombros, e uma capa ou robe preto, ornada com a estrela de alguma ordem. Para um espectador inglês, essas figuras pareciam uma exótica mistura de carregador de carvão, padre e cavalheiro.

Para Egídio Bento Filho, no período entre a morte de D. Maria I até 1821, a maior parte da Família Real comportou-se como se não tivesse mais a intenção de voltar à Europa. Parecia, segundo o historiador, que finalmente se levava a sério a ideia de que o Brasil deveria tornar-se o centro definitivo do império português, tendo, para isso, contribuído, entre outros motivos, os laços que aos poucos iam se solidificando entre nobres e o povo do Rio de Janeiro.

A cidade seguia progredindo vertiginosamente, passando a ser muito desejada como destino e a receber um grande número de estrangeiros, não apenas franceses e britânicos. Eram, na maioria, portugueses, mas também chegaram alemães, espanhóis, irlandeses, italianos, norte-americanos e até ex-escravos africanos e recrutas suíços. Chegavam também brasileiros de todas as regiões do país, atraídos por oportunidades de trabalho e uma vida melhor. Esse fluxo de pessoas fez com que houvesse um aumento expressivo da população, bem como um intenso intercâmbio de culturas, já iniciado desde os tempos coloniais.

Muitas foram as mudanças ocorridas na cidade, inclusive na moda, sobretudo a feminina, que então já se encontrava totalmente dominada pelas influências francesas. Se no século XVIII eram o balão, *a robe à pannier, donair* ou *merinaque* – saias montadas em vastíssimas armações de arame trançado ou de barbatanas de baleia, que roçavam o solo, de onde as mulheres deslizavam – a darem o tom da moda na Europa, no início do século XIX, como consequência da Revolução Francesa, as formas exageradas e os volumes dos tempos do chamado Antigo Regime foram sendo substituídos por um estilo totalmente oposto, de linhas muito simples e fluidas, inspirado nas vestes femininas da Antiguidade Clássica, preferido de Napoleão Bonaparte e sua primeira esposa, Josephine. Era o chamado "estilo império", popularizado na França, que dominava a moda feminina nas primeiras duas décadas do século XIX.

Sobre os acontecimentos na França que provocaram o surgimento dessa nova estética da moda ocidental, a historiadora Maria do Carmo Rainho explica que foi a Revolução Francesa que fez com que os tecidos caros, os penteados empoados, as anquinhas e o espartilho – marcas do antigo regime – fossem abandonados, sem que, no entanto, a forma geral dos vestidos tenha sofrido grandes modificações. Para Rainho, as modificações significativas ocorreriam sob o Diretório, período de transição entre a Revolução Francesa e o início do império napoleônico, quando o modelo de democracia grega – muito admirado por Napoleão Bonaparte – se tornou símbolo e determinou o despojamento observado nos trajes femininos, que em muito lembravam as túnicas usadas pelas mulheres do período greco-romano. As nobres europeias eram uma espécie de versões contemporâneas das cariátides, famosas colunas em forma de mulheres, em Atenas. O novo estilo, que teve em Josephine, a primeira esposa de Napoleão, sua mais notável referência, tinha alguns traços identificadores.

> Os tecidos vaporosos foram adotados, e a moda sofreu a influência dos trajes gregos e romanos, dando origem a um estilo que se convencionou chamar de "império". Dentro desse estilo que predominou até 1815, os vestidos caracterizavam-se por sua leveza e transparência; chegavam até os tornozelos e eram extremamente decotados, mesmo durante o dia.
> A ausência de pompa nos trajes femininos durou pouco; com a Restauração, eles começaram a retomar a antiga forma, apresentando babados na barra, embora a cor branca – uma

verdadeira paixão no período napoleônico – ainda predominasse. Nessa época também se inicia a distinção entre vestidos para o dia e para a noite.*

O contexto da moda europeia que resultou no desaparecimento dos grandes volumes e excessos nos trajes femininos acabou influenciando as transformações na forma de vestir adotadas – embora com certa resistência – no Rio. As razões da resistência à imediata adoção das novidades vindas de Paris pelas cariocas são explicadas por Luiz Edmundo:

> Com a revolução francesa, extinguiu-se o balão. Os vestidos murcharam em panejamentos voluptuosos sobre o corpo, panejamentos esses que foram diminuindo e, de tal sorte, colado ao corpo das mulheres, que elas por fim, andavam quase nuas. Não obstante, menos devido ao espírito conservador do português, que a natural prevenção pelas coisas vindas do revolucionado Paris, essa moda não foi, tanto aqui como em Portugal, bem vista e assimilada imediatamente.
> Pelo Governo do Conde dos Arcos, porém, a moda entre nós já lembrava um tanto os figurinos dos últimos anos do século, em França. A cintura império começou a usar-se, e foi com ela francamente sob os seios, que a carioca acompanhou a procissão que levou o Príncipe Regente Nosso Senhor, no dia 7 de Março de 1808, do Largo do Carmo, à igreja de Nossa Senhora do Rosário.**

É também possível identificar o estilo império nas vestimentas femininas cariocas, assim como algumas das particularidades do gosto de suas usuárias, por meio dos anúncios de comerciantes daquele período. Segundo a historiadora Maria Beatriz Nizza da Silva, apesar de muitas vezes ambíguos – visto que utilizavam termos como vestido para ambos os sexos – os anúncios de trajes femininos confirmavam a tendência europeia naquele continente representada pela figura de Josephine, em Paris, e, depois, no Rio, pela da princesa Leopoldina.

---

* RAINHO, Maria do Carmo Teixeira. *Op. cit.*, p. 135.
** EDMUNDO, Luiz. *Op. cit.*, p. 249.

As mulheres usavam tecidos leves, vestidos de tecidos muito finos, como cassa, bordados, vestidos de filó bordados de ouro e prata, de filó de seda, de garça para baile, com bordados de flores, com barrados, de musselina bordados, de seda com rendas, de cauda e bordados de ouro, entre outros. Alguns comerciantes falavam em coletes de cassa bordado ou colete com espartilho de aço coberto de tafetá ou de barba, com atacadores.

Quanto ao uso de chapéus, Nizza* explica que no Rio as mulheres tinham preferência pelos de palha, muitas vezes forrados, e os de seda. O guarda-sol era complemento indispensável não apenas por causa do calor. A pele bronzeada demais não era de bom tom. Os sapatos anunciados para senhoras eram de seda ou lã, e só se usavam as cores branco, rosa e azul celeste – e, a partir de 1832, acrescentaram-se à cartela de cores o verde e o amarelo por serem as cores imperiais. Com a chegada de D. Leopoldina e a difusão da bandeira do Brasil, os símbolos de Bragança e Habsburgo começaram a ser cores também muito usadas na Corte.

O sapato era um importante elemento de distinção: as brasileiras ricas, em suas saídas para as missas dominicais ou passeios, gostavam de exibir não apenas os seus próprios sapatos, mas também o de suas mucamas – cerca de seis ou sete – que as acompanhavam à igreja, ou ao passeio, também calçando sapatos de seda. Essa exibição deixava claro o *status* e a distinção das damas de alta posição na sociedade carioca.

Os estrangeiros se impressionavam com o excessivo número de sapatarias espalhadas pelo Rio nessa época, uma vez que grande parte da população era de escravos, que andavam descalços. Mas o fato se explica: por serem de seda, tecido muito delicado, os sapatos femininos logo sujavam ou estragavam, pois o calçamento das ruas era de pedra, as ruas eram sujas e, com as chuvas e a lama, os tecidos logo manchavam ou esgarçavam. Assim, as mulheres não conseguiam sair por muitos dias seguidos com os mesmos sapatos sem consertá-los. Talvez, por essa razão, em 1818, um comerciante francês, ao perceber um ótimo nicho de oportunidade, anunciou uma grande novidade

---

* SILVA, Maria Beatriz Nizza da. *Cultura e sociedade no Rio de Janeiro: 1808-1821. Op. cit.*, pp. 28-29.

no mercado: sapatos "envernizados" para senhoras – o verniz funcionava como uma película protetora para os calçados.

Outro elemento importante na indumentária feminina eram os xales: havia os de seda, de lã, de lã "fingindo" de camelo, de touquinha bordados, de ponto de meia, de cassa bordados de prata e ouro e de filó. Usavam-se também os corpinhos de renda e de cassa e as roupinhas* geralmente de cetim. As toucas eram de veludo, por vezes bordadas de ouro e prata. Havia também pescocinhos para senhoras, além de coleiras e gargantilhas; mantinhas de garça e seda com bordas.** Como podemos observar, as mantilhas, resquícios dos tempos coloniais, se mantiveram ainda por algum tempo, porém, menos pesadas, em versões de tecidos mais leves, aos poucos substituídas por outros tipos de acessórios.

Entretanto, nem tudo estava totalmente de acordo com as tendências europeias que aqui chegavam. Afinal, "seguir" a moda não significava necessariamente gostar dela, apesar de, como mostra a história, aderir à moda vigente, sobretudo se imposta por uma classe dominante, é uma espécie de passaporte para o pertencimento. Em alguns casos, não gostar da moda era motivo suficiente para algumas mulheres do Brasil simplesmente não a adotar. De fato, sabe-se que nem todas as mulheres brasileiras gostavam de andar "espartilhadas", como confirma o depoimento de G. W. Freireyss, viajante que desembarcou no Brasil para estudar Botânica, mas que logo encontrou tantas outras curiosidades sobre o modo de vida no Rio e em outras regiões do Brasil, que acabou não resistindo em observá-las: "... o vestuário delas (mulheres brasileiras) é muito preferível ao das nossas mulheres (europeias) porque visa mais à comodidade do que à forma e, de fato, poucas brasileiras há que conhecem o espartilho e menos ainda as que usam dele".***

---

* Vestidura de mulher, que se aperta por diante, chega até a cintura e tem manga até meio braço ou que o cobre todo.

** Ibidem, p. 30.

*** FREIREYSS, G. W. "Viagem ao interior do Brasil nos anos de 1814-1815". *In*: *Revista do Instituto Histórico e Geográfico* de S. Paulo, vol. XI. p. 215.

As observações de Freireyss não deixam de surpreender – considerando que em relatos é muito mais comum a menção às modas amplamente adotadas do que aquelas preteridas – além de serem uma constatação de que, para algumas mulheres brasileiras, o conforto estava acima da moda. Fato é que os espartilhos não agradaram a muitas brasileiras do Rio logo que aqui chegaram como mercadoria importada pelos britânicos, como já havíamos visto no capítulo anterior. No Rio Imperial, talvez ainda como resquício das influências orientais sofridas no período colonial ou mais uma forma de vingança à rigorosa proibição pela lei Extravagante dos séculos anteriores, o uso de enfeites e acessórios luxuosos em profusão se tornou – como afirma a historiadora Maria Beatriz Nizza da Silva – uma febre, já que, com a chegada da Corte, os habitantes da cidade haviam sido finalmente liberados das pragmáticas estabelecidas pelo Reino. De acordo com Sérgio Buarque de Holanda,* é possível que fazendas, perfumes e artigos de luxo franceses, ausentes do comércio desde os tempos da Revolução e, principalmente, durante as guerras napoleônicas, tivessem sabor de novidade quando surgiram os primeiros pacotilheiros** dessa nacionalidade, que invadiram o Rio de Janeiro em 1815 e pouco a pouco se instalaram em lojas na rua do Ouvidor – uma das mais importantes vias da cidade desde os tempos de sua fundação. Mesmo muitos anos após a abertura dos portos, a rua do Ouvidor foi tão importante e recebeu tantos comerciantes franceses que acabou sendo comparada pelo escritor Ferdinand Denis à rue Vivienne em Paris, onde os armazéns de modas, os armarinhos e as modistas se acumulavam.***

Em outra das muitas cartas enviadas pelo comerciante Marrocos à irmã, em Lisboa, percebe-se o sucesso e a popularidade que enfeites e acessórios tinham entre a

---

* HOLANDA, Sérgio Buarque de. *Apud* SILVA, Maria Beatriz Nizza da. *Cultura e sociedade no Rio de Janeiro: 1808-1821*. *Op. cit.* p. 14.

** Espécie de "comissários volantes", geralmente pessoas que não tinham casa comercial estabelecida e que adquiriam mercadorias em Portugal ou na própria colônia brasileira e revendiam-nas. Conforme *Novo Aurélio, o dicionário da língua portuguesa*, na página 1471: aquele que faz ou vende pacotilhas (quantidade de gêneros que o passageiro de um navio podia levar consigo sem pagar o transporte deles).

*** SENNA, Ernesto. *Op. cit.*, p. 25.

população feminina no Rio de Janeiro do período Joanino. Dessa vez, o arquivista português que tomou gosto "pelas modas" e pelas mulheres do Rio se oferece para receber e comercializar as mercadorias vindas da Europa, vendendo-as na cidade. São interessantes seus comentários acerca dos gostos e das preferências das cariocas:

> A respeito das encomendas que queres enviar-me para se venderem aqui, podes ficar na certeza de que cuidarei muito na sua extração; pois tudo o que são enfeites de senhoras tem aqui muita saída, pois há muito luxo; mas advirto-te que não mandes chapéus ou toucados semelhantes, porque é de grande incômodo o seu transporte, por ser cousa de pouco peso e muito volume, e por essa razão deves meditar na escolha dos enfeites, como são ramos de flores, grinaldas, anéis, pulseiras, brincos, e tudo o mais de enfeites que for preparado de seda ou outra qualquer droga de pouco volume, como, por exemplo, laços para chapéus de todas as grandezas, azuis e vermelhos, e também todos pretos, porque destes usam até os clérigos; e também dos laços feitos de pano, porque destes se principia a usar agora; manda também meias feitas, linha em meada, ou novelos, ou negalhos. Um amigo meu trouxe de Lisboa uma condeça cheia de peças de fitas francesas, e pedindo-me que lhas passasse pelas senhoras do Paço, encarreguei-me da sua venda, e tendo-lhe feito ganhar mais de cinquenta moedas.*

É por meio de cartas como a de Marrocos e de relatos de outros estrangeiros, assim como por meio de anúncios de comerciantes da época, que se torna possível conhecer os gostos e padrões estéticos no Rio de Janeiro Imperial, bem como o contexto histórico do período Joanino. Cartas e diários desse período são fundamentais como registros, já que pouca documentação oficial existia. Assim como foi apenas com a vinda da Corte portuguesa que a cidade e seus costumes começaram a ser de fato observados, foi igualmente apenas com sua fixação no Rio de Janeiro que a documentação sobre a cidade começou a ser efetivamente organizada. Até então, o Rio não tinha registros oficiais de seus moradores ou quaisquer referências sobre a sociedade local, seus hábitos, modas e costumes. Outro agravante em relação à maciça desinformação dos habitantes da cidade era o fato de grande parte da população carioca – notadamente

---

* SILVA, Maria Beatriz Nizza da. *Cultura e sociedade no Rio de Janeiro: 1808-1821. Op. cit.*, pp. 34-35.

a feminina – não ser alfabetizada, um resquício da repressão social e da vigilância "mourisca" sofridas pela mulher desde os tempos coloniais.

Trabalhos como os da historiadora Nizza da Silva, voltados para a história brasileira do século XIX, são importantes fontes de informação em face da escassez de documentação específica sobre a moda local do período, como a própria estudiosa reconhece:

> (...) Dada à ausência de cartas particulares, de diários de memória ou recordações, numa sociedade parcialmente iletrada na medida em que poucas mulheres sabiam ler e escrever, aquilo que se poderia designar como história da afetividade, do sentimento, tem que ser necessariamente posta de lado, sendo substituída por uma história de comportamentos, de atitudes, de decisões. Estas são visíveis naqueles documentos que pontuavam a vida dos indivíduos: uma escritura de doação, uma petição, um testamento, tomam o lugar das cartas não enviadas ou dos diários não escritos.*

Já em outra obra de sua autoria,** quando descreve o primeiro jornal que circulou na cidade, a historiadora admite que, embora o periódico não fornecesse artigos de opinião nem seções de literatura, ciências ou artes, ele é auxiliar na medida em que pode ser considerado um tipo de documento da vida cotidiana da cidade naquele período, uma vez que sua seção de avisos deixava entrever vários aspectos do Rio de Janeiro que dificilmente se encontrariam em outra documentação do período. Segundo a autora, pode-se afirmar que, por meio da *Gazeta do Rio de Janeiro*, é possível conhecer a maneira de trajar dos extremos da sociedade carioca do período: a elite e a escravaria. Se os anúncios de comerciantes de modas ignoravam este último segmento da população, os que avisavam a fuga de escravos sempre descreviam, minuciosamente, como estes estavam vestidos no momento de fugir da casa de seus senhores para que fossem mais facilmente reconhecidos e capturados.

---

* SILVA, Maria Beatriz Nizza da. *Vida privada e quotidiano no Brasil: na época de D. Maria I e D. João VI*. Op. cit.

** SILVA, Maria Beatriz Nizza da. *A Gazeta do Rio de Janeiro (1808-1822): cultura e sociedade*. Op. cit.

Ainda sobre registros da moda local no período, vale a pena ressaltar que foi apenas com a autorização para a criação da imprensa nacional que as informações começaram a circular mais rapidamente, dentro e fora do Brasil, via Rio de Janeiro.

O ESPELHO DIAMANTINO,

PERIODICO

DE POLITICA, LITERATURA, BELLAS ARTES, THEATRO, E MODAS.

DEDICADO.

AS SENHORAS BRASILEIRAS.

PROSPECTO.

A influencia das mulheres sobre as vontades, as acções e a felicidade dos homens, abrange todos os momentos, e todas as circunstancias da existencia, e quanto mais adiantada a civilisação, tanto mais influente se mostra este innato poder, de forma que, se a companheira do homem inda salvagem, cultiva as terras, carrega os fardos, orna, e tinge o corpo do consorte, não deixando de lhe dar conselhos para a guerra, para a paz, e para a caça, a esposa do homem civilizado, não satisfeita com o tomar sobre si todo o peso do governo interior da familia, e estes innumeraveis trabalhos que a industria tem tornado indispensaveis para as commodidades, e regalos da vida, está tambem pronta a repartir os cuidados do marido involvido nos lances, e tormentas dos negocios privados, ou publicos, a sugerir-lhe expedientes mais delicados, e appropriados do que as suas mais intensas meditações, a sustentar seu animo da adversidade, a inclina-lo á moderação e suaves sentimentos, quando o orgulho dos successos lhe inspiraria egoismo, ou insolencia.

Espelho Diamantino.
Biblioteca Nacional, 1827.

Segundo Maria do Carmo Rainho, nenhum jornal específico de moda circulou na cidade entre 1808 e 1821 – período em que os únicos meios de "a boa sociedade"* ter acesso à moda eram os anúncios de comerciantes, as poucas lojas que vendiam produtos estrangeiros e os jornais franceses que chegavam de navio. Ainda segundo a especialista, os manuais de etiqueta e jornais – especialmente os femininos – tiveram papel preponderante na "civilização" dos modos da camada pertencente à "boa sociedade" no Rio de Janeiro do século XIX, assim como na moda local. O Rio de Janeiro foi a primeira cidade do Brasil a ter um jornal e a publicar uma coluna de moda: *O Espelho Diamantino*, que circulou entre 1827 e 1828, em edições quinzenais, sendo logo seguido por outras cidades que, com base na referência, lançaram seus periódicos. Caso do *O Mentor das Brasileiras*, lançado em 1829, em São João del Rei, Minas Gerais; o paulistano *Manual das Brasileiras*; o baiano *Despertador das Brasileiras* e o pernambucano *O Espelho das Brasileiras*, lançado no Recife em 1831. Os fatos apontam o papel protagonista do Rio como primeiro centro difusor de moda e modismos do Brasil também no que diz respeito aos periódicos exclusivamente voltados ao público feminino.

Antes da existência de periódicos com colunas específicas de moda, eram os manuais de etiqueta, vindos da Europa, que funcionavam como referências para a moda e o comportamento feminino. Manuais sobre a etiqueta que aqui deveria ser seguida geralmente chegavam da Europa já com as regras estabelecidas. Em um desses exemplares, publicado em Lisboa, em 1814, determinava-se de maneira "mais ou menos" rígida que as senhoras deveriam ter vestidos diferentes de acordo com a ocasião, bem como o modo como deveriam se vestir em diversas outras circunstâncias. Em um baile, por exemplo, as senhoras deveriam vestir-se "de Corte", mas sem manto. As que pretendessem dançar, por sua vez, deveriam optar por vestidos redondos (rodados), luvas e enfeites de cabeça mais leves e adequados à escolha. Os cavalheiros – também vestidos de Corte – que fizessem a mesma escolha deveriam obrigatoriamente usar luvas brancas, meias de seda branca e farda desabotoada – no caso de oficiais militares.

---

* "Boa sociedade" é uma expressão do século XIX usada para definir os homens e as mulheres livres e brancos que tanto se reconheciam como se faziam reconhecer como membros do "mundo civilizado". O que caracteriza a "boa sociedade" é o fato de ela excluir os escravos e os homens livres e pobres p. 16.

Até que circulassem na cidade periódicos de moda, as descrições contidas em anúncios – mesmo que não apoiadas em imagens, como seria o ideal – eram as únicas fontes de informação acerca da moda ou modas* adotadas na sede da Corte.

Mesmo os anúncios meramente descritivos nos sinalizam tendências da moda vigente no período, na medida em que refletem as escolhas das mercadorias a serem anunciadas pelos comerciantes, de acordo com as preferências de sua clientela, fosse o comércio formal ou informal. O comércio formal era feito por meio de vendas diretas ao público em lojas ou estabelecimentos especializados – geralmente localizados em ruas nas quais as atividades comerciais eram de certa maneira setorizadas. O Rio de Janeiro, de colônia desprovida de comércio decente, tornou-se então o paraíso dos armarinhos de luxo:

> (...) Que vendiam fitas largas e estreitas, lisas ou lavradas, na sua maior parte de seda, mas também de veludo; galões de ouro e de prata; guarnições bordadas; franjas; rendas de várias qualidades (linho, linha, filó, seda) inclusive de fio de ouro para "véus de ombros"; tiras bordadas "para coleiras"; entremeios; cordões de seda; bordaduras de ouro.**

O comércio informal era feito por intermediários, como Marrocos, e dirigido, principalmente, às damas da Corte. A chegada de um vendedor de tecidos e enfeites à casa das senhoras era um acontecimento muito festejado. Para as mulheres cariocas, enfeites e acessórios, sobretudo os mais luxuosos, eram essenciais e, para a felicidade geral, finalmente possíveis de serem exibidos após tantos anos de proibições. Daí talvez venha a explicação para os excessos cometidos pelas damas cariocas, que com frequência impressionavam os estrangeiros e visitantes.

---

* Maria Beatriz Nizza da Silva, em seu livro *Cultura e sociedade no Rio de Janeiro: 1808-1821*, p. 34, explica que não é indiferente que o termo nos surja no singular ou no plural. A análise cuidadosa dos anúncios permite perceber que a população carioca elegante se preocupava mais com as modas, isto é, com os enfeites, com os acessórios, do que com a moda, no sentido de determinado estilo de composição do trajo, de forma do vestuário. Acontece mesmo por vezes o singular ser usado com o sentido do plural, como podemos ver pelo anúncio colocado Madame Lussan, oferecendo "um sortimento de vestidos, chapéus, flores, penas etc., todas outras qualidades de moda para mulher".

** SILVA, Maria Beatriz Nizza da. *Vida privada e quotidiano no Brasil: na época de D. Maria I e D. João VI*. Op. cit., p. 232.

A CULPA É DO RIO! A cidade que inventou a moda do Brasil

Os exageros e a adoção de algumas tendências de moda europeias pelas mulheres cariocas, assim como peculiares "adaptações", muitas vezes causavam estranhamento aos visitantes estrangeiros que, como define o historiador Julio Bandeira, "olhavam com seus olhos culturais" para o que acontecia em um ambiente muito diverso daquele de onde eram originários. São frequentes, nas descrições de viajantes no período, comentários acerca dos peculiares e inusitados hábitos de vestir da população, especialmente a feminina.

Segundo Leithold, "o mundo elegante" vestia-se como os europeus, segundo os últimos modelos de Paris, vendidos por comerciantes franceses que chegaram em grande número à cidade, logo depois da queda de Napoleão Bonaparte. Homens e mulheres procuravam vestir-se "na última moda de Paris e Londres" ou "no último gosto" dessas cidades. No entanto, segundo a descrição de alguns relatos, em geral, havia, nos trópicos, certa inclinação à explosão de cores e a composições extravagantes, que em nada lembravam a elegante moda feminina vigente na Europa.

Sobre as mulheres cariocas, Chamberlain observava que, apesar de atentas à moda europeia, elas tinham, muitas vezes, um gosto peculiar e revelavam "tendência nem sempre feliz para as cores berrantes" e para a ostentação, especialmente nas aparições em público na Corte (exceto nas idas às missas), se eram aristocratas e moravam no Rio de Janeiro, e em suas incursões a espetáculos teatrais, que só ocorriam nas grandes cidades e que exigiam menos luxo que as cerimônias na Corte. A tendência às cores fortes já era observada nos tempos coloniais, como anteriormente descrito. Os excessos cometidos pelas mulheres no que diz respeito ao uso de roupas e acessórios também não escaparam ao olhar do observador:

> (...) O luxo das mulheres é indescritível. Jamais encontrei reunidas tantas pedras preciosas e pérolas de extraordinária beleza quanto nos beija-mãos de gala e no teatro, por certo as duas únicas ocasiões em que elas se exibem e dão asas à sua faceirice. Seguem o gosto francês, ousadamente decotadas. Os vestidos são bordados a ouro e prata. Sobre a cabeça colocam quatro ou cinco plumas francesas, de dois pés de comprimento, reclinadas para a frente e,

sobre a fronte, como em torno do pescoço e nos braços, diademas incrustados de brilhantes e pérolas, alguns de excepcional valor.*

Damas da Corte e seus adornos – século XIX.
Jean-Baptiste Debret.

Muitos estudiosos do período compartilham tais observações quando afirmam que desde os tempos coloniais havia essa tendência ao exagero e que as mulheres tinham em geral pouca cultura, mas muita vaidade. Se compraziam em ostentar luxo e tinham predileção por fazendas ricas e elaboradas, assim como pelas cores berrantes e materiais brilhantes, como lantejoulas. O autor acrescenta, ainda, que o gosto pelo brilho – ao contrário do que se possa imaginar – era comum tanto às mulheres quanto aos homens.

Em outras ocasiões de menos fausto, como as idas a espetáculos teatrais de menor importância, como explica Nizza da Silva, as damas usavam flores no cabelo, brincos compridos e grandes, corrente de ouro no pescoço, um xale – importante acessório do

---

* LEITHOLD, Von *apud* SILVA, Maria Beatriz Nizza da. *Cultura e sociedade no Rio de Janeiro: 1808-1821.* *Op. cit.*, p. 33.

período – podendo ser de seda, lã, bordado em ouro ou prata ou de filó – e leques – desde os mais simples, de papel pintado, até os mais luxuosos ornados de brilhantes e pérolas e até mesmo com relógios embutidos. Os leques, assim como as flores, também tinham uma função muito especial para as damas: a de enviar, subliminarmente, mensagens aos admiradores ou pretendentes. As diferentes maneiras de se abanar com o leque – lentamente, freneticamente, abrindo e fechando, escondendo o rosto etc. – apresentavam diferentes significados, que iam dos mais recatados aos mais ousados: quando fechado abruptamente, era um aviso para o pretendente ser mais prudente; se tocasse levemente os olhos, lembrava que a situação precisava se manter em segredo, e assim por diante. E os cavalheiros entendiam perfeitamente esses códigos.

As joias e sua exibição pública – desde a extinção da Pragmática – viraram obsessão entre as cariocas e também serviam para sinalizar o poder de seus provedores, fossem eles maridos ou amantes. A sociedade entendia as mensagens. As joias eram símbolos de fortuna e prestígio social e adornos indispensáveis para a classe mais abastada de ambos os sexos.

> Se há jóias tipicamente masculinas, como as fivelas antigas para pescocinho, as fivelas de calção (de cós ou de liga), os espadins com os seus ganchos de prata, as bengalas, as canas da Índia com castão e ponteira de ouro ou de prata, as "estoques" e "talabartes", os "trançadinhos", as esporas de prata, certo tipo de relógios; há também as jóias especificamente femininas, como os alfinetes de peito, os pentes de cabelo, as "memórias", os cordões de ouro. Em relação a outros adornos como anéis, jogos de botões, fivelas pequenas, ou mesmo fivelas de sapatos, os seus possuidores poderiam ser homens ou mulheres, indiferentemente.
> A maior parte destas jóias era de ouro, se exceptuarmos algumas armas e fivelas de prata. As pedras usadas com frequência eram as esmeraldas, as grisolitas, os topázios brancos ou amarelos, os diamantes rosas, as águas marinhas.*

No século XIX, as joias e pedras preciosas brasileiras eram muito famosas e apreciadas na Europa. A arquiduquesa da Áustria – Carolina Josefa Leopoldina Francisca

---

* SILVA, Maria Beatriz Nizza da. *Vida privada e quotidiano no Brasil: na época de D. Maria I e D. João VI. Op. cit.*, pp. 233-234.

Fernanda de Habsburgo-Lorena, que, no Brasil, seria conhecida apenas como D. Leopoldina, esposa de D. Pedro I – relata em diversas passagens de seu diário mantido secretamente, ainda quando na condição de noiva do príncipe português, o encantamento que as joias brasileiras causavam entre a nobreza europeia e como estas serviam para divulgar, no exterior, a imagem de fausto e riqueza do país:

> (...) Alguns secretários do Marquês de Marialva chegaram do Brasil e trouxeram uma pequena caixa de madeira de presente para Metternich. Annony estava tão impaciente, que decidiu abri-la. Nunca teríamos permissão para tomar essa iniciativa. A caixa está com pedras preciosas até a borda! Daquelas que brilham com todas as cores do arco-íris. Por aqui, ninguém jamais viu tantas preciosidades. Leopoldina, você está se casando num país em que há pedras preciosas como estas. Parece um conto de fadas!, disse Aninha. É, é assim também que me parece.*

Ostentar joias vindas da única sede de uma Coroa europeia no Novo Mundo transcendia a demonstração de *status*. É o que demonstra também outro trecho do diário da princesa Leopoldina, já prometida a D. Pedro I, ao descrever seu desejo de exibir publicamente as joias brasileiras que recentemente ganhara de presente. A futura imperatriz confidencia seu verdadeiro interesse em estar presente em uma apresentação no teatro Burg, em Hofburg, na Áustria, em novembro de 1816:

> Fomos ao teatro Burg ontem. A peça em cartaz era Hamlet. Na verdade, a peça não nos interessava. Nós, Carolina, Aninha e eu, queríamos exibir nossas jóias juntas, as jóias que vieram do Brasil. Aqueles colares, aquelas cascatas de pedras preciosas e brilhantes queríamos usá-los nos nossos vestidos de ir ao teatro.**

No século XIX, o imaginário europeu acerca do Brasil continuava ainda muito associado à exuberância e ao colorido da natureza, à intensidade da luz e das cores do mar e do céu de um país tropical. E o Rio de Janeiro estava incluído nesse tipo

---

* KAISER, Gloria. *Um diário imperial: Leopoldina, Princesa da Áustria, Imperatriz do Brasil, de 1º de dezembro de 1814 a 5 de novembro de 1817*; tradução Anna Olga de Barros Barreto. Rio de Janeiro: Reler, 2005. p. 49.

** Ibidem, p. 55.

de descrição. Apesar de menos fantasiosos que aqueles dos séculos XVII e XVIII, os registros de estrangeiros e viajantes ainda descreviam o impacto que a natureza exuberante da cidade causava em quem chegava do exterior. As belezas naturais eram cada vez mais divulgadas na Europa pelos inúmeros relatos de artistas e, principalmente, naturalistas estrangeiros que inundaram a sede da Coroa Portuguesa entre 1800 e 1850, especialmente após 1815, com o fim das guerras napoleônicas, quando, segundo Luciana de Lima Martins, navegar para o exterior tornou-se mais seguro para viajantes de diversas nacionalidades, como franceses, alemães, russos e ingleses. Ainda de acordo com a pesquisadora, aos poucos a fauna, a flora e as paisagens brasileiras integraram-se ao repertório imagístico dos trópicos na Europa,* como já acontecera, vale lembrar, com viajantes que pela região passaram no período das grandes navegações. Nesse novo contexto, nem o cientista e naturalista britânico Charles Darwin resistiu às belezas naturais do Rio na ocasião de sua visita ao Brasil, em meados do século XIX, a bordo do Beagle:

> Vista logo ao deixar o Rio sublime, pitoresca, cores intensas, predomínio do tom azul – grandes plantações de cana-de-açúcar e café – véu natural de mimosas – florestas parecidas, mas mais gloriosas do que aquelas nas gravuras; raios de sol; plantas parasitas; bananas; grandes folhas; sol mormacento. – Tudo quieto, exceto grandes e brilhantes borboletas; muita água... as margens cheias de árvores e lindas flores.**

O colorido da cidade representava, ainda, aos olhos estrangeiros, um ideal de vida muito valorizado na Europa na medida em que era plena de sol e luz, raros naquele período em algumas cidades europeias como Londres, por exemplo, que já em pleno processo de Revolução Industrial era dominada pelo ar pesado e cinzento da fuligem e do *fog*. Tal imaginário encontraria ainda mais eco naqueles que ainda desconhecem a realidade das verdadeiras condições de vida nos trópicos, como era o caso da sonhadora imperatriz austríaca, D. Leopoldina, apesar de seus profundos conhecimentos em geografia e mineralogia. Casada por procuração na Áustria, Leopoldina consumaria

---

* MARTINS, Luciana de Lima. *O Rio de Janeiro dos viajantes: o olhar britânico (1800-1850)*. Rio de Janeiro: Jorge Zahar Editor, 2001. p. 103.
** Ibidem, p. 126.

seu casamento com D. Pedro I ao se mudar para o Rio, mudança que também alterou o rumo de sua história e da história da cidade.

Em novembro de 1817, após alguns meses de viagem pelo Atlântico, a nau D. João, que trazia a princesa ao encontro de D. Pedro I, se aproximava do Rio de Janeiro quando um capitão de fragata da embarcação recomendou à nobre austríaca que se mantivesse atenta para não perder o verdadeiro espetáculo do cenário "celestial" que era a entrada na cidade pela Baía de Guanabara. A própria Leopoldina confirmaria tais impressões:

> (...) O capitão Sebastião não exagerou. Eu não tinha idéia da beleza dos trópicos. O mundo tropical revelou-se para mim, e foi baía e mais baía, pedras como se fossem pilastras, florestas em níveis diversos e, no meio delas, o lampejo branco das construções. Toda essa beleza iluminada pelo brilho dourado da luz tropical. Será a minha linguagem suficiente para descrever esse espetáculo da natureza para Maria Luísa?

O deslumbramento da imperatriz foi tanto que mereceu ser registrado por outros relatos de nobres também presentes na comitiva real.*

As cores, a luz intensa e as belezas naturais da cidade eram, no entanto – independentemente do observador –, um forte apelo aos olhos estrangeiros. Não por acaso, na cerimônia de celebração pela chegada da princesa Leopoldina, D. Pedro I lhe presenteou com um estojo de pedras preciosas acompanhado do seguinte discurso:

> Leopoldina, todas as cores do Brasil fervilham neste estojo. Eu vos dou as mais calorosas boas-vindas ao Rio de Janeiro e cumprimento a vossa família. Viestes ao Novo Mundo e encontrareis coisas muito diferentes das que conheceis, das que estás acostumada a ver.**

---

* KAISER, Glória. *Op. cit.*, p. 76.
** KAISER, Glória. *Op. cit.*, p. 78.

Desembarque da imperatriz D. Leopoldina.
Jean-Baptiste Debret, 1818.

A imperatriz austríaca, que desembarcou na cidade em novembro de 1817, para consumar, de fato, seu casamento com D. Pedro I, já anteriormente oficializado por procuração na Europa, desenvolveu um grande carinho pelos habitantes do Rio e passou também a ser amada pelos cariocas. Sua delicadeza, elegância e cultura em muito contrastavam com a estranha figura de sua sogra, D. Carlota Joaquina.

Leopoldina, sobrinha de Maria Antonieta e irmã de Maria Luiza, segunda esposa de Napoleão Bonaparte, era uma nobre culta, discreta e sensível. Tinha apuro no vestir e, sempre que fazia aparições públicas, vestia-se com elegância, porém com simplicidade. Já havia adotado as formas simples dos vestidos do estilo império e tinha predileção por cores mais neutras, suaves e discretas, de acordo com a austeridade da casa real de Habsburgo, à qual pertencia. Diz-se que nos primeiros anos de seu casamento com D. Pedro I tinha seu guarda-roupas trazido da Áustria preservado, mas, pouco antes de sua morte prematura, aos 29 anos, já não se apresentava com todos os requintes de uma nobre, em razão das restrições financeiras impostas por seu marido, como podemos observar em um relato de Rose de Saulces Freycinet, esposa do capitão de fragata e naturalista Louis Freycinet, que esteve no Rio de Janeiro em 1817 e 1820.

O casal, que tinha trânsito nos ambientes reais, participou de encontros com a Família Real, como o que a seguir nos chegou ao conhecimento, dando conta do comportamento e dos trajes dos membros da Família Real:

> Tive o prazer de sentar-me em frente à família real, a quem observei à vontade. Minha figura estrangeira atraiu os seus olhares; eles sabiam, porém, quem eu era, pois o cônsul tinha advertido Sua Majestade de que assistiria à missa. O rei parece estar bem, mas é um homem de pouca majestade. O príncipe real é alto e bastante bonito, mas suas maneiras são péssimas e sua pessoa, vulgar. Vestia-se na ocasião, com um fraque marrom e uma calça nanquim, traje bastante ridículo para as 8 horas da noite, numa grande festa pública. Ainda que mais simples, o traje do rei era bem melhor; além do mais ele é um homem de idade, a quem se permite mais. As maneiras da princesa real, a meu ver, em nada lembram a postura nobre e cerimoniosa que se cultiva na corte da Áustria; aqui, ao que parece, a princesa é descuidada tanto com seus trajes quanto com sua aparência. Para a festa – que só consigo comparar a um alegre concerto de ópera –, todos, inclusive as princesas, vieram de seda e em tule. A pobre austríaca estava vestida com uma roupa de montaria cinza, de um tecido ordinário, e com uma blusa plissada; seus cabelos estavam em desalinho e presos com um pente de tartaruga. A sua fisionomia no entanto, não é desagradável e estou certa de que, devidamente trajada, a princesa ficaria bem. Todas as outras princesas vestiam ou veludo ou cetim e traziam flores ou plumas na cabeça.

Carolina Josefa Leopoldina Francisca Fernanda de Habsburgo-Lorena, conhecida como a imperatriz Leopoldina. Joseph Kreutzinger, 1815.

Por sorte, em todos os desenhos, gravuras e pinturas existentes da imperatriz Leopoldina que temos hoje disponíveis, podemos observá-la em seus trajes de Corte, que, mesmo em ocasiões especiais, traduzia sua personalidade discreta e romântica. De fato, por suas origens mais austeras, cultivadas na Corte de Viena, não se identificava com a ostentação e a extravagância com as quais as damas da Corte no Rio se vestiam – sempre que possível adornadas com enormes colares de diamantes, uma profusão de joias caindo pelos decotes e plumas decorando os cabelos – e se comportavam. O refinamento da austríaca estava além desse tipo de exageros que ela, definitivamente, não apreciava.

As características naturais do Rio, que tanto impressionaram viajantes, oficiais, cientistas e naturalistas que visitaram a cidade, foram também fontes de inspiração para o extraordinário trabalho produzido por artistas estrangeiros, trazidos em comitivas especiais – caso da Missão Artística Francesa patrocinada por D. João VI, em 1816, e da Missão Austríaca que acompanhou a princesa Leopoldina, em 1817, integrada por médicos, botânicos, zoólogos e artistas de grande prestígio na Corte europeia como Thomas Ender, Karl Friedrich Phillip Von Martius e Johann Baptist Von Spix, que permaneceram no Rio até 1818 estudando a natureza local, antes de partirem para estudos por diversas outras regiões do Brasil.

Dama da Corte, Aquarela. Jean-Baptiste Debret.

A produção realizada por esse grupo resultou em um amplo material acerca dos aspectos naturais, urbanos e sociais do Rio de Janeiro no período Joanino. Para os estudiosos de moda, entretanto, uma das maiores contribuições existentes sobre a cidade e seus habitantes no século XIX está na produção artística do artista francês Jean Baptiste Debret, que na cidade chegou em 1816, a convite de D. João VI. Para Patrick Wilcken, sem as gravuras de Debret, as descrições do Rio do início do respectivo século talvez soassem como exotismos fantasiosos. Com elas, ao contrário, captou-se para a posteridade um retrato notável das justaposições culturais inusitadas que o império português proporcionou ao Rio.*

Debret foi, incontestavelmente, o mais importante cronista dos hábitos e costumes do Rio de Janeiro no período Joanino. Sua obra não apenas registra, mas legitima a importância da cidade como a grande criadora e difusora dos modos e modas do Brasil. Foi, portanto, a Missão Artística Francesa aquela que, por meio de um de seus mais brilhantes integrantes, proporcionou ao mundo uma das mais interessantes visões sobre os costumes, hábitos e moda da sociedade carioca no início do século XIX.

---

* WILCKEN, Patrick. *Império à deriva: a corte portuguesa no Rio de Janeiro, 1808-1821*. Tradução Vera Ribeiro. Rio de Janeiro: Objetiva, 2005. p. 203.

Uma tarde no Largo do Palácio.
Jean-Baptiste Debret, 1826.

O Rio de Debret

A cidade do Rio de Janeiro é o principal personagem de Debret.

Pierre Gillaume

Como parte da política de inserção da sede da Coroa portuguesa nos "padrões civilizatórios europeus", D. João VI patrocinou, em 1816, a vinda de um grupo de artistas franceses com a finalidade de retratar e registrar o cotidiano da Corte e dos nobres, bem como cenas e costumes locais que, obviamente, seriam difundidos na Europa. Integravam o grupo arquitetos e artistas como Auguste Henri Victor Grandjean de Montigny, Nicolas-Antoine Taunay e Jean Baptiste Debret, também encarregado posteriormente pela Coroa portuguesa da fundação da Academia de Belas Artes, sediada no Rio de Janeiro.

O grupo chegou ao Rio em março de 1816, quando a cidade completava 251 anos. Debret tinha 48 anos e já era um artista consagrado, tendo, inclusive, prestado seus serviços a Napoleão Bonaparte – responsável direto pela fuga da Corte portuguesa para o Rio de Janeiro. Durante os 15 anos que permaneceu no Rio até seu retorno para a França, em 1831, o artista desenvolveu um trabalho prodigioso de pesquisa para finalmente produzir uma obra inigualável e única, entre diário de viagem e pesquisa científica, misto de arte, de sociologia, de história, hoje considerada uma das mais importantes obras etnográficas do mundo, bem como uma das mais relevantes fontes de pesquisa para estudiosos da indumentária e da moda brasileira do século XIX.

O artista, que perdera seu único filho, Honoré, e deixara para trás Sophie, de quem se separara, passava por uma fase de grande estresse emocional. Talvez, por isso, o pintor tenha encontrado no Rio uma cidade efervescente, cheia de novidades e contrastes, um ambiente favorável para uma espécie de renascimento, inclusive em relação a seu estilo e à sua produção artística. Embora tenha sido contratado por D. João VI para estar próximo à Família Real, foi nas ruas do Rio de Janeiro, em íntimo convívio com o cotidiano da cidade e sua população, que o artista realizou suas obras mais emblemáticas. Por sua proximidade com a Corte e ao mesmo tempo com a população carioca, Debret se tornou o grande cronista visual do período Joanino.

Como tantos estrangeiros que na cidade chegaram e relataram o impacto sofrido no contato com natureza e cultura tão diferentes da europeia, Debret também deixou claras suas impressões acerca dessa inédita experiência. A vida na cidade do Rio de Janeiro, bem como os hábitos de sua população, impactou o artista de tal maneira que cabe aqui menção à drástica mudança estilística ocorrida em seus trabalhos produzidos no Brasil. O estranhamento resultante da convivência com a escravidão provocou uma ruptura na obra de Debret. O artista, que antes se dedicava a retratar cenas e personagens da Corte europeia, cercados de fausto e luxo, passaria a registrar em suas obras não apenas a nobreza e os costumes da Corte, como era praxe naquele período, mas, sobretudo, os hábitos e costumes da população mais pobre e menos favorecida da cidade. Algo inédito em sua trajetória e na trajetória da maioria dos artistas daquela época. Tais registros da vida e dos costumes dos habitantes de classes menos favorecidas são hoje preciosa fonte de pesquisa para estudiosos da moda.

Segundo João Pimentel, se os raros documentos existentes sobre sua vida pessoal fazem de Debret um personagem enigmático, o mesmo não pode ser dito de sua produção artística durante o tempo em que permaneceu na cidade: suas aquarelas e seus óleos são os grandes e quase únicos registros fiéis das mudanças culturais, dos aspectos físicos da população e dos costumes desse agitado período em que a cidade mais que dobrou sua população em menos de dez anos de permanência da Corte, e que pela densidade populacional, já crescia em direção a novos bairros que antes não passavam de regiões longínquas, como Catumbi, Mata Cavalos (atual Lapa), Mata Porcos (Estácio), Catete, Flamengo e Botafogo.

Em seus trabalhos, Debret nos revela, com grande precisão, as cores vibrantes das cenas do cotidiano carioca, sempre muito atento aos detalhes dos trajes da população, pois as vestimentas, como sabemos, são símbolos distintivos de classes. O artista contemplou o país com um formidável repertório de imagens, nas quais cada detalhe das vestimentas usadas por nobres e populares foi cuidadosamente documentada: dos tons suaves dos tecidos fluidos ricamente enfeitados de rendas e bordados das damas a caminho da missa dominical à explosão de cores dos panos enrolados no corpo, dos turbantes, brincos, colares, patuás e pencas de balangandãs das negras de ganho nas ruas da cidade. Das inadequadas e pesadas casacas de lã escura, usadas pelos oficiais e nobres, aos pés descalços contrastando com os impecáveis trajes *librés* dos escravos condutores de liteiras. Nada que merecesse atenção escapou ao olhar do artista francês, autor de um dos mais completos registros de costumes do século XIX existentes no Brasil desde a missão artística holandesa do século XVII, que acompanhou o conde Maurício de Nassau no Nordeste brasileiro.

Os trabalhos do artista revelavam uma interessante relação entre classes: na sociedade do Rio de Janeiro imperial, a nobreza, em geral, não se encontrava, como na Europa, formalmente tão distante de sua população mais miserável. Essa proximidade entre a nobreza e o povo, algo inédito e impensável para os padrões europeus, de fato ocorreu no Rio, e mudou totalmente os padrões da sociedade e da moda. O artista abandonaria o estilo acadêmico europeu, adotando traços dinâmicos, uma linguagem artística leve e descontraída, bem mais de acordo à realidade carioca, além de conferir muito mais veracidade às cenas e aos personagens que retratava, na medida em que estava bem inserido no contexto e envolvido, de fato, com o objeto de suas pinturas: os habitantes da cidade.

Para Luiz Felipe de Alencastro,[*] a obra de Debret era guiada por dois olhares distintos: o dos leitores brasileiros, aos quais ele não queria desagradar com uma interpretação severa dos costumes locais, e o olhar dos leitores franceses e europeus, aos quais

---

[*] ALENCASTRO, Luiz Felipe de; GRUZINSKI, Serge; MONÉNEMBO, Tierno. *Rio de Janeiro, cidade mestiça: nascimento da imagem de uma nação*. Organização Patrick Straumann; tradução Rosa Freire d'Aguiar. São Paulo: Companhia das Letras, 2001. p. 10.

deveria apresentar as curiosidades do império tropical. Era como se sua produção estivesse sempre oscilando entre a realidade tropical e as exigências da civilização ocidental. O artista, contratado para produzir para a nobreza, percebeu que, no Rio, a atmosfera inspirava fortemente a reproduzir também o "outro" lado. Artistas daquele período, em geral, se preocupavam muito mais em mostrar resultados convenientes para quem os patrocinava – produzindo conforme a "direção" que recebiam (muitas vezes exagerando e fantasiando em alguns aspectos e economizando em outros) – do que propriamente em produzir obras fiéis à realidade. Em sua produção, Debret contemplou tanto a nobreza quanto a população mais pobre, com registros fiéis do que testemunhava. O artista era tão criterioso que não raro incluía em suas obras verbetes com explicações detalhadas sobre situações, personagens e vestimentas que retratava.

Para Alencastro, desse ponto de vista é importante assinalar a interação entre os textos redigidos por Debret e suas litografias, recurso que, segundo ele próprio, foi utilizado "no intuito de tratar de uma maneira completa um assunto tão novo". Os textos descritivos das obras de Debret são essenciais e extremamente auxiliares para historiadores e estudiosos da moda e do comportamento no Rio de Janeiro imperial. Era como se o artista previsse que, sem suas explicações e detalhamentos, aquelas imagens cheias de novidades retratadas em suas obras dificilmente seriam entendidas no estrangeiro, pois eram singulares demais, originais demais para olhares treinados em outros climas e culturas. Desse modo, as litografias e os excelentes textos descritivos que muitas vezes acompanham as obras do artista possibilitavam o cruzamento dos olhares europeus e brasileiros sobre o Império do Brasil. Jean Baptiste Debret foi, segundo Julio Bandeira, o único artista a se preocupar, em seu tempo, com a realização de um trabalho etnográfico. O artista foi entre todos os seus contemporâneos em visita ao Brasil aquele com a maior produção realizada: mais de mil imagens do cotidiano na cidade do Rio de Janeiro. Uma das razões que poderiam tê-lo levado à impressionante produção sobre o cotidiano carioca teria sido sua consciência e percepção de que aquele cotidiano frenético, exótico e assombroso que tanto o encantava tinha seus dias contados, resultado do brusco crescimento da cidade e da rápida adaptação aos costumes europeus pela população local. De fato, as aceleradas transformações pelas quais passava a cidade logo chamaram sua atenção. Debret, preocupado, tentou, com igual rapidez, registrar os hábitos e costumes que ainda predominavam na cidade antes que desaparecessem. Para Bandeira, uma das maiores riquezas em sua obra foi o fato de o artista ter tido a sensibilidade e o *timing* de resgatar em imagens importantes costumes da população – adquiridos ao longo de séculos de história – que estavam desaparecendo. Hábitos de um Brasil influenciado pela Ásia, pela África e pelo Oriente, que se mostrava vulnerável e fadado à extinção e ao esquecimento diante da rápida ocidentalização de costumes promovida no Rio com a chegada da Corte. Em suas aquarelas e desenhos, Debret registrou o Brasil "asiático", "africano" e "árabe", que no Rio conviviam: mulheres sentadas no chão, de pernas cruzadas, o uso de turbantes, mantilhas, panejamentos coloridos, as gelosias e muxarabiês, foram, entre outros, alguns dos importantes elementos remanescentes que comprovam o intenso intercâmbio ocorrido no Rio, presentes nas obras de Debret, que confirmavam o quanto o Rio já era "globalizado".

Na qualidade de "pintor de história", Debret foi oficialmente nomeado por D. João VI professor da Academia Real de Ciências, Artes e Ofícios e coube oficialmente ao artista, além do registro do cotidiano da Corte e pela grande amizade e confiança que gozava entre os membros da Família Imperial, notadamente a princesa Leopoldina, se responsabilizar por obras emblemáticas como o vestido branco e manto verde bordados em ouro, por ela usado na coroação de D. Pedro I, e a primeira versão da bandeira brasileira usando as cores verde e amarelo, representando respectivamente as Casas de Bragança, de D. Pedro I, e Habsburgo, da Áustria da imperatriz D. Leopoldina. Debret foi uma espécie de "diretor criativo" da Corte, idealizando uniformes militares, acessórios e até comendas no reinado de D. Pedro I.[*] Foi com a introdução das cores dinásticas de Bragança e Habsburgo na Corte que as mulheres cariocas passaram a incorporar o verde e o amarelo em seu repertório, usando as cores em vestidos e acessórios, fazendo com que a dobradinha verde-amarelo, além de se tornar uma instituição nacional, também se tornasse um *must* na moda.

---

[*] DEBRET, Jean-Baptiste. *Caderno de viagem*. Organização Júlio Bandeira. Rio de Janeiro: Sextante, 2006. p. 13.

A CULPA É DO RIO! A cidade que inventou a moda do Brasil   177

Vestido de D. Leopoldina, usado na coroação de D. Pedro I, e versão da bandeira imperial. Jean-Baptiste Debret.

Debret deixou o Brasil em 1831, quando a cidade do Rio de Janeiro era, definitivamente, outra, mas seus registros fizeram com que, para a sorte dos brasileiros, a história daqueles tempos fosse eternizada. As centenas de desenhos e aquarelas do artista viriam a ser a base da coleção de três volumes do livro *Viagem pitoresca e histórica ao Brasil*, que foi lançada na França entre 1834 e 1839. O Brasil – em especial o Rio de Janeiro, seus costumes e habitantes – foi, dessa forma, mais uma vez difundido no estrangeiro. Dessa vez, entretanto, não mais por meio de relatos fantasiosos, mas por um trabalho cuidadoso e fiel à realidade realizado por uma importante testemunha ocular da história.

Uma das mais relevantes partes na obra de Debret – entre tantos registros de aspectos importantes do cotidiano da vida carioca – foi aquela dedicada à influência da cultura africana na indumentária da cidade, assim como a curiosa "africanização" ou assimilação, pelos africanos, de elementos europeus e também locais em sua indumentária. Desse hibridismo nascido no Rio de Janeiro surgiram formas vestimentares inéditas que, além de passarem a integrar o repertório das vestimentas cariocas, também foram levadas de volta para a África, já devidamente ressignificadas por intermédio de ex-escravos e escravas alforriadas, e identificadas do outro lado do Atlântico como "moda das brasileiras".

D. Pedro I e Dona Leopoldina.
Arnaud Julien Pallière, 1826.

novas mudanças de curso para o Rio

A historiografia já consagrou o legado político da passagem de D. João pelo Rio de Janeiro. O período de seu reinado é reconhecido como o momento inicial do processo de separação política entre colônia e metrópole.

Sérgio Barra

Em 1821, após a derrota do império napoleônico na Europa, Portugal passou a exigir o retorno de D. João VI e de sua família. Já não fazia mais sentido o exílio da Coroa no Rio de Janeiro. O monarca, e seus familiares – exceto sua esposa, D. Carlota, que odiava o Brasil –, já bastante adaptado ao clima e à vida no Rio, ficou contrariado com o rumo dos acontecimentos após 13 anos de permanência na cidade. A decisão, entretanto, era inegociável: a Família Real teria de voltar para Portugal, permanecendo no Rio apenas o príncipe D. Pedro I, encarregado do governo provisório do Brasil, sua esposa, D. Leopoldina, e os filhos do casal. Do mesmo modo que a chegada da Corte ao Rio de Janeiro havia sido curiosa pela ausência do glamour esperado pela população, assim foi sua despedida. A falta de glamour e a defasagem em termos de moda nos trajes dos membros da Corte que daqui se despediam mereceram registro:

> Nobres e dignatários estrangeiros juntaram-se aos delegados a bordo para se encontrar com a família real. Mais de uma década se passara desde a última vez que tinham visto os exilados que voltavam. E não foram apenas as diferenças de idade que surpreenderam os nobres de Lisboa – muitas das roupas usadas pela corte do Rio pertenciam à outra era. Cortesãos castigados pelo tempo, usando peitilhos rendilhados, calções até os joelhos e perucas empoadas, passeavam pelo convés, com uma aparência mais própria do século XVIII que do XIX. A princesa Maria Benedita, agora com 24 anos, usava um manto negro rebordado de diamantes, e nas palavras do embaixador francês, Hyde de Neuville, "mais parecia um retrato saído da moldura".*

---

* WILCKEN, Patrick. *Op. cit.*, p. 271.

A CULPA É DO RIO! A cidade que inventou a moda do Brasil

Se os membros da Família Real deixavam o Rio em trajes ultrapassados, na Europa certamente seriam surpreendidos por mais novidades na moda: por lá encontrariam o estilo império, já em processo de esgotamento.

Segundo Maria do Carmo Rainho, os anos 1820 foram de extrema importância para os trajes das mulheres ocidentais. Foi nesse período que a cintura – nas roupas femininas mantida alta por 15 anos – retornou à posição normal, trazendo a volta dos espartilhos que, a partir de então, e por muito tempo, se tornariam peças essenciais nos guarda-roupas femininos.

Para aumentar o efeito das cinturas finas e marcadas – resultado da compressão provocada pelos incômodos espartilhos –, as saias passaram a ficar cada vez mais rodadas, com maior volume de tecido. Como em um movimento pendular, as silhuetas passaram, então (revisitando formas do passado), a assemelhar-se àquelas do Antigo Regime, embora com as saias menos expandidas para as laterais e as mangas mais bufantes. As linhas simples e clássicas do império que caracterizavam uma silhueta tubular seriam abandonadas; em seu lugar surgiria a silhueta em forma de sino – característica da segunda metade do século XIX.

Coroação de D. Pedro I.
Jean-Baptiste Debret, 1828.

Com o retorno da Família Imperial, em 1821, permaneceram na cidade apenas o príncipe D. Pedro I, D. Leopoldina e os filhos do casal, Maria da Glória, João Carlos (pouco depois falecido), Januária, Paula Mariana, Francisca Carolina e Pedro, que viria a receber o título de Pedro II e ser proclamado imperador do Brasil. Em outubro de 1822, D. Pedro I foi coroado imperador do Brasil. Em março de 1826, seu pai, D. João VI, morreu em Lisboa, e em dezembro do mesmo ano, morreu de complicações de um aborto D. Leopoldina, com apenas 29 anos. Três anos após a morte da imperatriz, D. Pedro I casou-se por procuração com D. Amélia Augusta Eugênia Napoleona, da Baviera, Alemanha. No Rio, o casamento foi realizado na igreja de Nossa Senhora do Monte do Carmo, na rua 1º de Março. D. Amélia, diz-se, observando a falta de refinamento na rotina da Corte, tomou várias medidas, como a imposição do francês como idioma oficial, obrigatoriedade do cerimonial europeu e requintes nos serviços de mesa. A imperatriz era considerada ícone de elegância na Corte do Brasil e no exterior.

Casamento de D. Pedro I com D. Amélia.
Jean-Baptiste Debret, 1929.

Quando a Família Real voltou para Lisboa, o Rio já tinha uma população de 200 mil habitantes e havia mudado drasticamente. Os modos coloniais rapidamente iam ficando no passado. Outras cidades importantes do Brasil olhavam para o Rio como referência, inclusive na moda. Se muitos dos viajantes que na capital do Brasil regressassem após o ano de 1821 não veriam mais a mesma cidade. Com tantos progressos, a cidade iniciou, de fato, um processo "civilizador" que, sem dúvida alguma, beneficiaria em muito sua população, sobretudo a feminina. A educação passou a ter importante papel na sociedade, de tal maneira que nas décadas seguintes não era raro encontrar mulheres capazes de manter correspondência em várias línguas e ter gosto pela leitura, como acontecia na Europa. Para isso, muito contribuiu a literatura francesa e os professores do idioma que se multiplicaram pela cidade. As cariocas começaram a cuidar de um lado que antes nem sonhavam: educação e refinamento.

A rua do Ouvidor, que já era importante no comércio local, se tornou a via de comércio de luxo mais famosa do Brasil, preferida pela clientela de maior poder aquisitivo. Lá se localizavam as melhores casas de moda feminina, os mais completos armarinhos, os mais requisitados alfaiates, modistas, floristas, costureiras, médicos e dentistas. As lojas de moda eram decoradas com grandes espelhos importados da França e da Inglaterra, vitrines com artigos belíssimos e mobiliário da melhor qualidade. Alguns viajantes se encantavam com a graça das vendedoras. A rua dava um ar de luxo e modernidade à cidade. Tanto assim que ingleses, como o viajante Gardner, a definiriam como a Regent Street do Rio. Sua importância era tal que o nobre alemão Karl Von Koseritz escreveu em seu caderno de viagens: "O Rio de Janeiro é o Brasil, e a rua do Ouvidor é o Rio de Janeiro". Com o comércio em franca expansão, tantas alternativas, liberdade para consumir e exibir roupas e acessórios, o medo, o desleixo e as excentricidades das cariocas do período colonial foram, definitivamente, ficando para trás, dando lugar a mais refinamento e glamour.

Por volta de 1840, já se comentava no Brasil e mundo afora que as mulheres da elite do Rio de Janeiro se vestiam com graça e elegância. E por volta de 1850, as brasileiras do Rio podiam até mesmo "esnobar" as novidades europeias, como narra Adèle Toussaint-Samson, francesa de mentalidade avançada que na cidade permaneceu por um longo período, integrando um grupo de artistas franceses que chegaram para ministrar aulas de teatro, música e dança para a sociedade carioca.

> Um brasileiro ou uma brasileira, jamais devem parecer surpresos com o que quer que seja. Quando cheguei da França com toaletes da última moda, notei que as mulheres me olhavam disfarçadamente, às escondidas, para estudar, sem parecer, o feitio dos meus vestidos, que nenhuma delas teria confessado ver pela primeira vez. Se lhes falasse disso, todas teriam infalivelmente respondido: "Faz muito tempo que usamos isso aqui." *

A transferência da Corte portuguesa para o Brasil, estabelecendo-se no Rio de Janeiro, foi, além de um evento inédito na história mundial, o maior marco na história da moda no Brasil – tendo o Rio de Janeiro como principal agente –, pois foi só após a chegada da Família Real que o país se libertou de todas as proibições comerciais antes impostas por Portugal e pôde começar uma trajetória dentro dos chamados "padrões civilizatórios" (mesmo que no início ainda muito limitada, dadas as imposições de consumo de produtos vindos principalmente da Inglaterra). Contudo, as limitações, proibições e restrições sempre foram uma constante para os cariocas, os quais invariavelmente "driblavam" os revezes com sua criatividade, sobretudo em relação à moda. Importante também ressaltar o fato de que, durante o período Imperial, tentou-se insistentemente apagar os vestígios coloniais, mas foi ironicamente nesse período que houve "costura" entre a África e a Europa (refinada) que finalmente chegou ao Rio: uma "africanização" cordial da moda europeia, e uma "europeização" dos costumes africanos. Esse ineditismo nasceu em terras cariocas e desse inusitado encontro talvez tenha nascido uma das mais interessantes características da moda carioca: a elegância no despojamento.

---

* TOUSSAINT-SAMSON, Adèle. *Uma parisiense no Brasil.* Rio de Janeiro: Capivara, 2013.

Casal de negros africanos.
Johann Moritz Rugendas.

áfrica:
um tesouro para a moda carioca

O nome África teve origem no latim Africorum terra, *que era como os romanos denominavam a Terra dos Afri, um povo berbere que vivia na região do Saara, onde hoje é o Marrocos. Os povos árabes chegaram ao território africano no século VII, e os europeus chegaram no século XV.* Jindanji *é palavra africana de origem quimbundo que significa raízes. O ato de reconhecer e resgatar as raízes trazidas pelos africanos e africanas ao Brasil é fator primordial para uma permanente afirmação de sua identidade e para o reconhecimento de suas contribuições para a cultura e para a sociedade em geral.*

Nereide Schilaro Santa Rosa

A colonização da América por portugueses, espanhóis, holandeses, ingleses e franceses tinha no trabalho escravo um dos pilares de sua viabilização econômica e desenvolvimento. Se no início coube às populações indígenas locais desempenhar esse papel, com a intensificação do comércio escravista, foram os africanos que assumiram no Brasil quase que integralmente a mão de obra servil.

A comercialização de negros africanos destinados ao trabalho escravo foi legitimada na Europa pela Igreja Católica por meio das "bulas do Papa Nicolau V", em 1456, seguidas de outras bulas papais, até 1514. Aproveitando-se de tal legitimação, Portugal estabeleceu então toda uma estrutura jurídica e comercial para chancelar a existência legal e rentável da escravidão em seu território, segundo afirma o historiador Nireu Cavalcanti. Para tanto, a Monarquia portuguesa criou um discurso no qual, em seis itens, justificava a necessidade da prática:

- a) o tráfico se baseava em transações legais e semelhantes a quaisquer outras de natureza mercantil – os comerciantes franceses compravam na África, de agentes locais, a mercadoria (escravos) pagando todos os impostos e taxas exigidos.
- b) os africanos comprados já se encontravam em estado de escravidão em seu próprio continente.
- c) o tráfico era realizado sob a fiscalização e proteção da monarquia portuguesa e não decorria da incursão violenta contra pessoas livres no território africano, mas sim de compra legal de pessoas já escravas.

d) a Monarquia portuguesa, tradicionalmente vinculada à religião católica, entendia que exercia seu dever civilizatório e cristão, retirando os pretos escravos da barbárie em que viviam na África, pois tornava-os cristãos e civilizados segundo os valores da Europa Ocidental.

e) a colonização das extensas terras de seus variados domínios, só seria possível com a escravidão dos africanos, uma vez que em Portugal não havia excedente populacional para essa tarefa.

f) a escravidão de um indivíduo era, pela Monarquia, oficialmente uma circunstância considerada de caráter transitório, juridicamente contrária ao direito natural à liberdade, que facultava ao escravo formas legais para adquiri-la.

O tráfico foi, nessas bases, aprovado e legitimado pela Igreja e pela Monarquia Portuguesa e, a partir de então, a mão de obra africana foi intensamente explorada em todas as colônias do reino português, como o Rio de Janeiro. Desde a introdução do plantio da cana-de-açúcar nas capitanias brasileiras, ainda em 1530, as regiões de povoamento português foram cobertas de plantações e engenhos de açúcar e, consequentemente, com mão de obra escrava. O açúcar, segundo o historiador Carl Egbert H. Vieira de Mello, foi a coluna mestra sobre a qual se apoiou a economia lusa no Brasil dos anos 1500, uma vez que a extração do pau-brasil, por ser monopólio real, não trazia qualquer benefício ou contrapartida para o comércio local. Além disso, a frequente escassez de dinheiro na capitania também fez com que o açúcar, várias vezes ao longo do século XVI, substituísse a moeda.

Como é um tipo de cultura que demanda mão de obra numerosa, foi – de acordo com um dos itens constantes no documento da monarquia portuguesa que justificava a exploração dos negros africanos – um dos principais motivos da importação desse contingente africano, já que Portugal não tinha excedente populacional que pudesse ser destinado a essa atividade. Apesar de as regiões de Pernambuco e do Recôncavo Baiano terem sido, à época, os principais produtores de cana-de-açúcar, a capitania do Rio de Janeiro também se dedicou a seu cultivo e teve papel primordial ao longo de todo o período, pois era no Rio que se desembarcava o maior número de escravos traficados para o trabalho nos engenhos, que, em 1583, eram apenas três, mas no final dos seiscentos, chegavam a 120. Viajantes e aventureiros estrangeiros que já haviam se impressionado com a maneira agressiva como era feita a exploração do pau-brasil não se espantaram menos em relação às penosas condições de trabalho nos canaviais.

É o caso de Knivet, o aventureiro que conosco esteve em capítulos anteriores e que, a título de punição, foi enviado a um canavial para trabalhos forçados e após três meses de trabalho relatou terem suas roupas se transformado em trapos. No século XVII, com a rarefação da mão de obra indígena e a insistência dos jesuítas em importar escravos, já que os índios eram cada vez mais catequizados e menos disponíveis para trabalhos servis pesados, há uma grande pressão para que se intensifique o tráfico de negros africanos, considerados mão de obra muito mais eficiente, resistente e robusta que a indígena. Logo os escravos das regiões açucareiras seriam majoritariamente africanos por terem fama de resistirem melhor que os índios às epidemias e às duras condições de trabalho.

De acordo Armelle Enders, datam de 1610 os primeiros contratos que concedem a particulares o privilégio de abastecer de cativos africanos o Rio de Janeiro, que se tornará um importante porto negreiro mundial. Para Enders, o negócio do tráfico era tão rentável que a escravaria deveria ter sido incluída nos ciclos de exploração econômica classificados no Brasil. E assim como se fala em um "ciclo do pau-brasil", "ciclo do açúcar", "ciclo do ouro" ou "ciclo do café", deveria se falar também em "ciclo da escravidão". Os africanos traficados para o Rio de Janeiro tinham as mais variadas origens, sendo, sobretudo, os oriundos das cidades de Cabinda, Luanda e Benguela, entre o Congo e Angola. Ainda segundo o estudioso, no início do século XIX, mais de dois terços dos escravos do Rio eram originários da África central e austral.

No Rio de Janeiro, até 1758 o comércio de escravos era feito na Rua Direita, a mais antiga da cidade. Como era uma rua de passagem e intensa movimentação, e o número de escravos que chegavam era muito grande (e muitos deles chegavam doentes em razão das provações sofridas no longo trajeto entre o continente africano e o Brasil), o Marquês do Lavradio, na época vice-rei do Brasil, considerando a situação de risco para a população, ordenou que a venda fosse transferida para outro local, mais distante, e que não oferecesse riscos de saúde para os habitantes. O mercado foi então transferido para a rua do Valongo, localizada entre o morro da Conceição e o do Livramento. Antes de chegarem ao mercado, os escravos eram contados e taxados na alfândega, como qualquer outra mercadoria comercializada na colônia. No Valongo, eram feitas triagem e exposição. Para os compradores, a boa forma física e a vivacidade eram sinais de que a compra seria um bom investimento.

Desembarque de escravos no cais do Valongo.
Johann Moritz Rugendas.

Na primeira metade do século XIX, a escravidão no Rio de Janeiro estava no auge. Segundo estudos, entre 1808 e 1850, a cidade teve a maior população urbana escrava das Américas. Isso porque com o declínio da exploração das minas de ouro em Minas Gerais, a chegada da Corte Imperial e o vertiginoso aumento da população branca, os escravos passaram a ser demandados também para a construção de edifícios públicos, habitações, serviços domésticos, tornando-se essenciais no cotidiano da cidade como escravos de aluguel ou não, escravos domésticos, carregadores, vendedores ambulantes ou até mesmo desempenhando funções mais especializadas, como barbeiros e até cirurgiões.

Vista do Pão de Açúcar.
Charles Landseer, 1827.

A presença da escravaria na cidade era tão ostensiva que, para muitos viajantes e visitantes da cidade, a impressão que se tinha ao se deparar com o enorme contingente negro no Rio de Janeiro era a de estarem em pleno coração da África. Em 1850, a população servil chegava a cerca de um milhão. No Rio – ao contrário da Bahia, que recebia negros de uma mesma nação, privilegiando os portos de embarque da "Costa da Mina", região correspondente ao litoral norte do golfo do Benim, constituindo essa unidade de origem um grande perigo para revoltas e insurreições –, optou-se pelo comércio de escravos provenientes de tribos africanas de diferentes origens, línguas e costumes para dificultar sua organização e assim evitar revoltas ou insurreições como as que ocorreram na Bahia. Apesar do grande número de referências históricas sobre os negros, generalizar suas origens, classificando-os apenas como "negros", "escravos negros" ou "negros africanos", como se todos tivessem uma origem comum, é um erro.

A CULPA É DO RIO! A cidade que inventou a moda do Brasil

O contingente de escravos africanos traficado para o Brasil cobria um espectro muito mais variado, as chamadas "nações":

> No século XIX, as principais divisões dos escravos no Rio estavam baseadas apenas no local de nascimento: África ou Brasil. Uma vez feita essa primeira distinção, os senhores de escravos prosseguiam de forma diferente na classificação de sua "mercadoria". Eles "separavam" os escravos brasileiros por cor, ao passo que os africanos eram classificados por local de origem, uma vez que, da perspectiva de seus senhores, todos os escravos africanos eram negros. Um cativo brasileiro poderia ser Antônio crioulo (termo designativo de cor mais comum aplicado geralmente ao negro nascido no Brasil) ou Maria parda, enquanto os africanos eram Antônio Angola ou Maria Moçambique. (...) Ao contrário de Salvador, que tendia a receber uma amostra mais restrita de grupos étnicos da África Ocidental, o Rio não apresentava tendência semelhante, importando escravos da África Ocidental e Oriental, resultando em uma extraordinária diversidade étnica na cidade.*

Largo da Glória.
Henry Chamberlan, 1822.

---

* KARASCH, Mary C. *Op. cit.*, pp. 36 e 44.

Às diferenças culturais ligadas às origens extremamente variadas dos escravos no Rio somava-se outra categoria de classificação: além da distinção entre "africanos", para nascidos na África, e "crioulos", para escravos nascidos no país, e de suas cores e "nações" de origem, havia também o escravo "ladino", que falava o português, e o escravo "boçal", que não falava a língua. O escravo ladino, é claro, era mais valorizado.

O lugar do escravo na sociedade também era determinado pela posição social de seu proprietário e pelo tipo de trabalho que fosse designado a desempenhar. Quanto mais rico o senhor, mais forte a hierarquia entre a própria escravaria. Os escravos iam desde aqueles que desempenhavam funções menos qualificadas até os que viravam homens de confiança do dono e supervisionavam com rigor as senzalas. No caso das escravas, geralmente eram selecionadas pela beleza, educação e origem. Elas costumavam chamar a atenção dos estrangeiros por sua beleza, como confirma o depoimento de um certo senhor Gabert, citado no diário do explorador, cartógrafo e naturalista francês Louis Claude de Freycinet, que no Brasil esteve entre 1817 e 1818: "As negras, ou de cor próxima, são muito mais bonitas: quase todas tem as formas regulares, uma silhueta delgada, um porte agradável, olhos belos e vivos e um andar firme e gracioso. Entre as mulatas há também mulheres muito bem feitas".

Segundo Enders, as sete "nações" mais importantes do Rio eram: mina, cabinda, congo, angola (ou luanda), cassanga, benguela e moçambique. As nações menos numerosas ora eram absorvidas pelas grandes, ora se distinguiam delas. De acordo com o estudioso, apesar de as "nações" não sinalizarem a origem precisa dos escravos, e sim os locais ou os portos das cidades onde os grupos de escravos eram reunidos e embarcados na África para as colônias, a designação passou a ser uma reivindicação de matrizes identitárias pelos negros do Brasil. Por meio das "nações", os escravos passaram a ter a possibilidade de restabelecer entre si uma ordem social mais próxima àquela da qual foram arrancados que naquela à qual foram inseridos. Essa reorganização, não apenas quanto às suas origens, mas também diante de novas situações às quais foram expostos no Rio de Janeiro, e também em relação às suas vestimentas e ornamentos, foi extremamente estratégica para que os negros traficados conseguissem sobreviver a tantas provações e sofrimentos no Brasil. Assim, estariam tornando de certo modo possível o resgate de suas histórias e de seu passado em suas terras de origem. Esse recurso, bastante inteligente, transcendeu a ideia dos portugueses de que, trazendo para o Rio grupos de diferentes origens africanas, estariam evitando sua organização e futuras insurreições.

Além das classificações tradicionais, havia também um grupo considerável de negros muçulmanos – de origem mina – no Rio, chamados de moslins, que, assim como os negros que praticavam suas religiões secretamente, não podiam externar suas preferências religiosas, já que qualquer religião que não fosse a católica era proibida no período imperial. Houve grande transferência de moslins da Bahia para o Rio. Uma vez na cidade, esses negros se concentravam em uma região na Praça XV, que ficou conhecida como Pequena África.

Merece menção o fato de haver também na cidade um reduzido grupo de africanos que jamais tinham sido escravizados, que se dedicavam ao comércio de tecidos do Ijebu, do Benim e de Cabo Verde, e diversos outros tipos de mercadoria que encontravam grande mercado na enorme comunidade africana de negros e mulatos que, ao consumirem tais produtos, conseguiam se manter e manter as lembranças e referências mais próximos às suas origens.

A grande diversidade de nações encontradas no Rio de Janeiro[*] se refletiu em como cada um de seus descendentes se vestia, mesmo sendo o traje do escravo no Rio de Janeiro colonial e imperial normalmente descrito como um tipo de uniforme-padrão, apesar da discordância de muitos estudiosos quanto a essa padronização. A existência de variações nos trajes dos negros que habitavam o Rio de Janeiro não excluía, entretanto, a predominância da indumentária imposta pelo sistema escravocrata vigente. A maior parte dos escravos no Rio de Janeiro Colonial e Joanino, dependendo das atividades praticadas, era obrigada a vestir-se de andrajos, peças de roupas de tecido grosseiro e,

---

[*] Segundo o viajante francês Dabadie, as principais "nações" do Rio eram mina, cabinda, congo, angola, moange, benguela, mozambique ou moçambique, mucena ou sena, quilimane e inhambane. Além dessas principais, existiam outras menores. Nas documentações sobre os escravos do Rio, as nações aparecem frequentemente como seus sobrenomes.

até mesmo, a andar seminua e sempre descalça – uma característica identificadora da condição de cativos.

> De acordo com o costume, bebês e crianças pequenas não usavam roupas, mas escravos adultos também eram muitas vezes forçados a trabalhar nus ou com andrajos que não cobriam adequadamente seus corpos. No início do século XIX, os viajantes estrangeiros notavam com frequência a quantidade de escravos nus que encontravam pelas ruas do Rio. Em 1829, uma carta de reclamação à polícia observava que era "contra a decência" que os carregadores negros de sal fossem publicamente empregados na capital "em estado de nudez". Em 1833, Manuel Benguela e Antonio Moçambique foram presos por pescarem nus. (...) Em 1838, Gardner, que também estivera no Rio em 1814, observava que os escravos estavam mais "decentemente vestidos" do que em sua visita anterior; e depois em 1850, parece que a maioria dos escravos andava mais bem vestida.
>
> Embora houvesse alguma melhora na quantidade e qualidade do vestuário dos escravos na década de 1850, permanecia o costume que proibia o uso de sapatos, o "emblema da liberdade". Ainda em 1861, ferrovias e navios a vapor dividiam seus passageiros em duas classes: com e sem sapatos, pois a maioria dos escravos andava descalços. Somente uma minoria adotava tamancos. De acordo com Weech, os pés das "lindas mulheres negras" ficavam feridos e deformados por andarem descalços. Outros pisavam em objetos cortantes e contraíam tétano, uma das maiores causas da morte de escravos.*

De acordo com Mary C. Karash,** os trajes dos cativos eram tão uniformes em sua simplicidade que surpreende que os donos acreditassem que a descrição de suas roupas ajudaria a identificá-los em caso de fuga – uma constante no período Colonial e Joanino. Os africanos recém-importados que fugiam do Valongo – mercado de negros existente no Rio de Janeiro – usavam apenas um saiote distribuído pelos mercadores, calças de algodão e camisa com colete ou jaleco; e as mulheres usavam saia e blusa.

---

* KARASCH, Mary C. *Op. cit.*, pp. 187-188.
** Ibidem.

Vestimentas de negros africanos vendedores de roupas e quinquilharias.
Joaquim Cândido Guillobel.

Para Maria Beatriz Nizza da Silva, as descrições detalhadas acerca das vestimentas dos escravos fugitivos eram, muitas vezes, auxiliares. Segundo a historiadora, sempre que fugia um escravo, seu senhor fazia circular um aviso na Gazeta do Rio de Janeiro descrevendo, além de suas características físicas, o modo como trajava. A descrição do vestuário que acompanhava as características físicas dos fugitivos também foi estudada por Gilberto Freyre:

> (...) Um molecão por nome Paulo, estatura ordinária, nação Ussá Benim, olhos grandes, gordo, espáduas largas, pés grandes e largos, meio derreado das cadeiras, o que o faz embaraçar no andar, vestido de camisa de algodão e calças de ganga, ladino e meio embaraçado na fala quando quer, e a sua ocupação é cozinheiro, desapareceu no dia 21 de Dezembro de 1814 da Praia do Flamengo, de casa de seu senhor (...).*

Conclui-se, pela análise de tantos anúncios de escravos fugitivos e de um minucioso levantamento, que as peças mais comuns da indumentária escrava eram a camisa (de

---
* SILVA, Maria Beatriz Nizza da. *A Gazeta do Rio de Janeiro (1808-1822): cultura e sociedade. Op. cit.*, p. 43.

cassa grossa, de pano de linho cru, de brim, de algodão, de riscado, de linho grosso), as calças (de pano da costa, de ganga, de belbute, de casimira, de pano de linho cru, de algodão) e o colete (de pelúcia, de belbute, de pano, de baeta, de casimira). Raramente aparecem as pantalonas, o calção, a véstia, o fraque.

Muitos negros traficados para o Brasil não eram escravos na África e pertenciam a tribos diversas que já tinham tradições e características próprias de organização, práticas religiosas e vestimentas. Alguns deles trazidos para a colônia eram nobres ou de grande importância hierárquica em suas tribos de origem. No território brasileiro, muitos foram os reis e nobres africanos que, vendidos na África como escravos por seus desafetos, tentaram reconstruir, na medida do possível, as estruturas políticas e religiosas das suas terras de origem, como foi o caso do príncipe Fruku, do Danxomé, vendido ao Brasil pelo rei Tegbesu, seu inimigo. O príncipe viveu 24 anos no Brasil e retornou à Costa dos Escravos com o nome de D. Jerônimo, "o Brasileiro", e voltou a disputar o trono do Danxomé, após a morte de Kpengala.

Sobre essa importante percepção da história, o africanista Alberto da Costa e Silva alerta que é preciso que se corrija um defeito de perspectiva que marca a rica bibliografia brasileira sobre a escravidão, na qual o lado africano ficou esquecido, como se o escravo tivesse nascido no navio negreiro. O passado dos negros traficados, geralmente negligenciado, é peça fundamental para a compreensão da riqueza que o povo africano legou ao Rio de Janeiro. Legado, aliás, até hoje sentido e vivido pelos cariocas por meio de seu estilo de vida, comportamento e moda, como verificaremos. Engana-se também quando se pensa que o processo foi uma via de mão única, apenas no sentido África-Brasil. Costa e Silva explica que as trocas se deram recíproca e intensamente nas duas direções e que a cada um dos lados do Atlântico não era completamente desconhecido o que se passava no outro.

Ainda que o comércio e contatos diretos entre europeus, americanos e africanos fosse superficial e não ultrapassassem muito os limites dos litorais, das praias ou dos portos, as notícias eram difundidas pelo interior, e certas novidades expandiam-se rapidamente no continente. A África, por exemplo, "africanizou" a rede indígena, assim como o

Brasil se apropriou da panaria da costa. Os panos da costa foram trazidos da Costa do Marfim para o Brasil, onde foram ressignificados, retornando para a África como xales para serem colocados nos ombros, um "modismo das brasileiras" que acabou sendo conhecido e reconhecido do outro lado do Atlântico como originário do Brasil, o mesmo ocorreu com o turbante, muito usado pelas negras no Brasil colonial e imperial, sobretudo em cidades como Salvador e Rio. O acessório merece menção, pois é fonte de muitas dúvidas quanto à sua origem e desdobramentos. Sobre ele, há interessante texto de Francisco Bosco, em seu livro *A vítima tem sempre razão*, com base em Costa e Silva:

> Turbante vem do persa *dülband*, do turco *tülbent*. Segundo o africanista Alberto da Costa e Silva, em *Um Rio chamado Atlântico*, ele entrou na África vindo das culturas islâmicas, cuja presença em terras africanas era muito mais forte do que a europeia durante a Idade Média. "Em muitos lugares", relata o autor, "muito antes do primeiro pregador muçulmano, chegavam do Egito, da Líbia, do Marrocos ou do Sael islamizado o turbante, a sela com estribo, certos modos de vida volumes do alcorão". O turbante teria chegado às culturas negras vindo das culturas muçulmanas.

Sobre essa importante rede de comunicação que se estabeleceu entre a África e o Brasil, Costa e Silva explica que:

> Ao desembarcarem e serem vendidos no Brasil, este e aquele escravo podiam topar com outros do mesmo reino, da vizinhança de sua aldeia, do seu mesmo vilarejo e, alguma vez, de sua mesma linhagem, e passavam-lhes as notícias do outro lado do mar. Por sua vez, parte da tripulação dos navios negreiros era formada por ex-escravos, que podiam levar notícias do Brasil; o barco funcionando, portanto, como jornal e correio. Só por acaso essas notícias seriam de um escravo comum, mas imagino que não deviam ser infrequentes recados daqueles para os quais a escravização fora uma forma de desterro político e que ainda tinham família e partidários na África. Só assim se explicaria o caso do príncipe daomeano Fruku ou D. Jerônimo. Se Kpengla não soubesse, por informações que lhe traziam os navios negreiros, onde se encontrava aquele amigo de infância, não teria podido levá-lo de volta ao Daomé.

O intenso comércio com a África propiciava os contatos constantes pelo oceano: escravos que chegavam ao Brasil traziam notícias de suas nações, assim como mercadores, marinheiros e ex-escravos (forros) levavam notícias do Brasil e dos africanos que no país viviam para a África. Poucos sabem, por exemplo, que, quando D. Pedro I declarou a Independência do Brasil, foram dois reinos africanos os primeiros a reconhecê-la: o reino de obá Osemwede, do Benim, e o de ologun Ajan, de Lagos, na Nigéria. Assim como também foi grande a repercussão desse fato em Angola, onde se formou uma corrente favorável à separação de Portugal e à união ao Brasil.

É importante, portanto, que saibamos que o que se passava na África Atlântica repercutia no Brasil e vice-versa. O Rio de Janeiro não era apenas uma cidade que recebia influências. O processo acontecia em dupla via: a cidade recebia influências das mais diversas culturas, as digeria e as devolvia, já com suas mudanças, ao contexto. E isso valeu também para a moda, como observamos no caso do pano da costa e do turbante.

Sinhá com suas mucamas – Vendedor de flores e fatias de coco.
Jean-Baptiste Debret, 1829.

Sinhás e mucamas: sedas, panos da costa, joias e balangandãs

O Brasil é um país extraordinariamente africanizado. E só a quem não conhece a África pode escapar quanto há de africano nos gestos, na maneira de ser e de viver no sentido estético do brasileiro.

Alberto da Costa e Silva

Desde os tempos coloniais, estabeleceu-se no Rio uma forte relação entre a escravaria e seus senhores – sobretudo entre as sinhás e suas mucamas, já que a convivência entre elas era diária. Desse intenso convívio, interessantes desdobramentos ocorrerão tanto do ponto de vista social quanto do ponto de vista da indumentária e da moda na cidade.

Hábitos coloniais femininos.
Jean-Baptiste Debret.

Como vimos em capítulos anteriores, a mulher no Rio de Janeiro colonial vivia praticamente enclausurada, e em casa precisava da companhia de suas mucamas (uma versão local das damas de companhia da Corte europeia), que cuidavam da limpeza da casa, das roupas e da alimentação da família, com frequência também da amamentação dos filhos das sinhás, desempenhando o papel de "amas de leite". Encarregavam-se também de abastecer a casa senhorial com as provisões necessárias, fazendo as "compras da casa" fora de casa. As mucamas tinham papel fundamental na vida de suas senhoras e frequentemente na vida de seus senhores, tendo a eles que prestar também, e com frequência, serviços de outras naturezas.

É consenso entre os estudiosos que, pela natureza doméstica dos trabalhos que foram gradativamente sendo realizados pelas escravas, que elas, ao contrário de muitos escravos, raramente fugiam das casas de suas sinhás. Muitas, inclusive, aprendiam alguns ofícios mais refinados como a costura e o bordado, o que possibilitou que se empregassem em lojas, ateliês e casas de costura no período imperial, por serem consideradas habilidosas e caprichosas.

Paradoxalmente à vida reclusa das sinhás, as escravas circulavam pela cidade livremente, e aquelas pertencentes aos membros da elite administrativa tinham ainda mais liberdade que as demais. As que trabalhavam como doméstica saíam às ruas rotineiramente para fazer compras – algo inadmissível para a Sinhá. Segundo a historiadora Maria do Carmo Rainho, as escravas eram a ponte entre dois mundos distintos, pois se comunicavam e socializavam. Essa liberdade não era permitida à branca antes da chegada da Corte portuguesa. O fato de circularem com desenvoltura pelos espaços urbanos, assim como de manter contato com outras camadas da população, fez com que as atividades e o comportamento dessas escravas fossem sendo naturalmente aceitos e incorporados no cotidiano da cidade, de tal modo que são descritas e retratadas por diversos viajantes e visitantes estrangeiros, entre os quais oficiais militares, comerciantes, escritores e artistas em visita à cidade (como Carlos Julião, Henry Chamberlain, Joaquim Cândido Guillobel, Johann Moritz Rugendas e Jean-Baptiste Debret).

Era importante o papel de muitas escravas em relação às suas senhoras, e era comum que mucamas fossem também confidentes, o que as tornava ainda mais influentes e poderosas, tecendo, desse modo, uma relação de dependência entre ambas. Em alguns casos, a intimidade era tanta que, em horários alternativos, era concedida às mucamas a liberdade de trabalhar fora da casa de seus senhores em troca da divisão do ganho diário obtido em suas atividades externas, como venda de quitutes, bolos, doces, iguarias e até peças bordadas a mão pelas sinhás ou por elas próprias. A essa categoria de escravas dava-se o nome de negras de ganho, como explica Raul Lody:

Outros temas ganharam destaque na iconografia documental da época e aí veem-se cenas de ganho e canto, situação de homens e mulheres africanos, forros ou alugados para prestação de serviços urbanos. Esses trabalhos geralmente revertiam em lucro para os senhores que recebiam os ganhos por dia de atividade pública.

O ganho das comidas – mingau, pirão de milho, carimã, inhame, uns com carne, outros doces e servidos para uma clientela de pardos, negros e brancos do populacho – sempre foi serviço de mulher; mulher que exibia nas suas roupas alguns distintivos próprios da sua condição de mercadora de alimentos.

Negras de ganho vendendo aluás, limões e cana-de-açúcar.
Jean-Baptiste Debret, 1826.

O ganho era, no período da escravidão, uma atividade desenvolvida por parte da escravaria, tanto por homens quanto por mulheres, e ia desde a venda de produtos variados até a prestação de serviços artesanais ou braçais, mais comum aos homens. O canto, por sua vez, era a determinação das atividades, em razão da localização do escravo nos logradouros da cidade, podendo ser em praças e ruas, onde os negros alugavam seus serviços, geralmente transporte de mercadorias ou pessoas.

Interessante observar que o costume de vender coisas na rua não começou no Brasil; veio das vendedeiras portuguesas nos séculos XVIII e XIX – que vendiam artigos diversos como agulhas, alfinetes, louças de barro, louça fina, lençaria, rosários, bolos, frutas, doces, limonada etc. nas ruas de Lisboa, Porto e Coimbra –, mas como no Brasil do século XVIII a mulher branca portuguesa vivia geralmente reclusa e ficava em casa, cumprindo suas obrigações e procriando – sendo proibida de circular à vontade pelas ruas –, a tarefa de ir para as ruas fazer compras, vender coisas e circular para saber o que se passava na cidade ficava a cargo das mulheres do povo, principalmente as negras e crioulas.

Trajes de vendedeira portuguesa.
Câmara Municipal de Oliveira de Azeméis.

Outra curiosidade de que poucos têm conhecimento é a de que os trajes de quituteiras, quitandeiras ou das negras de ganho do Brasil no século XIX – cuja categoria mais famosa é a das baianas, que apesar do nome existiam em grande número no Rio –, tem muito mais de português que de africano. São também projeções das roupas das vendedeiras portuguesas que, como informa Lody, acabaram incorporando uma afro-islamização acrescida de outras vertentes civilizatórias da Índia e da Ásia, sendo o produto dessas combinações culturais visíveis nas roupas afro-brasileiras pelas batas largas, chinelas à mourisca, sobreposição de diferentes camisas, anáguas, saias, mantilhas, em alguns casos panos da costa e turbantes. Sobre os panos da costa e os turbantes, dois elementos essenciais nos trajes das baianas, Alberto da Costa e Silva faz importantes considerações sobre a mescla dos valores africanos com os europeus e os ameríndios, observada até nas roupas usadas no Brasil, voltando, inclusive sua atenção, ao interessante caso dos turbantes:

Vejam-se os casos do turbante e do pano da costa das baianas. O turbante parece que andou viajando da África para as Américas e das Américas para a África. O seu uso pelas mulheres talvez tenha começado com as luso-africanas na Senegâmbia e das Guinés ou com as crioulas do Brasil e das Caraíbas. No resto da África, só lentamente, e não em toda a parte, o turbante feminino disputaria com os cabelos trançados. Quanto ao pano da costa, não parece haver dúvida de que foi a brasileira quem começou a usar como xale ou sobre um dos ombros. De volta à África, ele passou a caracterizar a vestimenta das agudás, das amarôs, das brasileiras e das descendentes dos ex-escravos que retornaram do Brasil. O traje da baiana, do qual o pano da costa é parte essencial, não estaria, porém, completo sem três heranças portuguesas: a saia rodada, a blusa de rendas e os tamanquinhos.

O traje de crioula, ou da baiana, cujas origens e mesclas culturais foram explicadas por Costa e Silva, tem sua composição explicada em detalhes por Raul Lody:

> É formado por ampla saia rodada de tecido estampado ou em cor única, arrematadas as bainhas por bico de renda ou fitas de cetim. Anáguas engomadas que armam a saia, dizendo a tradição que são necessárias sete anáguas. A camisa de rapariga ou camisu, branca, bordada em richelieu ou acrescida de rendas de bilro ou renascença, é espécie de combinação, sendo complementada com a bata, sempre larga, quase sempre de tecido fino, podendo ser de brocado, em cores variadas, tradicionalmente suaves, como azul-claro, rosa ou o próprio branco. Os turbantes em tiras de pano branco ou listrado seguem os formatos orelhas, sem orelha, ou de uma orelha, além do complemento indispensável de todo o traje que é o pano da costa, seguindo tamanho, função e uso do pano de alacá – tecido africano feito em tear artesanal, em tiras de aproximadamente 20 cm de largura, com padrões geométricos, combinando cores e diferentes texturas dos fios de algodão e outros de seda, caroá entre demais fibras têxteis. Os panos da costa contemporâneos são listrados, em Madrás, procurando repetir os padrões originais do pano de alacá, além de outros em cor única ou alguns brancos e bordados em richelieu.

O pano da costa, na época importado da costa ocidental africana, é tecido em tear horizontal manual e compõe a tradicional indumentária da tão conhecida baiana. São diversos os usos e significados desse tipo de adorno, que vão além de simples pedaço de tecido: o pano da costa, quando estendido sobre um dos ombros e pendendo para as costas, significa uso social e atividade de "passeio"; transpassado sobre o peito ou usado como faixa na cintura, tem significado sociorreligioso; quando usado como véu ou mantilha, significa proteção do corpo; se dobrado e posto sobre um dos ombros, é chamado de "embrulho".

Esse tipo de traje das baianas recebeu diversas descrições, mas, em todas, o capricho e o apuro das escravas não passava despercebido. James Hardy Vaux, britânico que em 1807 esteve no Rio por três meses e gostou tanto da cidade que quase não retornou mais para a Europa, relatou:

> A roupa branca utilizada pelas negras é impecavelmente branca, de textura fina e confeccionada com muito gosto, com as mangas e o peitilho adornados com trabalhos de agulha. Elas usam também braceletes e pulseiras nas pernas e nos pulsos, além de brincos nas orelhas; tudo do mais puro ouro.

As escravas de ganho foram um capítulo à parte na história da indumentária carioca e, literalmente, deram "muito pano pra manga", rendendo uma infinidade de relatos e notas em cadernos de viagens de diversos viajantes que no Rio de Janeiro estiveram. A alvura do branco dos trajes das escravas era uma espécie de certificado de pertencimento a famílias abastadas, pois, para que as roupas se mantivessem alvas, eram necessários recursos suficientes para pagar os serviços de lavadeiras, o que nem todos tinham. Debret, em suas notas, já observava que famílias ricas tinham negras lavadeiras e uma mucama especialmente encarregada de separar e passar as peças de roupas mais finas. Essas atividades eram realizadas pelo menos duas vezes por semana, garantindo o hábitos que as sinhás tinham de só usarem roupas impecavelmente passadas e pudessem trocar de roupa mais de uma vez em uma mesma manhã. No Brasil, o hábito de haver dias específicos da semana para se "cuidar da roupa" ainda existe em muitas regiões e, até hoje, roupas claras e bem passadas ainda são, em muitos países europeus e no Brasil, sinal de elegância e distinção.

Por outro lado, a extravagância (ao mesmo tempo harmoniosa) do conjunto que formava os trajes impressionava. A incrível combinação de elementos diversos, criando uma unidade original, começava a se tornar uma característica das negras que viviam no Rio de Janeiro e em Salvador: turbantes e xales – reminiscências muçulmanas –, com os panos coloridos, saias rodadas, rendas e os ornamentos em profusão, eram, sem dúvida, uma combinação tão exótica que atraía a atenção de estrangeiros, principalmente europeus, acostumados com certo padrão de trajes e de cores mais sóbrio. Em uma passagem de seu livro *Une parisienne au Brésil*, publicado na segunda metade do século XIX, a artista francesa Adèle Toussaint-Samson registra suas impressões sobre a originalidade e o colorido dos trajes e os curiosos ornamentos das negras de ganho Minas que circulavam pelo mercado localizado próximo ao Largo do Paço ou pela Rua Direita.

> Ali, (no mercado) grandes negras Minas, com a cabeça ornada de uma peça de musselina formando turbante, o rosto cheio de incisões, usando uma blusa e uma saia por toda vestimenta, estão acocoradas em esteiras junto de suas frutas e de seus legumes; ao lado delas estão os seus negrinhos, inteiramente nus. Aquelas cujos filhos ainda mamam, carregam-nos atados às costas por um grande pedaço de pano raiado de todas as cores, com o qual fazem dar duas ou três voltas em torno do corpo, depois de ter previamente posto o filho contra as suas costas; as pernas e os braços afastados; o pobrezinho permanece assim o dia todo.*

Sobre as escravas encontradas na Rua Direita, a descrição de Adèle é minuciosa:

> Essa rua é muito animada, porque é lá que se localiza a Bolsa (de Valores). Ao longo de toda a rua, nos degraus das igrejas ou à porta das lojas, estão acocoradas grandes negras Minas (os Minas são originários da província de Mina, na África ocidental), ornadas de seus mais belos enfeites; uma fina blusa guarnecida de renda, mal esconde seu colo, e uma saia de musselina branca, com babados, posta sobre uma outra de cor vistosa, formam todo o seu traje; elas têm os pés nus numa espécie de chinelas com saltos altos, chamadas tamancas, onde deve entrar apenas a ponta do pé; seu pescoço e seus braços estão carregados de colares

---

* TOUSSAINT-SAMSON, Adèle. *Uma parisiense no Brasil*. Tradução Maria Lúcia Machado. Rio de Janeiro: Capivara, 2003. p. 74.

A CULPA É DO RIO! A cidade que inventou a moda do Brasil

de ouro, de fileiras de coral e todo o tipo de fragmentos de marfim e de dentes, uma espécie de manitus (objetos de força mágica) que, segundo elas, deve conjurar a má sorte; uma grande peça de musselina deve ser enrolada duas ou três vezes em volta de sua cabeça em forma de turbante, e uma outra peça de pano raiado é lançada sobre seus ombros para as cobrir quando sentem frio ou para cingir suas costas quando carregam um filho. (...) Seu peito mal é velado por sua fina blusa e mesmo, algumas vezes, têm um seio exposto; mas poucas têm um colo bonito. Apenas nas mulatas muito jovens encontra-se por vezes essa beleza. Nada mais devasso que essas negras Minas: são elas que depravam e envenenam a juventude do Rio de Janeiro; não é raro estrangeiros, principalmente ingleses, sustentá-las e fazer loucuras por elas.*

A joalheria usada pela escravaria era tão rica que escandalizava a sociedade, impressionava os brasileiros e estrangeiros, e chegou a causar grande mal-estar entre a nobreza e o clero, que se esforçou em conseguir a proibição de escravas adornadas circulando pela cidade, atitude considerada ofensiva, dada a ostentação, que contrariava a imagem da servidão e de despojamento que um escravo naquela época deveria representar. Entretanto, a própria convivência e relação com as sinhás incentivava esse tipo de exibição, já que a ostentação de joias era uma maneira que os escravos tinham de sinalizar não apenas o tipo de suas atividades de ganho e suas origens, como também, em muitos casos, a sua posição privilegiada nas casas dos senhores, assim como o poderio destes.

A relação das joias em metal e metais preciosos – sobretudo o ouro – com os africanos tem tradição histórica. É equivocado pensar que escravos não tivessem a noção de sua importância e não fizessem uso de valiosas peças. Muitas foram as joias trazidas da África pelos negros, escondidas em suas viagens para o Brasil, já na condição de escravos, mas foi a mineração do ouro, em Minas Gerais, que trouxe para o país um grande contingente de africanos, sobretudo os Fanti-Ashanti, da África Ocidental, exímios conhecedores das técnicas de fundição do bronze e do martelar, característica na joalheria do Brasil dos séculos XVIII e XIX. Esse tipo de joalheria usada e exibida

---

* Ibidem, p. 80.

pelos escravos, que valorizavam tais metais (acreditava-se que tinham grande poder de proteção), é denominada *crioula*.

O metal era um material extremamente valorizado e usado pelos escravos africanos, pois o associavam diretamente a Ogum. Na tradição Iorubá, Ogum é o artesão divino que domina todos os metais, especialmente o ferro. Além de, na mitologia africana, ser um deus-ferreiro – soberano das estradas, do fogo e da forja por seu grande conhecimento tecnológico na fabricação de armas em geral, como lanças, flechas e facões, bem como em outros objetos (em bronze fundido e ferro batido) auxiliares em lutas e na conquista de vitórias –, a ele também são atribuídos conhecimentos no manuseio do barro, da pedra, da madeira e do algodão, assim como poderes na agricultura e nos campos, sendo responsável pela confecção de ferramentas para o plantio e colheita de alimentos. Isso faz todo o sentido quando pensamos na associação do metal como matéria-prima essencial na confecção das joias e dos diversos amuletos, objetos "mágicos" usados pela escravaria, com frequência descritos em relatos de viajantes e artistas do período colonial e imperial, assim como a ampla utilização de tais materiais na confecção de tantos outros amuletos que eram portados pelos escravos.

Embora se pense que os escravos estiveram sempre dominados no período escravagista colonial no Brasil, o fato de eles terem tido domínio e conhecimento das técnicas no manuseio de materiais diversos como o metal, o barro, a pedra, a madeira e o algodão e demais fibras naturais lhes assegurava, de certa maneira, a preservação de suas tradições na medida em que podiam reproduzir materialmente símbolos e valores trazidos de suas regiões de origem.

Aos trajes de negros e negras "de ganho", já mencionados anteriormente, eram adicionados diversos ornamentos como complementos: desde os coloridos panos da costa, passando por cachimbos, amuletos, colares e até barangandãs ou balangandãs (objetos de devoção particular, crença religiosa), e berenguendéns (joias para adorno, enfeites ou decoração). Todos esses elementos decorativos aparecem com frequência nas pinturas e desenhos de Carlos Julião e Debret.

Segundo Raul Lody, as joias do traje de crioula se distinguem bastante das usadas em outros trajes, como o de beca, que será visto a seguir. As crioulas usavam fios de contas (tipos de colares) de seus santos patronos, pulseiras em aros de cobre (metal associado à proteção), latão dourado, ferro, além de brincos dos tipos argola ou pitanga geralmente feitos em prata e ouro, argola com meia lua, em cobre ou do tipo barrizilzinho, feitos de coral ou de contas africanas coloridas, seguindo as cores dos deuses homenageados e figas ou dentes de javali com detalhes em prata ou alpaca, pendendo nas costas.

Negra vendedora de cajus com penca de balangandãs na cintura.
Jean-Baptiste Debret.

Entretanto, de todas as joias usadas pela escravaria no Rio de Janeiro, e também na Bahia, as pencas de balangandãs talvez sejam as mais emblemáticas: uma série de "objetos mágicos", dispostos em argolas individuais numa tira – como um cinto – formando conjuntos intencionalmente organizados que deveriam ser interpretados de acordo com seus materiais, cores, quantidades etc. Segundo Lody, cada peça desse conjunto tinha um significado próprio e, entre outras atribuições, a função de proteger e atrair lucro para os escravos quando em suas atividades "de ganho" desempenhadas nas ruas. As peças contidas nas pencas – exceto as figas e dentes encastoados (com acabamentos em metal como o ouro ou a prata), amplamente usados tanto por homens quanto por mulheres – eram objetos usados exclusivamente por mulheres.

> Miniaturas em prata ou ouro (figas, moedas, frutas, sementes, animais, instrumentos de trabalho ou musicais) podiam particularizar a devoção de determinado santo ou culto, ou representar o pagamento de alguma promessa, ser usadas para atrair "bons fados" ou prevenir desgraças, ou ainda simplesmente para evocar uma situação, uma pessoa amada ou fato decorrido. Assim, os balangandãs associam-se a outros berloques, amuletos e patuás, cujos significados nem sempre eram facilmente desvendados pelos senhores. Certamente, alguns desses adornos podiam ser confundidos pelo olhar branco dos senhores, decodificados segundo a simbologia europeia do poder e/ou de seus valores materiais. Do ponto e vista daquelas mulheres que os levavam à cinta, falavam da vida religiosa, dos amores, desejos e esperanças forjadas do lado de cá do Atlântico e na escravidão.*

A decodificação da simbologia contida nesses "objetos mágicos", seja quando isolados seja quando reunidos em conjunto nas pencas, era, de fato, difícil para a população não negra, sobretudo a europeia, uma vez que diversos dos símbolos ostentados pelos escravos, como a figa, um dos amuletos mais tradicionais do povo brasileiro, era no período colonial usada pela escravaria como símbolo de fertilidade e também de proteção contra o mau-olhado. A origem da figa é controversa: alguns estudiosos defendem que provêm de objetos feitos da madeira da figueira, árvore nativa de regiões áridas da Ásia, África do Norte e Europa circumediterrânea, como símbolo da vida e da fecundidade; enquanto outros defendem sua origem europeia, mais precisamente da Itália, ainda na Antiguidade Clássica, na forma de um falo, como uma espécie de anunciação social das aptidões de sexualidade de seus portadores.

---

* Ibidem, p. 120.

A questão da relação objeto mágico e corpo é tratada por Lody:

> Essas questões – objeto mágico e corpo – fortalecem a leitura histórica e etnográfica das pencas, que eram sempre usadas na cintura – área de forte significado ritual religioso, por ser zona que marca a fertilidade; alguns conjuntos eram usados bem próximos ao baixo ventre ou mesmo tocando este. É sabido que nem tudo o que está na penca é africano ou afro-brasileiro; alguns objetos vêm de símbolos cristãos que, recriados e transpostos para além das liturgias da Igreja, assumiram valoração integrada às formas nitidamente africanas.

Contudo, alguns "objetos mágicos", por seu uso frequente pela escravaria nas ruas da cidade, acabaram popularizados, assim como seus significados, que muitas vezes conferiam a símbolos e santos cristãos novos significados ou associações, por exemplo com frutas e animais, conforme informações contidas neste trecho de um artigo de Afrânio Peixoto sobre o tema:

> Símbolos cristãos: a pomba ou os santos mártires, ou todos os santos, como o galo, também representando a vigilância, a pomba do Espírito Santo, de asas abertas e cruz feita com a cabeça e a cauda. São Jorge, ou Oxossi, santo guerreiro e caçador, é representado pela lua, pela espada, pelo cão, pelo veado. São Jerônimo ou Xangô representado pelo burro, pelo carneiro, pelo caju, abacaxi e o milho. Santo Antônio, ou Ogum, pela faca, pelo porco. São Lázaro ou Omolu é representado pelo cão ou a fidelidade, e, às vezes também pelo porco. São Cosme e São Damião se representam pela moringa d'água. Santo Isidoro ou Omolu moço (São Lázaro) contenta-se com o boi. São Bartolomeu no culto caboclo tem o sol. Sant'Ana, ou a mestra da Virgem, Nanã, tem por símbolo a palmatória. Nossa Senhora da Conceição ou Oxum, fica com as uvas. A ferradura é o símbolo da felicidade; o coração, da paixão, se tem chamas, paixão ardente; as mãos dadas, da amizade, a romã é a humanidade...

Ainda segundo Lody, o uso de pencas no Brasil teve seu apogeu com o traje de beca das negras, normalmente usado em ocasiões religiosas como procissões. Os trajes de beca diferentemente do traje de crioula, que usava o branco e muitas anáguas, consistia em saia plissada de tecido preto, geralmente cetim ou seda, na altura dos tornozelos, com barra no mesmo tecido nas cores vinho, vermelho ou roxo e poucas anáguas. O pano da costa era também em preto, em tecido pesado como o veludo ou o astracã, forrado nas mesmas cores do cetim da barra da saia e usado como os tradicionais xales das portuguesas. À camisa branca de gola alta e mangas curtas e bufantes, muitas vezes com botões de ouro, combinavam-se turbantes na mesma cor, podendo ser lisos ou rendados, ou em bordados richelieu. Lenços caprichosamente engomados eram colocados na cintura e, completando o traje, luxuosos chinelos, alguns com pontas viradas no estilo mourisco, com detalhes dourados, além de guarda-chuvas de seda preta, ricamente adornados com joias, que, aliás, eram usadas em profusão em todas as partes do corpo onde fosse possível: pescoço, colo, braços e punhos. Nas cinturas, as pencas com dezenas de objetos.

Em geral, os donos das joias eram os senhores portugueses, que se gabavam em adornar suas escravas, na medida em que, dessa maneira, exibiam todo o seu poderio. Mas havia ainda os casos de escravas que eram as donas de suas próprias joias – como os tradicionais correntões de ouro, também conhecidos como correntões cachoeiranos, colares feitos de argolas largas lembrando alianças, em que cada elo representaria uma noite de amor da escrava e seu senhor. Sabe-se também que muitas joias eram vendidas para suas próprias alforrias ou para as caixas de alforria, fundos que tinham por objetivo a libertação de escravos.

As pencas de balangandãs ainda são fabricadas e usadas hoje em dia. Podem ser peças de decoração, bijuteria ou mesmo joias, sendo majoritariamente de prata, alpaca, latão dourado ou cobre. No entanto, são desvinculadas das roupas ou como acessório corporal, como originalmente eram usadas, embora, na maioria das vezes nas novas versões, sejam mantidos alguns dos "objetos mágicos" de outrora, como figas, dentes encastoados, plantas etc. Em algumas versões atuais, outros "berloques" e enfeites, que não têm qualquer significado religioso, como os dos "objetos mágicos" do Brasil colonial, são também adicionados.

A CULPA É DO RIO! A cidade que inventou a moda do Brasil

Escravas africanas vendedoras com seus patuás, amuletos e bolsas de mandinga. Carlos Julião.

Outros curiosos tipos de talismãs de que se tem notícia, e que foram muito usados no Rio de Janeiro nos períodos Colonial e Joanino, são as bolsas de mandinga e os patuás – bolsinhas carregadas junto ao corpo, no pescoço ou mantidas secretamente – que, segundo acreditavam os africanos, tinham poderes sobrenaturais, pois guardavam materiais e objetos impregnados de magia para resolver as mais diversas situações que se apresentassem: de questões amorosas à proteção contra a violência. Esses objetos, assim como a penca de balangandãs, têm suas origens em uma inusitada mistura de elementos católicos – os famosos relicários da Idade Média – com islâmicos – os grigis, bolsas de metal ou couro contendo versículos do Alcorão –, que no Brasil foram modificados, ressignificados e se tornaram populares por meio dos negros islamizados, os quais, ainda na condição de escravos ou já libertos antes da abolição, se mudaram da Bahia para o Rio de Janeiro, concentrando-se em uma região, na Praça Onze, conhecida como Pequena África. Aliás, é também de origem muçulmana o famoso abadá, túnica branca usada pelos negros islamizados em rituais da religião. De acordo com James H. Sweet, o primeiro documento a mencionar as bolsas dos Mandingos – negros islamizados – é de autoria do padre jesuíta Baltazar Barreira e data de 1606:

> Eles seguem a seita de Maomé (...) têm mesquitas e escolas para ler e escrever e muitos padres ("casizes") que levam esta praga para outros reinos nas bandas do sul, enganando as pessoas com bolsas que fazem com metal e couro muito bem curado, nas quais põem escritos cheios de mentiras, afirmando que tendo contigo essas bolsas, nem na guerra, nem em tempo de paz, algo de mau (te) acontecerá.

Segundo o autor, as "mentiras" a que se referia o jesuíta, e que se encontravam dentro das bolsas, eram, na verdade, rezas e orações islâmicas tiradas do Alcorão, e é provável que fossem colocadas em bolsas que já contivessem outras substâncias poderosas. À medida que essas bolsas viajavam por outros reinos, iam sendo absorvidas pelas culturas locais e acabavam se tornando comuns por toda a região ocidental da África. No século XVIII, as bolsas de Mandingos já eram populares em Lisboa. Consideradas originárias da África, muitos escravos – alguns deles que retornavam do Brasil para Portugal, acompanhando seus senhores – geriam negócios bem-sucedidos com a venda desses "acessórios mágicos" a brancos e negros.

No Brasil, às bolsinhas contendo trechos do Alcorão foram sendo acrescidos outros materiais e preparados para funcionarem, em conjunto, como amuletos de proteção no trabalho, no amor, no sexo ou em diversas outras situações do cotidiano, derivando os famosos patuás, geralmente usados próximos ao corpo, de diversas maneiras, como explica Lody: "Alguns patuás são secretos e estão em roupas de baixo, junto ao corpo, nos seios, costas, umbigo e outras partes. Combinam-se as braçadeiras e umbigueiras feitas de trançados de palha-da-costa ou de buriti, protegendo o corpo contra todos os malefícios".

O costume de se usar patuás, escapulários, correntinhas com medalhas de santos, ou diversos outros tipos de medalhas e toda a sorte de proteção é, até hoje, muito popular no Rio de Janeiro e no Brasil, não importa a religião que a pessoa siga e até mesmo no caso de a pessoa não seguir qualquer religião. O brasileiro adora ter a sensação de andar "protegido", mesmo que ele próprio dê determinado significado a um enfeite, um acessório, uma peça, um berloque, que pode ser desde uma simples fita amarrada no pulso até uma joia carregada no pescoço. Isso, com certeza, é coisa que aprendemos com nossos antepassados, sejam eles europeus – especialmente católicos – índios, asiáticos, orientais e, principalmente, africanos. O que vale observar é que esse costume ainda se mantém até os dias atuais entre a população do país, estando presente em todas as suas regiões e classes sociais. Sem dúvida alguma, o Rio, como importante colônia, depois vice-reino de Portugal, sede da Coroa, do Império e da República, foi um importante difusor dessa prática descrita por Lody.

> O brasileiro, por costume e tradição, traz junto ao seu corpo alguns objetos que lhe dêem uma proteção mágica. Aí estão as figurinhas de arruda e guiné, breves, patuás, dentes humanos encastoados, certas favas e folhas, além dos bentinhos, fitinhas entre demais formas e intenções que adquirem cada tipo de objeto, desde que seja sagrado ou que tenha origem sagrada, ou ainda que tenha feito parte de algo também sagrado. Todos esses objetos devidamente preparados, funcionam como seguranças para seus usuários, sejam religiosos e adeptos dos candomblés, simpatizantes, ou mesmo curiosos.

Voltemos às negras de ganho. Se, por um lado, elas procuravam conservar suas crenças e preservar tradições via indumentária, por outro lado não se mostravam resistentes à assimilação e incorporação em seus trajes de traços da moda europeia. No Rio de Janeiro constatou-se, com a chegada da Corte, uma espécie de "africanização" cordial da moda europeia pelas escravas, assim como uma sutil "europeização" de seus trajes africanos. A elite da cidade importava a moda europeia, e as costureiras francesas ensinavam às escravas o ofício da costura, colocando-as, então, em contato direto com os gostos europeus. Dessa experiência resultou uma interessante composição, inédita na América e fruto da fusão de elementos estilísticos europeus e africanos.

> Nos retratos de escravas de Debret, a maioria usa um vestido de cintura alta, no estilo império; mas de particular interesse é que algumas das mulheres combinam o vestido francês com um turbante ou penteado africano, embora outras imitem os penteados europeus de suas senhoras. Algumas mulheres mantêm estilos africanos de vestir e muitas usam somente branco. Com turbantes elegantes, envolvem-se em xales coloridos ou pretos e usam tecidos listrados para amarrar seus bebês às costas.*

---

* KARASCH, Mary C. *Op. Cit.*, p. 302.

Negras de diferentes nações africanas.
Jean-Baptiste Debret, 1827.

Negras vendedoras de banha para cabelos.
Jean-Baptiste Debret, 1827.

O resultado desse "intercâmbio" foi registrado em pinturas e registros de artistas do período Joanino, como Debret, que mostram escravas em trajes luxuosos, muito mais identitários de suas senhoras que da escravaria, cujas roupas geralmente estão associadas à simplicidade extrema, pobreza ou miséria. É que no caso de muitas escravas domésticas, as mucamas, em razão da relação estabelecida com suas senhoras – conveniente para ambas e que resultará em uma espécie de reparação –, as regras do vestir não eram as mesmas impostas a grande parte da escravaria.

No Rio de Janeiro dos tempos coloniais e, em grande medida, do período Joanino, as mulheres brancas de posses jamais deveriam ser vistas desacompanhadas. Mesmo nas raras ocasiões em que saíam, sempre acompanhadas, preferencialmente de seus provedores, ou por um séquito, como já era tradição entre as famílias de posse em Portugal, as mulheres deveriam ter suas figuras totalmente preservadas. Seja quando escondidas atrás das cortinas nas liteiras, seja por meio das mantilhas, mantos e véus quando estivesse a pé, o ocultamento da figura feminina era um sinal distintivo de sua condição social, assim como ter um séquito, com vários escravos, como atestam, respectivamente, César de Saussure, viajante que em Lisboa esteve em 1730, e Joseph Bathélemy François Carrère, que esteve em Lisboa em 1796, como consta no livro *Fragmentos setecentistas: escravidão, cultura e poder na América portuguesa*, de Silvia Hunold Lara:

> (...) se as senhoras portuguesas vão a pé à igreja, vão sempre acompanhadas por um comprido séquito de escravos, criados e açafatas. Os escravos (em Lisboa há pretos e pretas para ali trazidos de África) vão à frente; seguem-se-lhes as criadas, as açafatas a seguir, depois as meninas de família e finalmente a dona ou senhora. Vão seguindo umas após outras, muito lentamente, numa fila que chega a atingir a extensão de dez, quinze ou vinte pessoas.
> (...) uma portuguesa que sai a pé nunca sai só: ela se faz seguir por criadas cobertas de grandes mantos de baeta, que andam atrás dela como lacaios; aquelas que não as tem as alugam quando devem sair, sobretudo nos dias de festa, para ir à missa; são as negras e mulatas que fazem esse serviço (...) é um motivo de luxo possuir várias delas.

Observa-se que para o Rio de Janeiro foram trazidos os costumes portugueses e mantidas as tradições: mulheres circulando pela cidade, sozinhas, eram apontadas como mulheres damas. O luxo solitário de uma mulher livre que andasse sozinha pelas ruas era logo interpretado como sinal de luxúria e desonra, daí a necessidade de as mulheres, quando trajadas luxuosamente com tecidos caros e joias, precisarem das escravas. O séquito de escravas bem vestidas constituía acréscimos que se sobrepunham à ostentação das vestes, joias e outros signos senhoriais. Eram como complementos aos demais símbolos de riqueza ostentados por sua ama. Por outro lado, a escrava bem vestida e bem adornada também necessitava estar em companhia de sua senhora, do contrário, transformava-se em símbolo do pecado. Assim, estabelecia-se na cidade uma relação de dependência entre a senhora e suas mucamas, como registrou René Courte de La Blanchardière, capelão de um navio que no Rio de Janeiro esteve em dezembro de 1748, ao descrever um séquito:

> Esta cadeira é seguida por um ou dois negros domésticos, vestidos de librés mas com pés nus. Se é uma mulher que se transporta, ele tem frequentemente quatro ou cinco negras muito bem vestidas; elas vão enfeitadas com muitos colares e brincos de ouro. Outras são levadas em uma rede; (...) Os que querem andar a pé são acompanhados por um negro que leva uma sombrinha ou guarda-chuva, como se queira chamar.

Dama transportada em liteira.
Jean-Baptiste Debret, 1808.

Muitas vezes, nessa relação de via dupla, às negras de ganho também era permitido o trabalho como cortesã. Quando exerciam essa "dupla-jornada", se vestiam e se enfeitavam à moda de suas senhoras, mas com seus toques pessoais – o que geralmente se traduzia em roupas decotadas e provocantes, muitos acessórios e, em alguns casos, seios à mostra. O excesso de liberdade nos trajes e a profusão de joias usadas pelas escravas fomentaram protestos, sobretudo da Igreja, que considerava tais costumes inaceitáveis e imorais.

A prática de circular pela cidade de maneira "indecente" e "provocante" não era uma novidade. Já no século XVIII, o bispo do Rio de Janeiro teria escrito uma carta ao rei de Portugal pedindo providências contra as "pretas, pardas e ainda mulheres de outra cor" (talvez em referência às ciganas) que costumavam andar à noite pela cidade vestidas e adornadas de maneira considerada ofensiva:

> Tanto que anoitece (...) (elas saem às ruas) dilatando-se por elas a maior parte da noite sem temor a Deus, nem vergonha do mundo e ainda com consentimento dos seus donos, que, vendo-as vestidas, e enfeitadas com as ofensas de Deus, não o encontram, e nem se pejam, que suas mulheres de dia se acompanhem à missa das escravas, que ofendem a Deus de noite.*

O bispo, então, solicitava ao rei que todas "as escravas ou livres" fossem proibidas, sob pena de prisão e pagamento de multa, de circular depois de determinada hora. Pedia, ainda, a proibição do uso de sedas, garças, joias de ouro e quaisquer outros enfeites e adornos – usados em profusão por elas – considerados um acinte à sociedade. Curiosamente, as solicitações do bispo não foram atendidas pelo Conselho Ultramar, que julgou mais prudente, naquele momento, não mudar os hábitos das negras, uma vez que tal decisão poderia causar "muita perturbação da república". Os conselheiros argumentavam que era necessário que se tolerasse o fato, segundo eles, compreensível, como decorrência da extrema pobreza dessa camada da população que necessitava obter, de algum modo, recursos "extras" para pagar o que comia e bebia. Tais costumes

---

* LARA, Silvia Hunold. *Op. cit.*, p. 94.

chocavam a francesa Adèle Toussaint, que repreendia algumas das negras Minas que em sua casa trabalhavam quando elas solicitavam esse tipo de liberdade. Chocava a francesa a resposta que recebia das escravas quando viam negado seu pedido de "liberdade provisória" para o ganho nas ruas. "É preciso que eu vá ganhar com que comprar uma peça de renda! Nossas patroas brasileiras não são como a senhora, e nos deixam algumas horas para isso toda noite."*

O gosto de muitas escravas por joias, sedas e tecidos luxuosos, que às vezes causava surpresa, não deve, no entanto, ser considerado algo estranho, uma vez que nos séculos XVII e XVIII as compras feitas na África, atendendo a uma demanda africana, muitas vezes eram pagas com tecidos luxuosos provenientes da Índia, Ásia e Europa, como os algodões de excelente qualidade da Índia, as sedas da China, cauris das Maldivas e lãs do Magrebe, transbordados ou não em Lisboa, Rio de Janeiro e Salvador. Os tecidos importados tornaram-se, com adornos tradicionais africanos, como pulseiras, cetros, turbantes etc., itens de consumo das elites na África, indicando distinção e poder.

Devemos aqui relembrar que muitos africanos traficados para o Rio de Janeiro não eram escravos na África. Alguns eram nobres ou pertencentes a importantes tribos em seu continente de origem, estando, portanto, acostumados ao contato com produtos e mercadorias luxuosos provenientes do comércio com outros continentes.

No final do século XVIII, a Coroa Portuguesa autorizou o tráfico negreiro a todos os seus súditos tal era a demanda pela mercadoria e a incapacidade de os negreiros de Lisboa e do Porto garantirem sozinhos o tráfico em âmbito mundial. No início do século XIX, o Rio substitui Lisboa também como entreposto de mercadorias vindas do mundo inteiro e se torna um centro de grandes e poderosos negociantes de escravos, como Elias Antônio Lopes, que importava sedas e chitas importadas de Goa, das quais apenas um terço era vendido no Rio. Os outros dois terços eram utilizados como moeda de troca na aquisição de escravos. O negociante era um dos homens mais ricos na colônia e foi quem presenteou a Quinta da Boa Vista ao príncipe-regente

---

* Ibidem, p. 84.

D. João, quando da vinda da Família Real Portuguesa. A edificação, como se sabe, era uma das únicas na cidade, com todas as janelas – trezentas no total – envidraçadas.

O comércio negreiro seguiu intenso mesmo depois de sua proibição, em 1850, quando várias estratégias foram utilizadas pelos negociantes visando "burlar" a leis, passando o tráfico a ser realizado ilegalmente até a sua abolição, por intermédio da Lei Áurea, assinada pela princesa Isabel em 13 de maio de 1888.

O Brasil foi o último país do continente americano a extinguir a escravidão. Calcula-se que, em três séculos, o país tenha recebido entre três e cinco milhões de escravos. No Rio de Janeiro, houve um processo tão intenso de incorporação e absorção dos costumes africanos pela população que até os dias de hoje, em pleno século XXI, nota-se a forte presença africana no estilo de vida e nos hábitos dos cariocas, desde os trajes e ornamentos até a culinária e religião.

É curioso verificar que muitos escravos, quando libertos, retornaram para a África, mas como de certo modo tinham perdido suas identidades originais e adquirido novos hábitos no Brasil, já não se identificavam plenamente com o que reencontraram na África, pois, como dizia Gilberto Freyre, já estavam "amaciados", "baianizados" pela Bahia ou "acariocados" pelo Rio. Assim, os "amarôs" ou os "tá-bom" – como eram conhecidos os retornados do Brasil para a África – passaram a se comportar e a viver do outro lado do Atlântico, levando diversos usos, costumes e vestimentas do país do exílio: os homens passaram a andar na África de gravata, colarinho engomado, terno de casimira ou linho, chapéu panamá e bengala de castão. As mulheres, por sua vez, de sombrinhas, roupas e chapéus à europeia ou com turbantes à baiana e o pano da costa em um dos ombros, como se usava no Brasil. O costume, importado (que não era originário da África), logo foi incorporado pela sociedade do outro lado do Atlântico.

Há séculos a África é inspiração e "tendência" sempre confirmada em incontáveis coleções de moda: acessórios vistosos, panaria exuberante, padrões geométricos, cores vibrantes, joias de significados secretos (com búzios, dentes encastoados) e "animal print". Entra ano, sai ano, entra estação, sai estação, a África sempre chega como novidade, mas, no Brasil, ela é ainda mais interessante, pois vem carregada de significados que temos o privilégio de conhecer: patuás, escapulários, balangandãs, figas, estampas, turbantes, roupas brancas... No Brasil, não se restringem apenas às cerimônias religiosas. Estão por toda a parte: nas ruas, nas praias, nos ambientes mais simples ou mais requintados. No Rio, a África não é apenas tendência de moda a se confirmar; é sinônimo de uma rica cultura que foi incorporada ao estilo de vida de seus habitantes e é sempre lembrada com reverência, quando no último dia do ano os cariocas se vestem de branco e vão às praias esperar e celebrar a chegada do Ano Novo próximos ao Atlântico. O mesmo oceano que há mais de quinhentos anos trouxe a África para o Brasil, e, em especial para a cidade do Rio de Janeiro, com ricos elementos que foram absorvidos e consolidados pela moda local.

No Brasil, sobretudo em Salvador e no Rio de Janeiro, as marcas de três séculos de escravidão nunca mais foram apagadas. Como afirma Costa e Silva, o escravo ficou dentro de todos nós, qualquer que seja a nossa origem. Sem a escravidão – o processo mais importante de nossa história – o Brasil (e o Rio) não existiria como hoje o conhecemos:

> O africano no Brasil, o livre, o liberto, mas sobretudo o escravo, foi um elemento altamente civilizador. (...) Creio que gostaria que dele não esquecêssemos o exílio forçado, a humilhação e o sofrimento, mas que também lembrássemos a criatividade com que se deu a uma terra que logo fez sua, ocupou com seu trabalho e encharcou de beleza.

Família Imperial, Segundo Reinado.
François-René Moreaux, 1857.

Vitoriano ou eurotropical?
O Segundo Império no Rio

De D. Pedro II e a Imperatriz pode-se dizer que foram representativos nos seus trajos sempre escuros – ele de casaca preta e cartola também preta, ela, também sempre de vestidos tristonhamente escuros – da predominância da "gravidade" e de "solenidade" que passaria a caracterizar o Brasil patriarcal e escravocrata do longo reinado do segundo Pedro.

Gilberto Freyre

A Proclamação da Independência, em 1822, e a consolidação da Assembleia Constituinte, em 1823, lideradas por D. Pedro I regulamentaram a formação do império do Brasil. A partir de 1834, o Rio de Janeiro passou à categoria de Município Neutro da Corte, condição mantida ao longo de todo o Reinado de D. Pedro II, até 1889, quando foi proclamada a República. Na Inglaterra, a coroação da Rainha Vitória, em 1836, também seria um acontecimento que afetaria toda a civilização ocidental contemporânea – na qual a cidade do Rio de Janeiro já estava devidamente inserida. O longo reinado da austera rainha estabeleceria a hegemonia do império britânico na Europa e, em razão de seu poderio, uma grande influência britânica no mundo.

Segundo Regina Abreu, como resultado de mais de uma década de permanência da Família Real no Rio, a cidade ficou profundamente identificada com a vida da Corte, com o império e com o próprio imperador. "Ser carioca" era, de acordo com a pesquisadora, um privilégio, na medida em que significava a proximidade com o monarca e com um padrão de vida mais requintado em relação a outras cidades do país. Afinal, era no Rio que a Corte se instalara e onde viviam o imperador Pedro II e sua família. Na Europa, em meados do século XIX, comemorava-se o centenário da Revolução Industrial e da modernidade. A França era o país da moda, e a Inglaterra, o dos modos. O binômio Inglaterra-França passou a dominar a moda ocidental por um longo período. Os modos da Inglaterra eram os modos do mundo e as modas popularizadas na França, copiadas mundo afora. Foi no império britânico da rainha

Vitória e do centenário da Revolução Industrial que o inglês Charles Frederick Worth, o pai da Alta Costura – modalidade que celebra o luxo e a exclusividade, lançou as bases da moda contemporânea e vestiu grande parte da nobreza e da aristocracia europeia do período. Mas como o país da moda era a França, e Paris, a cidade do Hemisfério Norte, onde, naquela época, tudo acontecia e de onde todas as novidades da moda eram pulverizadas para o resto do planeta, Worth mudou-se para a França e abriu, na capital francesa, a primeira maison de Alta Costura do mundo, sistematizando os princípios básicos que até hoje regem essa modalidade da moda, como a confecção totalmente artesanal das roupas, a utilização de tecidos, aviamentos luxuosos e técnicas manuais no beneficiamento das peças, como bordado com pedrarias, plumaceria, drapeados, plissados etc. No Rio de Janeiro – acompanhando as tendências mundiais da moda – foi também no mesmo período que a distinção entre as estações começou a ser mais nitidamente cultivada na moda, embora, em geral, na cidade, os trajes fossem copiados e adaptados com as novidades e os lançamentos que chegavam da Europa, independentemente da estação do ano a que fossem destinados.

Rainha Vitória e família imperial inglesa.

Da Inglaterra, a rainha Vitória comandava o mundo e determinava que os valores familiares deveriam reger a sociedade, assim como austeridade e recato deveriam ser observados nos trajes, sobretudo femininos, salvo em ocasiões especiais, como bailes e encontros sociais entre a classe mais abastada, quando todo o poderio financeiro dos homens-provedores deveria ser explícito nos trajes luxuosos usados por suas esposas ou mesmo amantes. Tais características vão se refletir fortemente na moda ocidental, de meados ao final do século XIX, encontrando no Rio de Janeiro – especialmente entre os membros da Família Real no Segundo Reinado – a sua mais perfeita tradução. Em contrapartida, da França e da Áustria, as imperatrizes Eugénie e Elizabeth (Sissi, a bela alemã, que se tornou imperatriz austríaca) movimentavam o glamoroso mundo da moda. Elegância, luxo e feminilidade eram as palavras de ordem; e as respectivas imperatrizes europeias, suas melhores traduções.

Imperatriz Elisabeth da Áustria, Sissi, e imperatriz Eugenie.

No Rio de Janeiro, o código de vestir europeu foi seguido de acordo com o contexto da época – sobriedade e austeridade eram observados durante o dia. Elegância, luxo e feminilidade davam o tom nos eventos sociais das classes mais favorecidas, como festas, bailes, espetáculos e saraus. Mesmo seguindo as regras básicas do código de vestir europeu, serão verificadas no Rio de Janeiro interpretações locais da estética vigente.

Os valores familiares, a sobriedade e a austeridade da era vitoriana serão marcas da Família Imperial no Brasil no Segundo Reinado, particularmente adotadas por D. Pedro II e sua esposa, a imperatriz Teresa Cristina, que se refletirão não apenas em seu comportamento, mas também em seus trajes.

> De D. Pedro II e a Imperatriz pode-se dizer que foram representativos nos seus trajos sempre escuros – ele de casaca preta e cartola também preta, ela, também sempre de vestidos tristonhamente escuros – da predominância da "gravidade" e de "solenidade" que passaria a caracterizar o Brasil patriarcal e escravocrata do longo reinado do segundo Pedro. Que passaria a caracterizar aparências, nesse período, de brasileiros e de brasileiras das categorias altas e médias, especifique-se. Que os fixou como eurotropicais, nessas camadas socioeconômicas, mais como brasileiros europeus, que tropicais, nos seus trajos absurdos para cidades como o Rio de Janeiro, Salvador da Bahia, o Recife de Pernambuco, Belém do Pará. Isso em contraste com os trajos e aparências da gente do povo.*

Freyre, que cunhou a interessante palavra "eurotropicais" para definir como as características e tendências do vestir vindas da Europa foram absorvidas no Rio, também teceu comentários sobre a inadequação de tais gostos estrangeiros – notadamente as cores escuras e sombrias – introduzidos em uma cidade de características tropicais, como o Rio, conforme já observara o comerciante John Luccock, no Rio de Janeiro Joanino, no início do século XIX.

> Impactos europeizantes que, a aspectos políticos, econômicos, tecnológicos, juntou o de gostos europeus por cores de inspiração como que austeramente industriais, carboníferas, neotecnológicas e, até, positivistas – e no sentido lato da palavra – anti-românticas. (...)
> A adoção de pretos, pardos, cinzentos em artigos de vestuário masculino com o

---

* FREYRE, Gilberto. *Op. cit.*, p. 131.

transbordamento sobre o feminino, acentue-se que foi um desses impactos europeizantes, como que, de certo modo, antibrasileiros, sobre um Brasil em grande parte situado em ambiente tropical.*

A austeridade da Família Imperial também é observada em outro relato da época:

> Tive a honra de ser recebida duas vezes em pequenas reuniões íntimas, dadas pelas princesas imperiais, que me haviam mandado pedir que arranjasse, ou antes, desarranjasse uma peça de Racine, *Les Plaideurs*, para que pudessem representá-la; e devo dizer que sempre vi a maior simplicidade reinar na Corte, onde o imperador e a imperatriz dão, pode-se dizê-lo, o exemplo das maiores virtudes. Posso afirmar tudo isso agora, sem ser tachada de adulação, já que meus compatriotas puderam julgar o imperador por si próprios e ver que não exagero em nada.**

Interessante o registro de que os hábitos de moda da Família Imperial eram mesmo austeros: diz-se que a condessa de Barral, dama de companhia das princesas imperiais, D. Leopoldina e D. Isabel, filhas de D. Pedro II, em 1854, já tinha máquina de costura, uma revolucionária invenção do período. Segundo Wanderley Pinho, a condessa de Barral foi "uma das primeiras senhoras brasileiras a ter um desses prodígios". Fazia propaganda do novo invento, criando detalhes em roupas, mesmo das princesas, lançando modas novas e emprestando a pequena máquina às amigas. Novamente as novidades mais quentes da moda (até aquelas surgidas na intimidade da austera Corte Europeia) surgiam no Rio.

A mulher, ainda muito limitada em sua atuação social, vestia-se geralmente de maneira correspondente a tal situação, mas, como também era costume nas principais capitais europeias, de maneira a externar a posição social de seus provedores. No Brasil, eram os tempos da economia cafeeira, que de 1800 a mais de um século depois, dominou o país. O plantio de café – produto extremamente valorizado no exterior por causa da alta cotação do grão na Europa – que se concentrava nas fazendas espalhadas por

---

* Ibidem, pp. 133-134.
** TOUSSAINT-SAMSON, Adèle. *Op. cit.*, p. 164.

todo o Vale do Paraíba, região compreendida entre as cidades do Rio de Janeiro e São Paulo, gerou lucros altíssimos que reverteriam em posses para os Barões do Café e investimento na moda para suas esposas. Foram os tempos dos apertados espartilhos – corpetes que prendiam a respiração e sufocavam – e das crinolinas,* que, em algumas de suas versões, eram grandes armações de ferro mais parecidas com gaiolas que escondiam e aprisionavam parte do corpo, necessárias para a sustentação de um volume cada vez maior de tecidos usados nas saias e vestidos – que, de tanto insistir em terras cariocas, onde inicialmente foram rechaçadas, acabaram ganhando adeptas.

A mulher europeia devia ser sutilmente recatada nos modos, mas, na moda, em determinadas ocasiões, podia ousar, demonstrando a opulência, o sucesso e a prosperidade de seus cônjuges. Era por meio dos luxuosos trajes das mulheres que os maridos – nobres, aristocratas ou burgueses ricos que haviam feito fortuna com o carvão ou outras inovações da Revolução Industrial – sinalizavam distinção social.

Mesmo com o passar do tempo, a distinção entre classes e gênero ficava cada vez mais evidente. Aristocracia e burguesia emergente deveriam se distinguir pela riqueza dos trajes femininos, e austeridade e elegância dos trajes masculinos. Enquanto a mulher elaborava cada vez mais seus trajes e enfeitava-se de maneira luxuosa, o homem mostrava uma figura simples e discreta. Na era Vitoriana, as mulheres ricas, com intensa vida social, trocavam de roupa várias vezes por dia. Para cada ocasião do dia, da tarde ou da noite, deveria ser feita uma troca de roupas.

Maria do Carmo Rainho explica que, no Rio Imperial, as cariocas de posses liam avidamente as colunas de moda dos periódicos à procura de informações sobre as novidades da moda e as vestimentas adequadas às ocasiões. Dessa maneira seguiriam as regras europeias de maneira muito mais segura:

---

* Armações originalmente usadas por baixo das saias e vestidos das mulheres no período Vitoriano. Inicialmente, eram produzidas utilizando a crina do cavalo, daí o nome crinolina, de *crim*, em francês, crina de cavalo. Nos anos 1850, no auge da era Vitoriana, estruturas de algumas crinolinas eram também produzidas em ferro, se assemelhando a gaiolas.

As descrições dos trajes adequados a cada ocasião revelam que um dos traços que marcam essa leitora se relaciona à intensidade da vida social. As colunas de moda, ao apresentarem figurinos para bailes, teatros, visitas pela manhã, viagens, banhos de mar, cavalgadas, idas às compras, entre outros, mostram que, à medida que se estavam adaptando às exigências de uma nova sociabilidade, as mulheres necessitavam, cada vez mais ir especializando os trajes e adequando-os às diversas circunstâncias de seu cotidiano. Por isso, os jornais insistem em sugerir e especificar a roupa certa para cada hora do dia.

Nas legendas dos figurinos publicados nos jornais, percebemos as inúmeras atividades que envolviam a mulher da "boa sociedade": no Jornal das Senhoras, por exemplo, há "um vestuário familiar passeio no campo", oito diferentes modelos de saídas de baile, "toilette de baile no campo", "toilette de receber visitas de cerimônia", "toilette de soirée", "toilette de grande baile", "vestido para visita aos armazéns da moda", "toilette de meio luto", entre outros.*

Por "entre outros" entenda-se, também, os aristocráticos trajes para o *afternoon tea* (costume inglês) e os vestidos para as idas às missas nas igrejas, que nos anúncios sugerindo os trajes adequados às diversas ocasiões do dia figuram sem o mesmo destaque de outrora, agora dado àqueles destinados aos bailes ou passeios.

A mulher das classes sociais mais abastadas, ainda sem outras tarefas mais relevantes, deveria se ocupar exclusivamente da moda, já que esta era um artifício feminino tanto nas conquistas de bons partidos para o casamento quanto na exibição do *status* do marido perante a sociedade.

O jornalista Lula Rodrigues sintetiza em poucas palavras a realidade de homens e mulheres àquele tempo, na Europa:

> No século XIX, em plena Era Vitoriana, instaurou-se a descrição do burguês que enriqueceu com a Revolução Industrial. Low profile, vestido em tons de cinza e preto, ele adentra

---

* RAINHO, Maria do Carmo Teixeira. *Op. cit.*, p. 86.

pelo século XX. As joias de sua esposa ou amantes, vestindo roupas da recém-nascida alta-costura, testemunhavam a sua riqueza.*

No Rio de Janeiro, a percepção de tais diferenças entre os gêneros que dominaram a Europa encontrava ressonância:** artigos em revistas e jornais da época enfatizavam, com frequência, a relação entre moda e gênero. Depreende-se da leitura dos jornais que a moda aparecia para a mulher como algo indispensável, um elemento que, além de reforçar seus atributos naturais, distinguia aquela da "boa sociedade" pela elegância e pelo bom-tom. Para o homem, ao contrário, a distinção social seria feita de outro modo; nesse caso, mais que a roupa, importavam valores como a boa educação e o grau de instrução, como fica patente em um artigo publicado no periódico *Espelho Diamantino*.

> Os homens triunfam quando discorrem sobre a sujeição das senhoras aos decretos da moda, e, entretanto, talvez que ainda mais escravizados sejam pela volúvel deusa e sem ter as mesmas desculpas. As senhoras, obrigadas pela lei da natureza a agradar aos homens e que quase sempre o não conseguem senão pela sua formosura e vantagens exteriores, estão na restrita necessidade de estudarem os meios de revelarem a sua beleza e de variarem os enfeites que a acompanham, enquanto aos homens, que se apresentam na sociedade com as vantagens do valor, da ciência, dos empregos e da indústria, nada diz tão bem como um modo de vestir singelo, se bem que limpo, e mal se pode conceber que a fútil ocupação de aperfeiçoar os seus trajes, consumindo horas e horas, combine com os estudos e trabalhos sérios e que o petit metre apuradinho que se meneia na rua com a cintura tão delgadinha e o pé emprisionado num botinzinho bom para uma criança venha a ser um dia um cidadão corajoso e interessante.***

A Revolução Industrial promoveu a distância entre classes e gênero, e também a modernidade. O frenético crescimento industrial e o surgimento de novos materiais e

---

* RODRIGUES, Lula. "Abram alas para o homem". In: *Revista Magazine CasaShopping*, Ano 9, n. 30. Rio de Janeiro: Departamento de marketing do Casa Shopping, janeiro de 2009. pp. 42-43.
** RAINHO, Maria do Carmo Teixeira. *Op. cit.*, p. 138.
*** Ibidem, pp. 138-139.

tecnologias fez com que surgissem na Europa diversos movimentos – como o Arts & Crafts, da Inglaterra, o Art-Nouveau, na França e o Jüngerstill, na Alemanha – que propunham uma reflexão sobre o rápido progresso que incidia sobre o continente. Em geral, esses movimentos defendiam o retorno à simplicidade, à natureza e ao romantismo – um tipo de reação ao acelerado progresso tecnológico gerado pela Revolução Industrial. A literatura, as artes e a moda ocidental serão profundamente influenciadas por tais movimentos. Se, na Europa, esse retorno romântico à natureza e à simplicidade encontrou na fusão de elementos da Antiguidade Clássica, da Idade Média e do Renascimento suas grandes inspirações, no Brasil, o culto à simplicidade, à natureza e ao romantismo se deu, em parte, por meio de uma valorização de temas nacionais, sobretudo indígenas, revistos pela estética romântica: de canibal selvagem dos tempos coloniais, o índio brasileiro passou a ser o "bom selvagem". Iracemas, Moemas, Bartiras, Peris e Marabás foram exemplos dos "novos" índios brasileiros, que viraram personagens icônicos dos tempos do Segundo Império.

Adaptados aos bons costumes do contexto vitoriano, os índios – que nos tempos coloniais eram vistos por estrangeiros como selvagens ou seres exóticos – foram transformados em dóceis personagens contemplados em obras da literatura, música (óperas) e arte brasileiras inspiradas na estética vigente. Personagens românticos com ares vitorianos, sim, mas com características notadamente locais, como os rostos "amorenados" – que, segundo Wanderley Pinho, ofereciam a verdadeira tez do Rio.[*]

Em 1850, o Rio de Janeiro já era a síntese da representação do império diante de todo o país, referência nacional e um espelho do contexto mundial – notadamente o ocidental. Se na Europa existia um pano de fundo, no Rio de Janeiro o cenário e os figurinos não seriam muito diferentes, uma vez que as notícias daquele continente aqui chegavam cada vez mais depressa. Mas sempre haveria uma maneira de tornar tudo mais "eurotropical". Tudo o que acontecia na Europa era imediatamente importado (ou imitado) pelo Brasil. De acordo com Gilberto Freyre, se uma novidade de moda aparecia em Paris em 1870, em 1871 já estava ao alcance das mulheres elegantes do Brasil, especialmente as ricas esposas de produtores e exportadores de açúcar e café.

---

[*] PINHO, Wanderley. *Salões e damas do Segundo Reinado*. 4. ed. São Paulo: Martins, 1970. p. 279.

A CULPA É DO RIO! A cidade que inventou a moda do Brasil

Segundo Adolfo Morales em seu livro *O Rio de Janeiro imperial*, na capital do Brasil, assim como na Europa vitoriana, aparecem as novidades que do Rio seriam difundidas para todo o país: além das crinolinas, os grandes decotes caídos para abaixo dos ombros – permitidos apenas da parte da tarde em diante –, o corpinho em forma de V, os penteados presos à polca, os véus que melhor emolduravam os rostos, as *mitaines* (tipos de luvas mais curtas que deixavam à mostra as pontas dos dedos), os leques de renda, de madrepérolas, de plumas, e não poucas vezes com pedras preciosas, as joias de ouro – delicadamente trabalhadas –, entre as quais se destacavam as pesadíssimas correntes e pulseiras, as meias de seda e os sapatos de cetim.

A moda francesa se refletia também nos belos, variados e claros vestidos de rua para o dia. A cambraia, o tafetá, a pelúcia, a seda, o damasco, o chamalote, o cetim e a chita* – introdução de Portugal só usada em suas colônias e no Brasil – como os *metins* (tecidos finos) riscados, os brins de xadrez (um dos padrões prediletos da rainha Vitória) e mesclados, os *lapins* finos e as cassas eram as fazendas mais usadas. Para cobrir os decotes ou substituir agasalhos pesados, as casas de moda francesas no Rio sugeriam peças mais leves, xales e véus maiores e mais ricamente adornados. Aos poucos, as mangas muito armadas vão sendo substituídas por outras mais ajustadas ao braço. As saias eram bem arredondadas e cada vez mais adornadas, tendo como base os tecidos mais pesados e nobres, como veludos, damascos e o moiré, e as cinturas ficavam cada vez mais finas e arredondadas, evidenciadas pelos espartilhos de barbatanas. Nos vestidos de noite, eram mantidos os decotes, muitas vezes cobertos por boás, espécie de estola de plumas ou pele para o pescoço.

> Se os vestidos variam, o mesmo ocorre com os penteados e chapéus. Primeiro os penteados se assinalam pelos cachos colocados na testa, depois se usam inteiramente lisos, mas com uma trança muito alta sustentada por grandes pentes, o que denota influência espanhola. A seguir, voltam os cachos pendentes, mas colocados aos lados da cabeça; a trança enrolada e os pentes subsistem. A risca ao centro se mantém imutável. (...) Da moda de andar sem chapéu, as senhoras cariocas passam a usar toucas muito armadas e afuniladas, substituídas

---

* Tecido de algodão geralmente com estampas florais e cores vibrantes.

por incômodas e quentes, pelos grandes chapéus redondos de palha de Itália, com decoração de fitas e flores. As sombrinhas também protegem as damas contra a inclemência do sol.*

Se no Hemisfério Norte a rainha Vitória, ao tornar-se viúva do príncipe Albert, adotou o preto em seus trajes de luto por mais de trinta anos, no Hemisfério Sul, as mulheres cariocas encontraram uma alternativa de traduzir a profunda tristeza pela perda de um ente querido: usavam o preto para o luto "pesado"** e o roxo, violeta ou azul escuro para o luto "aliviado" ou o "meio luto". No Rio de Janeiro, essas cores "alternativas" também eram aceitas como de luto.***

Se a moda do banho de mar na Europa vitoriana já tinha se estabelecido como prática para os europeus, no Rio de Janeiro, tais banhos, com considerável presença feminina, passariam a substituir os de rio. Para Gilberto Freyre, a importação dos elegantes trajes para banho de mar da Europa marcou o começo de uma era no Brasil. Recebiam-se de Paris "interessantes costumes do último gosto para homens e senhoras que desejarem tomar banhos, salgados, além de sólidas fazendas para resistir à água salgada, a elegância não deixa nada a desejar".*†

A recatada estética vitoriana valia dentro e fora d'água: nada de decotes ou pernas à mostra. As mulheres vestiam calções – espécies de ceroulas longas – de baeta azul-marinho, debruadas com cadarços brancos (as mais ousadas usavam debruns vermelhos e, segundo pesquisadores, a "ousadia" dava o que falar). As calças iam até os tornozelos, arrematadas por babadinhos em debruns e, por cima delas, havia ainda outra veste, bem fechada, até o pescoço. Além disso, era obrigatório o uso de toucas de baeta (tecido geralmente de lã grossa e pesada) tipo Maria Antonieta e sapatos ou sapatilhas de corda ou lona, amarrados nos tornozelos "à romana". Em seu conjunto,

---

* FILHO, Adolfo Morales de los Rios. *O Rio de Janeiro Imperial.* 2. ed. Prefácio Alberto da Costa e Silva. Rio de Janeiro: UniverCidade, Topbooks, 2000. p. 383.

** Ibidem, p. 389. "O luto não se tirava com facilidade. O de pai e mãe era de um ano, sendo seis meses pesado, e os outros seis, aliviado. O de marido ou de mulher durava dois anos, sendo pesado durante o primeiro ano, e aliviado durante o segundo."

*** TOUSSAINT-SAMSON, Adèle. *Op. cit.*, p. 165.

*† FREYRE, Gilberto. *Op. cit.*, pp. 128-129.

o traje era inadequado, os tecidos, pesados, e as cores, escuras. Os galões brancos, as palas largas e as gravatas nos trajes lembravam uniformes de marinheiros. O estilo dos trajes de banho da era vitoriana, com influências náuticas, acompanhavam uma tendência muito em voga naquele período entre os nobres europeus. A historiadora Cláudia Braga Gaspar explica que, nas Casas de Banho existentes no Rio, como complemento especial do "traje", era indispensável a companhia dos "banhistas profissionais" – geralmente jovens e musculosos portugueses, italianos ou turcos – cuja função era a de proteger jovens e senhoras contra os perigos do mar. Os banhistas profissionais eram um sucesso.

Vários foram os projetos apresentados na cidade do Rio de Janeiro nesse período visando promover as praias como local de lazer. Alguns – como as balsas e *ferries* flutuantes ou as casas de banho – foram muito bem-sucedidos e bem recebidos pela população em geral. Em julho de 1892, foi anunciado um decreto que aprovava um ousado plano: a construção da Cidade Balneária, pela Companhia Cidade da Gávea, que seria um complexo balneário nas ainda virgens praias de Copacabana, Arpoador, Ipanema, Leblon e São Conrado. O empreendimento não seguiu adiante, pois as praias eram consideradas desertas e afastadas demais. Leme e Ipanema, por exemplo, eram ainda um areal despovoado, e ir a Copacabana era uma saga: uma longa viagem que exigia tempo e paciência.

As curiosas adaptações feitas pelos cariocas – e que sempre chamaram a atenção de estrangeiros – aos modismos que vinham de fora continuavam a ser feitas pela população local, assim como algumas vezes sugeridas e registradas em romances e crônicas que nesse período começaram a se tornar tendência na cidade. Tal fato foi possível quando a população – especialmente a feminina – passou a se instruir e se alfabetizar cada vez mais, adequando-se, assim, ao que era considerado de bom tom para a sociedade, e segundo o modelo europeu.

D. Francisca.
Johann Moritz Rugendas.

a literatura, as moreninhas e as novas heroínas mudando as regras da moda no Rio

Se anteriormente o vestir já demonstrava uma relação intensa entre o ser e o significar, o século XIX dribla o que era fato, permitindo na manipulação do vestuário a demonstração de ideias e intenções, subvertendo valores, confundindo cenários. E na palavra escrita o vestuário reproduz a expressão do ser, decodifica sentimentos, induz imagens, opiniões, conclusões. É uma ferramenta de expressão de individualidades para uma sociedade que se desprendia das certezas de outrora e buscava em seu corpo novas verdades.

Mariana Christina de Faria Tavares Rodrigues

Os romances e a literatura nacional caíram no gosto da sociedade carioca e viraram moda. Na Europa, o clima outonal de cidades como Paris e Londres e as mulheres maduras de roupas elegantes, como Marguerite Gautier, a protagonista balzaquiana do célebre romance *Dama das camélias*, eram as fontes de inspiração no exterior e no Brasil. No Rio de Janeiro, foram se estabelecendo e sendo difundidas país afora pelas obras literárias de Joaquim Manoel de Macedo, José de Alencar e Machado de Assis, romances que mesclavam o tom europeu a cores mais próximas da cultura nacional. Aliás, um interessante título nacional que trata essas questões, e cuja leitura recomendo, é *Mancebos e mocinhas – a moda na literatura brasileira do século XIX*, de Mariana Christina de Faria Tavares Rodrigues, que traz abordagens detalhadas de como grandes nomes da literatura nacional do período se renderam aos encantos da moda na hora de fazerem a composição de seus personagens e protagonistas de romances.

Temáticas românticas europeias foram muitas vezes reinterpretadas, assim como cenários e personagens, que passaram a receber características locais. Machado de Assis, um dos escritores brasileiros que mais destacaram aspectos da paisagem e costumes do Rio, era um atento observador da moda feminina carioca. Uma de suas muitas atividades era escrever contos "para moças" no *Jornal das Famílias*, que os irmãos Garnier, famosos comerciantes franceses, publicavam com figurinos coloridos impressos em Paris. Por meio de seus romances, Machado de Assis interpretava e decodificava o contexto mundial de então para seus leitores. Os diálogos e as descrições contidos em seus romances davam a clara ideia das tendências da moda europeia do período, bem como de seus reflexos na moda adotada ou adaptada pelas mulheres cariocas.

No romance *A Moreninha*, de Joaquim Manuel de Macedo, ambientado na ensolarada ilha de Paquetá, no Rio de Janeiro, o clima, as praias da Baía de Guanabara e as jovens faceiras de pele morena pareciam ser o contraponto local perfeito para as heroínas balzaquianas das frias e cinzentas cidades europeias. No romance, há uma interessante passagem que descreve o traje escolhido por Carolina, a protagonista, ao se preparar para um sarau, espécie de baile ou reunião social que se encerrava à meia-noite e que era muito comum no Rio de Janeiro do século XIX.

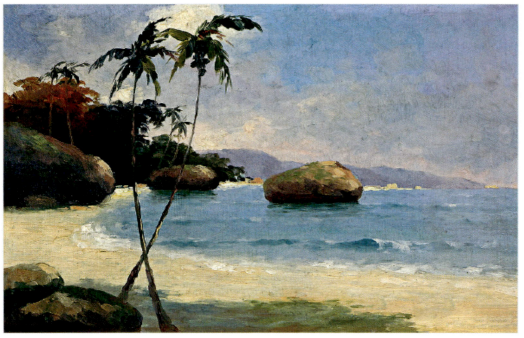

Paquetá.
Francisco Coculilo, 1930.

Em plena era vitoriana, quando as regras europeias para a moda feminina em ocasiões de reuniões familiares eram a austeridade e o recato extremo, os tons mais sóbrios, os vestidos de tecidos luxuosos e rodados sustentados por crinolinas, os espartilhos apertando a cintura e o torso, as joias valiosas e os cabelos presos em elaborados penteados, a jovem carioca encanta a todos os presentes com sua brejeirice e simplicidade de trajes que até "pecava contra a moda reinante".

> Hábil menina é ela! Nunca seu amor-próprio produziu com tanto estudo seu toucador e, contudo, dir-se-ia que o gênio da simplicidade a penteara e a vestira. Enquanto as outras moças haviam esgotado a paciência de seus cabeleireiros, posto em tributo toda a habilidade das modistas da Rua do Ouvidor e coberto seus colos com as mais ricas e preciosas jóias, D. Carolina dividiu seus cabelos em duas tranças, que deixou cair pelas costas; não quis adornar o pescoço com seu adereço de brilhantes nem com seu lindo colar de esmeraldas; vestiu um finíssimo, mas simples vestido de garça, que até pecava contra a moda reinante, por não ser sobejamente comprido. Vindo assim aparecer na sala, arrebatou todas as vistas e atenções. Porém, se um atento observador a estudasse, descobriria que ela adrede, se mostrava assim, para ostentar as longas e ondeadas madeixas negras, em belo contraste com a alvura de seu vestido branco, e para mostrar, todo nu, o elevado colo de alabastro, que tanto a aformoseava, e que seu pecado contra a moda reinante não era senão um meio sutil de que se aproveitara para deixar ver o pezinho mais bem feito e mais pequeno que se pode imaginar. *

Em seus romances *Dom Casmurro*, *Iaiá Garcia* e *Ressurreição*, Machado de Assis, por sua vez, nos fornece, por meio dos diálogos entre personagens e até da descrição de seus respectivos trajes, exemplos da ainda permanente tensão – também observada nas obras de Debret – entre o velho e o novo Mundo. Em um contexto frequentemente povoado por personagens que encarnavam doutores, padres, viúvas, madrinhas, sinhás e mucamas, às cores vitorianas serão adicionadas as nacionais, resultando em uma paleta local. As protagonistas dos respectivos romances parecem, em alguns momentos, representar – por meio de seus trajes, pensamentos e comportamentos – um pouco do latente estilo descontraído dos habitantes da cidade. Em *Dom Casmurro*, o personagem de D. Maria da Glória Fernandes Santiago se esconde em trajes austeros como os da rainha Vitória.

---

* MACEDO, Joaquim Manuel de. *A moreninha*. 2. ed. São Paulo: Martin Claret, 2008. p. 117. [Texto Integral] A primeira edição do romance data de 1844.

> Naquele ano da graça de 1857, D. Maria da Glória Fernandes Santiago contava quarenta e dois anos de idade. Era ainda bonita e moça, mas teimava em esconder os saldos da juventude, por mais que a natureza quisesse preservá-la da ação do tempo. Vivia metida em um eterno vestido escuro, sem adornos, com um xale preto dobrado em triângulo e abrochado ao peito por um camafeu. Os cabelos, em bandós, eram apanhados sobre a nuca por um velho pente de tartaruga; alguma vez trazia touca branca de folhos.*

Enquanto isso, Capitu confessa apreciar o preto e também o roxo, que considera "uma cor muito bonita", e os vestidos armados e cheios de babados, além do gosto pelas joias e profusão de enfeites.

Já em *Iaiá Garcia*, a protagonista de mesmo nome representa em seus modos o oposto da vitoriana Estela, a madrasta sempre vestida com trajes de cores escuras e avessa aos enfeites.

> A imperturbável seriedade de Estela foi um aguilhão mais (...). Usualmente, trazia roupas pretas, cor que preferia a todas as outras. Nu de enfeites, o vestido punha-lhe em relevo o talhe esbelto, elevado e flexível. Nem usava nunca trazê-lo de outro modo, sem embargo de algum dixe ou renda com que a viúva a presenteava de quando em quando; rejeitava de si toda a sorte de ornatos; nem folhos, nem brincos, nem anéis. Ao primeiro aspecto dissera-se um Diógenes feminino, cuja capa, através das roturas, deixava-se entrever a vaidade da beleza que quer afirmar-se tal qual é, sem nenhum outro artifício (...).** A lei dos contrastes tinha ligado essas duas criaturas, porque tão petulante e juvenil era a filha de Luís Garcia, como refletida e plácida a filha do Sr. Antunes. Uma ia para o futuro, enquanto a outra vinha já do passado; e se Estela tinha necessidade de temperar a sua atmosfera moral com um raio da adolescência da outra, Iaiá sentia instintivamente que havia em Estela alguma coisa que sarar ou consolar.***

---

* ASSIS, Machado de. *Dom Casmurro*. São Paulo: Martin Claret, 2008. p. 24. [Texto Integral]
** ASSIS, Machado de. *Iaiá Garcia*. São Paulo: Martin Claret, 2007. pp. 33-34. [Texto Integral]
*** Ibidem, p. 61.

Em *Ressurreição*, Lívia, a protagonista, parece traduzir uma nova consciência feminina, mais moderna e cosmopolita, que ia surgindo no Brasil graças ao maior acesso das mulheres a informações por meio de livros, publicações e revistas, quando manifesta seu desejo de conhecer outros países e cidades europeias, menos glamorizadas pela moda que Paris: "Não pense, acrescentou Lívia, que me seduzem unicamente os esplendores de Paris, ou a elegância da vida européia. Eu tenho outros desejos e ambições. Quero conhecer a Itália e a Alemanha, lembrar-me da nossa Guanabara junto às ribas do Arno ou do Reno (...)".*

No tempo das matronas de trajes austeros de cores escuras e tristonhas e cabelos em bandó, Carolinas, Capitolinas, Linas e Lívias eram um contraponto às personagens vitorianas, com seus vestidos alvos e cabelos soltos em cachos. Eram as moreninhas cariocas encantando o Brasil.

A partir da segunda metade do século XIX, torna-se crescente a presença de referências do estilo de vida, da moda e do cotidiano carioca nos romances, contos e crônicas de autores brasileiros, nascidos ou residentes no Rio de Janeiro, que eram lidos e apreciados em todo o território nacional. Outras obras literárias produzidas pelos já referidos autores continuarão a enriquecer o acervo de informações acerca da cidade, dos costumes e da moda da sociedade carioca Imperial e Republicana. Mesmo que mergulhado no contexto europeu, o Rio de Janeiro passou a ser observado atentamente por escritores, poetas e cronistas locais que, por meio de suas obras, procurarão reproduzir – assim como já havia feito Debret por meio de seus desenhos e pinturas no início do século XIX – os hábitos e costumes da população.

Essa nova modalidade de registros do cotidiano da cidade, com a fotografia – uma inovação de sucesso imediato em uma sociedade, cuja grande parte da população era ainda analfabeta –, foi, gradativamente, assumindo papel mais importante que o dos fantasiosos relatos do passado feitos por estrangeiros.

---

* ASSIS, Machado de. *Ressurreição*. São Paulo: Martin Claret, 2005. p. 33. [Texto Integral]

O Rio de Janeiro mais civilizado, entretanto, continuava a surpreender estrangeiros como o cônsul-geral dos Estados Unidos no Brasil, C. C Andrews, quando, em 1880, observou que os trajes dos cariocas mais abastados não difeririam, em nada, daqueles usados pelas classes média e alta europeias. Que no Rio, como em qualquer metrópole daquele continente, os homens usavam cartolas, e as mulheres se vestiam – *dignified and formal* – com o mesmo tipo de vestidos, calçados, acessórios e penteados das europeias. Andrews ainda elogiava os modos refinados das damas cariocas, seus vestidos de gala, os belos penteados, os elegantes teatros, as companhias estrangeiras de ópera, as corridas de cavalos, as regatas e a música, da melhor.*

Às observações de Andrews complementam-se as de Wanderley Pinho, quando confirma que a alta sociedade no Rio de Janeiro, já nos tempos de D. Pedro I, tinha hábitos de elegância que nada ficavam a dever à Europa. Também Ferdinand Denis e Hipólito Taunay afirmavam que chá no Rio de Janeiro era semelhante ao de Lisboa ou Paris; e que tanto lá como na cidade brasileira se ouviam a ária italiana e a eterna sonata ressoava no salão, completando o quadro pela dança e pelo jogo.

---

* FREYRE, Gilberto. *Op. cit.*, p. 125.

Princesa Isabel.
Museu Nacional – UFRJ.

O Rio vitoriano e os bailes

Num salão esmeram-se várias artes: a de receber ou preparar um ambiente de cordialidade e espírito; a de entreter a palestra ou cultivar o humor; dançar uma valsa ou cantar uma ária, declamar ou inspirar versos, criticar com graça e sem maledicência, realçar a beleza feminina nas últimas invenções da moda...

Wanderley Pinho

Embora a maioria das mulheres ainda fosse submissa e tratada como um bibelô por seus provedores, o investimento na "boa educação" começava a ser valorizado pelas cariocas, que, aos poucos, iam se afastando das "clausuras" domiciliares. Os atrativos da moda, entretanto, ainda as seduziam e as mantinham ligadas e dependentes de seus provedores, como atesta Adèle Samsot:

> Quando o brasileiro volta da rua, reencontra no lar uma esposa submissa, que ele trata como criança mimada, trazendo-lhe vestidos, jóias e enfeites de toda a espécie; mas essa mulher não é por ele associada nem aos seus negócios, nem às suas preocupações, nem aos seus pensamentos. É uma boneca que ele enfeita eventualmente e que, na realidade, não passa da primeira escrava da casa, embora o brasileiro do Rio de Janeiro nunca seja brutal e exerça seu despotismo de uma maneira quase branda. Tudo isso, aliás, como já disse, está em via de mudar completamente.
> As brasileiras de hoje, educadas em colégios franceses ou ingleses, ali adquiriram pouco a pouco os nossos hábitos e nossa maneira de ver, de sorte que, muito lentamente, conquistam sua liberdade. Ora, como em sua inteligência é muito viva, creio que em pouco tempo terão superado seus mestres.*

---

* TOUSSAINT-SAMSON, Adèle. *Op. cit.* pp. 154-155.

Os bailes europeus inspiravam os bailes da Corte no Brasil.
Wilhelm Gause Ball der Stadt Wien, 1904.

A cidade crescia sob a influência do contexto europeu, embalada pelo ritmo de valsas como Danúbio Azul, que soava nos salões de baile do Paço Imperial, dos palacetes, clubes e cassinos, pelas óperas, operetas populares e espetáculos nos teatros e pelos saraus nas casas das famílias abastadas.

Apesar de poucas, salas de espetáculo como a do Teatro Lírico (onde eram apresentadas as óperas italianas que atraíam a alta sociedade) recebiam o imperador D. Pedro II nas noites de gala, nas do Teatro São Pedro se representavam os dramas e as comédias francesas, e no café-cantante Eldorado, algumas das opções da "boa sociedade" carioca no Segundo Império, além dos concorridíssimos bailes e saraus.

A música – assim como a literatura – foi extremamente importante no Rio de Janeiro oitocentista. Se os romances, contos e crônicas sobre a cidade começavam a revelar personagens, tipos e costumes assumidamente locais, a música será cada vez mais auxiliar na revelação de traços particulares do carioca, inclusive em se tratando das futuras modas adotadas pelas mulheres, especialmente "adaptadas" do padrão europeu para a dança de certos ritmos que surgirão no Rio de Janeiro logo após a virada do século XIX.

No século XIX, eram as valsas que animavam os inúmeros bailes promovidos pela Corte e pela alta sociedade carioca, na qual os exemplos de luxo e glamour das imperatrizes Eugénie, da França, e Elisabeth, da Áustria, seriam entusiasticamente seguidos pelas mulheres do Rio de Janeiro no Segundo Reinado. Frequentar esse tipo de evento era uma das principais ocupações – e obrigações – da mulher, no período.

O diplomata francês Ternaux Compans, em visita à cidade, compara a bela e graciosa esposa do Ministro da Fazenda no gabinete Cotegipe – D. Chiquinha Belisário, à imperatriz francesa, símbolo de elegância europeia nos tempos vitorianos.

> Um moreno pálido ensombrado pelos negros cabelos em anéis comunica na tela de Viennot uma névoa que se diria de tristeza, à fronte bem talhada e aos olhos escuros e atraentes. Mas logo o contorno da face, a formosura da boca pequena, a linha do colo, que um decote fingidamente generoso, mas lividamente casto parece oferecer, mas resguardada; os braços, as mãos tão bem feitas e tão belas que, dizem, serviram de modelo para as da imagem de Nossa Senhora da Piedade da capela da Rua Marques de Abrantes – tudo se junta para desvanecer aquela espécie de véu que o pintor fizera descer sobre tão formosa figura imperial. A data, o vestido, as jóias, a postura recordam os esplendores da Imperatriz Eugênia da França, a paz opulenta e brilhante da Inglaterra Vitoriana, a Europa de 1868.*

---

* PINHO, Wanderley. *Op. cit.*, p. 287.

*Francisco Manuel e suas filhas.
José Correa de Lima, 1850.*

Se na primeira década dos anos 1800 os divertimentos privados eram raros e a sociedade não tinha o que era denominado "vida social" – os bailes eram como relata Leithold, apelidados de *bal forcé* (trocadilho satirizado de *bal masqué*, baile de máscaras, em francês) dada a abundância de mosquitos que picavam as costas decotadas das damas e do calor escaldante dentro dos salões abarrotados –, entre os anos 1840 e 1870 seria diferente. Bailes, concertos, óperas, espetáculos, festas e jantares viraram uma febre na cidade, apesar de terem sido cada vez mais raros aqueles promovidos pelo imperador D. Pedro II, já a partir de 1850. O fato, aliás, lhe renderia severas críticas não apenas por parte da população, que demonstrava indignação com a atitude do monarca, e demonstra também o tom inconformado de Ramalho Ortigão: "Pelo seu exemplo estragou quanto pôde a arte de conversar, a de vestir, a de receber, a de jantar, a de ditar menu, a de conduzir um cotillon, a de governar um cavalo, a de mobiliar um salão, a de edificar uma casa, a de escrever um livro".*

E até mesmo por parte de membros de sua própria família, como a irmã D. Francisca, a princesa de Joinville, que deixa clara sua preocupação em uma carta enviada a um membro da Casa Imperial: "Pobre mano Pedro, ele tem bem precisão de um amigo ao pé dele como o Senhor. Tudo vai mal na Casa. As dívidas começam e já dizem serem grandes, isso tudo por falta de ordem. O mano não dá mais bailes, nem saraus, nem viaja mais. Tudo isso é de um efeito péssimo".**

---

* Ibidem, p. 153.

** Ibidem, p. 141.

Os críticos e cartunistas de uma cidade já acostumada com a regularidade das festas e celebrações de alegria não poupavam o que consideravam deficiência da Corte de Pedro II. A população, entretanto, mesmo aborrecida com o fato, tinha ainda nos animados bailes nos salões dos palacetes de barões, condes, marqueses e viscondes o seu entretenimento.

Em seu livro *Salões e damas do Segundo Reinado* – detalhado levantamento sobre as festas promovidas pelo *Grand Monde* carioca naqueles tempos, Wanderley Pinho descreve os gostos da alta sociedade local, que prevaleciam nos trajes femininos de baile do período. Por meio da obra de Pinho, é possível conhecer interessantes aspectos relativos ao assunto.

Sabe-se, por exemplo, que a temporada de bailes e festas mais concorrida da cidade ia de maio a setembro, coincidindo com o período de maior movimento político na Corte e com as estações do ano de temperaturas mais amenas, mais próximas das europeias e mais distantes das do verão carioca; que as danças de salão eram, em geral, francesas e inglesas; e as valsas prediletas, as vienenses; que o branco era a cor preferida das damas cariocas para os luxuosos vestidos de baile; que o verde-esmeralda era considerado muito elegante e que os bordados dourados geralmente predominavam. Que os vestidos mais luxuosos custavam em torno de cem mil réis na loja do Leal & Gama; e que, nesse caso, eram feitos apenas dois cortes iguais na qualidade e no preço, diferentes apenas na cor, evitando-se, assim, o constrangimento de uma dama entrar em um salão com o mesmo vestido de outra convidada; que as moças jovens demais deveriam usar apenas pérolas, e as damas habituadas aos bailes, brincos e colares de brilhantes e esmeraldas. Que nos bailes era chique as mocinhas se fazerem de entediadas; que bailes podiam varar a madrugada, mas saraus deviam encerrar-se até a meia-noite. Que a luz elétrica causou surpresas desagradáveis às damas, expondo o verdadeiro rosto que a maquiagem e as chamas das velas escondiam, e que por isso o carmim começou a ser usado com mais comedimento, tornando a maquiagem mais leve em terras cariocas. Que nos salões eram elegantes as frases de efeito proferidas em francês e que o verbo *requestar* – um híbrido do inglês *request* (pedir) com a língua nativa – significava "pedir" e era muito usado nas propostas de casamento; que o charuto não decaíra como expressão da elegância masculina, mas que o rapé cedia ao charuto entre os mais jovens. E que por mais que se esforçassem as cariocas no seguimento das modas europeias, algumas eram ainda criticadas pelos estrangeiros. É o caso do escritor português Ramalho Ortigão, que, em uma carta enviada a Paulo Prado, lamentava "a falta na Corte, de duas ou três ditadoras da elegância, para conduzirem a vida mundana a novos rumos"; e acrescentava ter ouvido que só duas senhoras, no Rio, tinham tido autoridade para desempenhar semelhante papel, sendo que uma tinha morrido e a outra – a Viscondessa de Cavalcanti – tinha emigrado para a Europa.

Coleção Viscondessa de Cavalcanti.
Diogo Velho Cavalcanti de Albuquerque.

Entretanto, se a elegância dos trajes e a beleza das cariocas não eram suficientemente reconhecidos por estrangeiros como Ortigão, na França, a carioca que "tinha emigrado para a Europa" seria considerada o mais perfeito *exemplaire de la beauté brésilienne* (exemplar da beleza brasileira) por Sadi Carnot, então presidente da República na França. Ao ser apresentado à Viscondessa de Cavalcanti por ocasião da Exposição Universal de Paris, da qual o Brasil participava, Carnot teria se encantado com a Viscondessa e exclamado: *Quel bel échantillon!* (algo como "que bela amostra!"). E concluiria a frase dizendo que aquela "amostra" valia mais que todos os produtos nacionais que o Brasil apresentava na Exposição Universal.

O que se falava sobre o Rio no exterior – especialmente em Paris – depressa corria o mundo e chegava de volta ao Brasil. Sorte das cariocas. Amélia Cavalcanti, a senhora Diogo Velho ou Senhora Viscondessa de Cavalcanti (que já era um exemplo de elegância na Corte do Rio de Janeiro) passava a representar no exterior não mais a figura desajeitada e deselegante das brasileiras descritas pelos relatos de estrangeiros dos tempos coloniais ou do início do império. Amélia era a amostra de uma graciosidade e um refinamento possíveis nos trópicos: a perfeita combinação entre a exuberância tropical e a elegância europeia absorvidas na medida certa. E se em Paris a Viscondessa de Cavalcanti encantou o presidente da França, as cariocas logo ficariam sabendo, pois o jornal *A Cidade do Rio*, de José do Patrocínio, não deixaria de dar à notícia o merecido destaque. O bom gosto das brasileiras do Rio começava a ser assunto no exterior: não apenas por sua graciosidade, mas, além disso, por sua postura e elegância de seus trajes.

A Viscondessa de Cavalcanti é um claro exemplo de como os costumes europeus foram sendo absorvidos e incorporados pelas cariocas da Corte de maneira notável. De acordo com a frequência com que iam aos bailes e eventos sociais nos salões de clubes e cassinos, as cariocas iam absorvendo cada vez mais refinamento e desenvolvendo um estilo próprio. Em um baile para duas mil pessoas oferecido pelo Visconde de Figueiredo e sua família, em agosto de 1888, foram gastos mais de dois milhões de francos com modistas, joalheiros, cabeleireiros e outros "quetais". O evento foi tão espetacular que mereceu destaque no jornal *Etoile du Sud*, do francês Charles Morel, que no idioma da moda registraria, em elogiosa nota, não apenas o luxo do acontecimento, mas também o refinamento das brasileiras.

Francisca Elisa Xavier e Manuel Francisco.

Francisca Bernardina do Sacramento.
Baronesa de Itambé.

Maria Isabel de Alcântara Bourbon. Condessa de Iguaçu.

Maria Romana Bernardes da Rocha. Marquesa do Itamarati.

Os salões – palcos de registros da história da cidade e da moda – foram testemunhas das várias versões de modas que surgiram e desapareceram no mundo e caíram no gosto das mulheres cariocas desde a primeira década dos anos 1800. Pinho faz, por meio da imagem do salão de um Cassino carioca, um interessante passeio pelos diversos estilos que marcaram a moda nas principais décadas do século XIX, indo desde o império (com a cintura marcada abaixo dos seios, e das linhas retas e alongadas, e o vitoriano, da silhueta de sino, das saias rodadas sustentadas por crinolinas e evidenciadas pelos apertados corpetes), até a silhueta em forma de S, desenhada pelos apertados espartilhos, os enchimentos de busto e as anquinhas traseiras, e que vai caracterizar toda a moda da *Belle Époque*:

> Aquele salão do Casino viu galopar a cavalgada do tempo em modas, maneiras e festas durante quase todo o Segundo Reinado.
> Ali se exibiam desde os vestidos império de cintura alta, que faziam da mulher uma taça esguia e longa, expandida ao alto, como a querer despejar espumas de carne, dos decotes amplos e frouxos – até à crinolina e a tournure e as anquinhas (...).
> Veio e passou o uso dos bouquets que chegavam muita vez a proporções gigantescas.
> Veio o dos leques, com varetas de marfim, de madrepérola, tartaruga ou sândalo; de rendas da Bretanha e Valenciennes e de pontos da Inglaterra ou de Bruxelas; os japoneses, de

vivos coloridos, figurinhas de rostos pintados em marfim; e os leques de gaza ou cetim pintados, ou leques comemorativos ou históricos, e os leques-álbuns com poesias, desenhos e autógrafos, e ainda os imensos de plumas (...). E os leques lá se foram no arfar do vento que eles mesmos sopraram.

As saias ora se deixavam arrastar pelos soalhos, escondendo com recato chinês os pezinhos das damas, ora mais curtas, prometiam mostrar um pedacito de perna, que havia de ser grossa para ser gabada e bonita; ou se entufavam na ampla rotundidade dos balões, ou escorriam dos puffs que eram saudades da antiga voga.

Chegaram às complicadas modas que transformavam o corpo feminino numa vitrina; uma mostrando o colo até o mais profundo de suas tentações, outras enchendo e salientando, ou antes ocultando os quadris, até os mais risíveis exageros da inverossimilhança (...).

O Casino viu-as todas; e presenciou ainda o evoluir da arte de conversar, desde os amuños sisudos ou fingidamente tímidos das moças de tempos mais antigos, aos desembaraços ousados das elegantes da última década.

Variavam as modas, as conversas, a cultura, as danças, os namoros, os escândalos, as maneiras...

O Casino... O Segundo Reinado... a Corte... a sociedade imperial... aquela gente... aquelas festas...*

O tom nostálgico do final do texto anuncia os últimos dias do império que, ironicamente, se encerrou com um memorável baile, o da Ilha Fiscal, no Rio, às vésperas da Proclamação da República, em 1889, quando então D. Pedro II seria deposto, e toda a Família Real deportada para a Europa.

Em novembro de 1889, uma frota chilena fez escala na Baía de Guanabara. Foi recebida com festividades que visavam a confirmar a tradicional amizade entre o Brasil e o Chile. O ponto alto das comemorações aconteceu no Baile da Ilha Fiscal, no dia 9, um sábado. O evento atendia a dois objetivos: homenagear os visitantes e celebrar as bodas de prata da princesa Isabel com o conde D'Eu.

---

* Ibidem, pp. 310-311.

Decorou-se a ilha com lâmpadas de força de 1.920 velas, o que deu uma atmosfera inusitada. Houve grande abundância de balões venezianos, vasos franceses e flores brasileiras. Montou-se um jantar para quinhentas pessoas.

Os membros da família imperial chegaram à festa por volta das 22h. D. Pedro estava fardado de almirante. Havia refinamento e descrição nas vestes de D. Teresa Cristina e sua filha Isabel. Uma vez no local, foram conduzidos a um salão onde estavam diplomatas e pessoas de destaque da sociedade fluminense. A pedido do conde D'Eu, a princesa Isabel dançou com o engenheiro negro André Rebouças, abolicionista amigo dos Braganças. Mesmo com o brilho do acontecimento, o imperador pouco se divertiu. Ficou sentado o tempo todo e retirou-se à 1h da manhã sem jantar. Foi a última vez que a Família Imperial apareceu em público.

Ilusão do Terceiro Reinado.
Francisco Aurélio de Figueiredo.

A propósito da princesa Isabel, membro da realeza brasileira, geralmente pouco citada quando o assunto é moda, não seria justo encerrar esse capítulo sem menção ao seu estilo discreto, austero, mas ao mesmo tempo romântico, que em muito lembrava o estilo recatado e o apreço que sua avó, a princesa Leopoldina, tinha pelo Brasil e pelos brasileiros e se fazia notar nos trajes usados, sobretudo aqueles utilizados em cerimônias oficiais. Um dos trajes mais emblemáticos usados pela princesa Isabel – no juramento como Regente do Império do Brasil, em 1871, e posteriormente na assinatura da Lei Áurea, em 1888 (hoje parte do acervo do Instituto Feminino da Bahia). De acordo com a museóloga Ana Maria Azevedo, o vestido é em gorgorão de seda pura, todo bordado em fios de ouro e prata com os ramos de café, a grande riqueza do período, desenhados na cauda. Os ramos de café estão representados no traje para ostentar e mostrar a grande riqueza da época. O manto é feito em veludo e todo bordado com fios de ouro. O verde do veludo, ainda segundo a pesquisadora, representa o verde da bandeira do Brasil. O conjunto guarda muitas semelhanças com o usado pela imperatriz D. Leopoldina na aclamação, sagração e coroação de D. Pedro I, em 1822. Ambos os trajes ressaltam as cores verde e amarelo, hoje tão simbólicas para os brasileiros.

Conta-se que, para o baile na Ilha Fiscal, o último do Império, a princesa Isabel optou por um modelo de vestido em cor escura, decote discreto e bordados em fios metálicos. A obra Último Baile da Ilha Fiscal, de 1905, do pintor Aurélio de Figueiredo, retrata o emblemático baile – em exposição permanente no Museu Histórico Nacional, no Rio de Janeiro – e por meio dela é possível ter uma ideia da moda vigente no período, assim como da aura de mistério e incerteza que pairou na noite do baile, reforçada pelas cores escuras e graves semblantes da maioria dos retratados na pintura.

Embora aparentemente pouco expressiva por se assemelhar demais à Europa, a moda no período do Segundo Império foi muito importante para o reencontro do Brasil com suas raízes originais e por vestir um novo padrão de brasileira – a moreninha –, que pouco a pouco ia ganhando destaque no Brasil. E foi no Rio que as inspirações chegaram e se manifestaram de maneira mais forte, sobretudo por meio de personagens da literatura que viviam no Rio. A noção de uma mulher mais jovial e cheia de vida e de vitalidade, que se opunha aos padrões vitorianos, já era um interessante contraponto ao que vinha do exterior como referência feminina. As matronas pouco a pouco vão sendo deixadas para trás, e logo surgirá no Rio outro tipo de mulher, jovial, muito mais de acordo com o clima e atmosfera da cidade, que a cada dia, por mais que se insistisse, parecia andar na direção contrária dos padrões europeus.

Princesa Isabel.
Navarro Cañizares, 1888.

Juramento da princesa Isabel ao assumir pela 1ª vez a regência do império do Brasil.
Victor Meirelles, 1875.

Princesa Isabel em trajes oficiais.
Marc Ferrez, 1887.

Rua do Ouvidor no Rio de Janeiro.
Foto de Marc Ferrez.

Ouvindo a rua do Ouvidor

Sentimos aqui pulsar a vida do império – aqui encontramos o ponto central e mais importante dele (...). Vê-se diariamente na Rua do Ouvidor os homens que governam o país e conduzem a opinião pública (...). O Rio de Janeiro é o Brasil e a Rua do Ouvidor é o Rio de Janeiro.

Von Koseritz

Para as moças cariocas dos tempos imperiais que sonhassem tornar-se um exemplo de elegância na Europa – como a Viscondessa de Cavalcante –, um punhado de conhecimentos, um tanto de graciosidade e muitos mil réis, além, é claro, de luxuosos vestidos de baile feitos por alguma modista francesa da rua do Ouvidor eram, sem dúvida, uma combinação de sucesso. Mas para aquelas que não contavam com a mesma sorte de antes de se tornarem um modelo de elegância poderem frequentar os elegantes bailes e salões, exercendo ali a arte de conversar e de vestir, tornando-se ainda mais bem informadas acerca dos modos e modas do mundo, existia outro salão. Um salão a céu aberto que proporcionava à população carioca de todas as classes sociais a oportunidade de observar, anotar, copiar, absorver (ou não) o que chegava do exterior e que logo estaria nos bailes, nas bocas de cena e na boca do povo.

A rua do Ouvidor permanecia ainda como o "salão" ao ar livre do carioca, onde os habitantes da cidade se encontravam com o que era elegante, com o que vinha do estrangeiro e era novidade. Era o filtro do que acontecia no mundo e o termômetro do que acontecia na cidade. Era a rua dos boatos "oficiais", dos encontros profissionais ou casuais. Dos flertes da população com os trajes das vitrines, e dos jovens almofadinhas com as mocinhas elegantes. Um folhetim de José de Alencar dizia que: "(...) as moças admiravam mais o vestido de cetim branco e o penteado que dizem ser de um gosto chic; os homens, porém, admiravam mais as moças que o vestido (...)".*

---

* PINHO, Wanderley. *Op. cit.*, p. 279.

A CULPA É DO RIO! A cidade que inventou a moda do Brasil

Era a rua onde a vida do império pulsava, de acordo com o jornalista alemão Von Koseritz, àquela época radicado no Rio Grande do Sul e em visita à cidade. Em um relato de 1883, o jornalista reafirma a importância da via e a identificação dela com o Rio e o Brasil da época.

> Sentimos aqui pulsar a vida do império – aqui encontramos o ponto central e mais importante dele (...). Vê-se diariamente na Rua do Ouvidor os homens que governam o país e conduzem a opinião pública (...). O Rio de Janeiro é o Brasil e a Rua do Ouvidor é o Rio de Janeiro.*

Se formadores de opinião de grande credibilidade entre a população eram alguns dos ilustres frequentadores da Ouvidor, frequentes eram também as notícias e os boatos que ali surgiam e se espalhavam pela cidade com a mesma velocidade do progresso que batia às portas da capital do país. Podia ser a notícia de um casamento, de uma traição, de uma antiga lei ou de uma nova moda. Machado de Assis, apaixonado pela via, cita a Ouvidor em vários de seus romances e crônicas. Em *Ressurreição*, o escritor descreve a incrível velocidade com que as notícias se espalhavam pela cidade, desde a Ouvidor:

> A notícia foi referida por ele na Ouvidor, esquina da Rua Direita. Daí a dez minutos chegara à Rua da Quitanda. Tão depressa correu que em um quarto de hora depois era assunto de conversa na Rua do Ourives. Uma hora bastou para percorrer toda e extensão da nossa principal via pública. Dali espalhou-se em toda a cidade.**

A Ouvidor era um pouco do mundo, da Europa e do Brasil no Rio. E sua fama era nacional. Continuou a ser nos tempos imperiais – mesmo decorridos três séculos desde sua origem – e também durante a *Belle Époque*, uma referência de estilo de vida e de moda para os cariocas.

---

* MAUAD, Ana Maria. *Op. cit.*, p. 185.
** ASSIS, Machado de. *Ressurreição. Op. cit.*, p. 104.

Se no século XIX a rua estava localizada no considerado centro vital da cidade, graças também ao grande número de edificações importantes construídas à sua volta e que acabaram por tirar o mar de sua vista, é interessante lembrar que a via mais famosa do centro do Rio nasceu como um atalho, no século XVI, inicialmente conhecido como "desvio do mar" e depois como "caminho do mar". Foi batizada com diversos outros nomes antes de tornar-se, no século XVIII, a conhecida rua de moradia do importante ouvidor* Francisco Berquó da Silveira. Daí a origem do seu nome.

Era igualmente a rua dos perfumistas, das floriculturas, das confeitarias e, principalmente, onde se localizavam os armarinhos e os ateliês das modistas francesas. Por isso, era também conhecida como a Rua da Moda.

A principal via da cidade mereceu de Joaquim Manoel de Macedo um livro inteiro dedicado à sua história. Macedo conta que, em 1822, com a instalação de uma certa madame Josephine – modista dos últimos gostos de Paris – por lá, a rua passaria a viver sua França Antártica do século XIX, só que instaurada com sucesso, e de maneira pacífica. Uma espirituosa passagem merece registro:

> No décimo sexto século, Villegagnon, e após ele Boisie-Comte, com centenas de soldados, e com o apoio mal dissimulado do governo francês não puderam manter a conquista da Baía do Rio de Janeiro, de suas ilhas e pontos do continente, e ver realizar as aspirações da França Antártica.
> No século décimo nono, em um dos dois anos, em 1822, enfim, uma dúzia (nem tanto) de francesas sem peças de artilharia, nem espingardas, nem espadas e apenas com tesoura e agulhas fundaram suave e naturalmente, e sem oposição nem protestos, a França Antártica na cidade do Rio de Janeiro.
> A França Antártica é a Rua do Ouvidor desde a Primeiro de Março até a Praça São Francisco de Paula.
> Honra e glória, pois, às modistas francesas que na sua hégira de 1821 a 1822 se acolheram

---

* Categoria de magistrados nomeados por Portugal para atuarem no Brasil.

àquele oásis, àquela predestinada Rua do Ouvidor, da qual fizeram pequena, mas feiticeira filha de Paris, e donde, sobre o cetro da Moda, puderam logo em 1822 alcançar o grito – *Vive la France!* (...) A Rainha da Moda de Paris firmou seu trono na Rua do Ouvidor.*

Macedo lembrava que, desde então:

> As senhoras fluminenses entusiasmaram-se pela Rua do Ouvidor, e foram intransigentes na exclusiva adoção da tesoura francesa. Nem uma desde 1822 se prestou mais a ir a saraus, a casamentos, a batizados, a festas e reuniões sem levar vestido cortado e feito por modista francesa da Rua do Ouvidor.**

A rua do Ouvidor era, de fato, uma unanimidade: não importa se em críticas ou elogios, tanto de brasileiros quanto de estrangeiros, sempre calorosos ao se referirem àquela espécie de salão livre no Brasil. No que diz respeito à moda e às novidades, a rua, sem dúvidas, impressionava pela grande variedade de negócios e produtos que chegavam de Paris. Adèle Toussaint-Samson, a francesa encarregada de ensinar às princesas imperiais a arte da dança, não deixou de registrar suas impressões sobre o que chamou de *Boulevard des Italiens* da capital do Brasil:

> Não sendo minha intenção fazer aqui a nomenclatura das ruas do Rio de Janeiro e de seus monumentos, abandonarei esse assunto depois de ter dito uma palavra, porém, sobre a Rua do Ouvidor, rua essencialmente francesa, onde os estabelecimentos de nossas modistas, de nossos cabeleireiros, de nossos floristas e de nossos confeiteiros exibem-se em todo o seu esplendor. É o ponto de encontro dos jovens da cidade que, a pretexto de comprarem charutos ou gravatas, ali vão fazer a corte às francesas, que eles adoram. Essa rua, embora estreita e feia, é de alguma maneira o Boulevard dês Italiens da capital do Brasil; lá só se ouve falar francês, e que francês, meu Deus!***

---

* MACEDO, Joaquim Manoel de. *Op. cit.*, pp. 76-77.
** Ibidem, p. 76.
*** TOUSSAINT-SAMSON, Adèle. *Op. cit.*, p. 85.

Estreita e feia, a Ouvidor foi definida por Adèle e por muitos outros visitantes, que, apesar de reconhecerem a sua importância, se mostravam decepcionados com a sua aparência: além de mal conservada, era mal iluminada e com péssimo calçamento. Para alguns estrangeiros e brasileiros, aquela que era considerada a principal via da cidade de perto era uma grande decepção: não passava de uma rua suja, abarrotada de lojas e de gente.

Para Ramalho Ortigão, um português exigente, a rua era lastimável e necessitava de alargamento para que as carruagens passassem mais confortavelmente pela via; para Machado de Assis – ao contrário –, o "acotovelante" era um de seus maiores encantos. Em sua opinião, a via não devia ser ampliada em hipótese alguma:

> Alargai outras ruas, todas as ruas, mas deixai a do Ouvidor assim mesmo – uma viela, como lhe chama o Diário – um canudo, como lhe chamava Pedro Luís. Há nela assim estreitinha um aspecto e uma sensação de intimidade. É a rua própria do boato. Vá lá correr o boato por avenidas amplas e lavadas de ar. O boato precisa de aconchego, de contiguidade, do ouvido à boca para murmurar depressa e baixinho, e saltar de um lado para o outro. Na Rua do Ouvidor um homem que está à porta do Laemmert aperta a mão do outro que fica à porta do Crashley, sem perder o equilíbrio. Pode-se comer um sanduíche no Castelões e tomar um cálice de Madeira no Deroché quase sem sair de casa. O característico dessa rua é ser uma espécie de loja única, variada, estreita e comprida. Depois, é preciso contar com a nossa indolência. Se a rua ficar mais larga para dar passagens a carros, ninguém irá de uma calçada a outra, para ver uma senhora que passa – nem a cor de seus olhos, nem o bico de seus sapatos (...).*

Os debates acerca de melhorias urgentes na cidade continuavam ganhando força e logo se constataria que as românticas ideias de Machado estavam com os dias contados. Ruas estreitas, sujas e mal conservadas, boatos e indolência seriam algumas das palavras que a República procuraria banir do dicionário da cidade, fazendo-as desaparecer varridas por "avenidas amplas e lavadas de ar" para ceder lugar a bondes

---

* PINHO, Wanderley. *Op. cit.*, p. 279.

e trens – meios de transporte que promoveriam o rápido deslocamento populacional para regiões onde se concentravam o comércio, as residências das classes média e alta e as praias.

Para a cidade se tornar uma capital como as dos países europeus, havia ainda muito a ser feito, e a população, aos poucos, começava a se dar conta das deficiências estruturais com as quais se acostumara a conviver, mas que precisavam ser corrigidas. Se na capital eram imitados os modos e as modas europeias, o correto seria imitá-los integralmente, em um contexto urbano e paisagístico adequado aos tempos modernos e próximos ao ideal de cidade ícone do momento, como era Paris.

O escritor José de Alencar, assim como Machado de Assis, também um admirador da cidade, porém favorável a mudanças e modernizações, notava que: " Se tudo imitávamos dos costumes franceses, ainda não havíamos adotado a flânerie – o passeio ao ar livre feito lenta ou vagarosamente conversando ou cismando, contemplando a beleza natural ou a beleza da arte, variando a cada momento de aspecto e impressões".*

Rua Buenos Aires, 1899, e Rua do Rosário, 1914. Gustavo Dall'Ara.

---

* PINHO, Wanderley. *Op. cit.*, p. 274.

A "prática" da *flânerie* e da livre circulação de pessoas – comum nas capitais europeias, e famosa em Paris – não seria possível no Rio, a menos que se empreendesse urgentemente uma modernização radical na cidade. Como caminhar lentamente por ruelas estreitas abarrotadas de gente? O que contemplar em ruas sujas, mal iluminadas, mal conservadas e mal cheirosas? De fato, as ruas, em sua maioria, se encontravam em tais condições de abandono que não convidavam a passeios noturnos. Alencar, então, convocou a população carioca a lutar pela conquista de mais espaços ao ar livre, que proporcionassem melhor aproveitamento dos belos cenários da cidade, como a Praia de Botafogo, o adro da igrejinha da Glória e jardins como os do Passeio Público, que, nascido de frente para o mar, ainda nos tempos coloniais, já necessitava de modernizações, como descreve Jane Santucci:

> De frente para o mar, nasceu o Passeio Público do Rio de Janeiro, o primeiro jardim da cidade colonial, e também o primeiro belvedere para a apreciação da paisagem marítima da Baía de Guanabara. Inaugurou a vida social na cidade, despertando na população o prazer para os passeios vespertinos e proporcionando o passeio de pessoas em seu terraço, onde eram apresentados concertos e saraus de poesia.
> No século XIX, veio a corte, e o terraço, então castigado pelas ondas do mar, foi reformado. (...) Já no Segundo Reinado, o príncipe austríaco Maximiliano, em visita ao local, não suportou o mau cheiro que exalava e, num gesto súbito, levou o lenço ao nariz, deixando toda a comitiva constrangida.[*]

Contudo, mesmo o Passeio Público, então uma das únicas opções ao ar livre do carioca, graças a sua proximidade com as praias (onde até então dejetos e a água usada pela população eram atirados), tinha em geral um cheiro insuportável e não era frequentado à noite. Não havia para o carioca, tão afeito aos estrangeirismos, mas sempre um apreciador da vida ao ar livre, um correspondente aos grandes parques, jardins, avenidas e *boulevares* europeus, bem iluminados, arejados, onde a população

---

[*] SANTUCCI, Jane. *Os pavilhões do Passeio Público: Theatro Casino e Casino Beira-Mar.* Rio de Janeiro: Casa da Palavra: Prefeitura do Rio de Janeiro, 2005. p. 16.

podia gozar dos prazeres de flanar com toda a segurança, tanto sob a luz do sol quanto dos modernos postes de iluminação. A reforma da cidade era urgente e, pelo andar da carruagem, acabou ficando a cargo da República.

Vida ao ar livre para os cariocas no século XIX - Baía de Guanabara, tomada da praia do Russel.
C. J. Martin, 1850.

O Segundo Reinado ia chegando ao final e com ele o século XIX, cheio de questões sociais e urbanas que deveriam ser solucionadas.

O Rio de Janeiro da Belle Époque.
Foto de Augusto Malta, entre 1906 e 1909.

rio, capital do Brasil.
A Paris dos trópicos

O Rio de Janeiro consagrou-se com a República como centro absoluto da vida política e cultural da nação, além de polo financeiro lidando com transações capitalistas. Seu papel de capital projetou de maneira unívoca a autoimagem nacional, revelando a natureza do Estado. O Rio exercia poderosa força centrípeta, magnetizando cidadãos dos diversos cantos do país. A repercussão de seus movimentos sociais e a permanente mobilização política garantia sua influência marcante sobre o resto da nação.

Rosa Maria Barbosa de Araujo

Proclamada a República, em 1889, o Rio de Janeiro, como capital do Brasil e sede da República, seria mais uma vez o centro das atenções do país.

A cidade foi sendo gradativamente invadida pelos avanços tecnológicos e progressos da virada de século, caracterizados pela iluminação elétrica, pelo desenvolvimento dos novos meios de comunicação, telegrafia sem fio, telefone, meios de transporte derivados do petróleo, aviação, imprensa ilustrada, indústria fonográfica, rádio e cinema. Tais modernidades intensificaram o papel da capital da República, tornando-a eixo de irradiação e caixa de ressonância das grandes transformações em marcha pelo mundo, assim como no palco de sua visibilidade e atuação em território brasileiro. O Rio passaria então a ditar, não apenas novas modas, o estilo de vida e comportamentos, para todo o resto do Brasil, mas também, e acima de tudo, o sistema de valores, o modo de vida, a sensibilidade, o estado de espírito. É nesse momento e graças a essa atuação que o Rio se torna uma cidade "panbrasileira".*

Quando a Corte chegou ao Rio, em 1808, havia a grande ânsia em apagar os vestígios dos tempos coloniais. Proclamada a República, crescia entre os novos governantes a ânsia em apagar completamente a imagem da cidade dos tempos coloniais e imperiais, e trazê-la para a modernidade do século XX. Colônia e império eram sinônimos de atraso, palavra inadmissível para uma capital como o Rio de Janeiro, em plena

---

* SEVCENKO, Nicolau. "A capital irradiante: técnica, ritmos e ritos do Rio". *In*: NOVAIS, Fernando A. (Coord.). *História da vida privada no Brasil – República: da Belle Époque à Era do Rádio.* 7. ed.; organização Nicolau Sevcenko. São Paulo: Companhia das Letras, 1998. p. 522 – [História da vida privada no Brasil; 3].

virada do século. A cidade não podia correr o risco de, aos olhos de seus habitantes e principalmente aos olhos estrangeiros, ser considerada antiga. Uma nova *City*, ou *Cittè*, extirparia todos os defeitos e erros cometidos ao longo de quase quatrocentos anos de história. O Rio de Janeiro seria uma nova cidade – a Paris dos Trópicos –, conforme o desejo de seus novos governantes e de seus habitantes mais intelectualizados. Moderna, estaria então em dia com o progresso e devidamente preparada para mais uma tentativa de "reeuropeização" de seus costumes, agora mais que nunca imantada por Paris.

> "O Rio civiliza-se".* A expressão cunhada pelo cronista Figueiredo Pimentel revelava em grande parte a euforia da elite brasileira radicada no Rio de Janeiro novecentista com a implementação das reformas urbanas encetadas pelo prefeito demolidor Pereira Passos. O velho centro sofreu uma série de intervenções que se sustentaram na remodelação e ampliação do porto, higienização e saneamento, assim como na abertura de avenidas, praças e jardins.
>
> Os tais melhoramentos pretendiam extirpar aqueles traços que destoavam do projeto de transformar a capital da República numa "Europa possível". A condenação dos hábitos e costumes ligados pela memória quer à velha sociedade imperial quer às tradições populares, deveriam dar lugar a um novo padrão de sociabilidade burguês emoldurado num cenário suntuoso. "O mármore dos novos palacetes representava simultaneamente uma lápide dos velhos tempos e uma placa votiva ao futuro da nova civilização."**

A ânsia de tornar o Rio de Janeiro a cidade mais moderna do país não encontraria resistência ou obstáculos, pois era estratégica naquele momento tal mudança. O presidente Rodrigues Alves, que governou o país entre 1902 e 1906, encontrou o campo livre para a construção da "capital dos sonhos" da República, uma vez que o Rio de Janeiro se encontrava com as finanças públicas devidamente saneadas e em condições de promover a remodelação da capital republicana.***

---

* A frase, famosa na época, foi cunhada por Figueiredo Pimentel em sua coluna "Binóculo", na *Gazeta de Notícias*. Ver O'DONNELL, Julia. *De olho na rua: a cidade de João do Rio*. Rio de Janeiro: Jorge Zahar, 2008. p. 45.
** NOVAIS, Fernando A. (Coord.). *História da vida privada no Brasil – República: da Belle Époque à Era do Rádio*. *Op. cit.*, pp. 438-439 e 646 – [História da vida privada no Brasil; 3].
*** MOTTA, Marly. *Op. cit.*, p. 29.

Como em um constante processo que insistia na negação das vocações (e possibilidades) locais, o Rio de Janeiro seria novamente submetido a mais uma "sessão de reeuropeização". Dessa vez, diagnosticada a imagem desgastada da capital do país, principalmente no exterior, a primeira providência a ser tomada seria um "tratamento de choque", uma espécie de "banho de loja" urbano, para reverter as impressões negativas sobre a cidade e fazer com que ela assumisse o papel de vitrine e espelho da nação, que costuma caber às cidades-capitais, extirpando todo o seu passado. Mas para que isso fosse possível, a cidade teria de ir, literalmente, abaixo. Segundo Nelson Schapochnik, a era das demolições promovidas no período 1903-1906 propiciou uma operação maciça de "construção do consenso", que se desenvolveu por meio de editoriais, artigos e matérias pagas em jornais e revistas nacionais e estrangeiras, publicações oficiais, série de cartões-postais, assim como organização de feiras e congressos, tanto no Brasil como no exterior – aproveitando a onda das exposições universais que, naquela época, aconteciam nas mais importantes cidades e capitais em vários países do mundo – como propaganda da modernidade do Rio de Janeiro.

Theatro Municipal do Rio de Janeiro.

A tarefa de "reinventar" o Rio ficou a cargo de Pereira Passos, engenheiro com longa passagem por Paris, onde se tornou testemunha e admirador das reformas que Georges Haussmann, referência na arquitetura da *Belle Époque* parisiense, promoveu por mais de uma década na cidade europeia, abrindo dezenas de avenidas, boulevares e construindo suntuosos edifícios públicos. Em razão dos poderes extraordinários conferidos pelo governo a Passos – como o fechamento temporário do Conselho Municipal em sua gestão –, foi instituída a "ditadura do prefeito". O engenheiro, apelidado pelos cariocas de "Haussmann tupiniquim", foi incumbido de "enterrar" de vez o passado da cidade, demolindo alguns de seus principais símbolos, os quais deveriam ser substituídos por edifícios modernos e amplas avenidas lavadas de ar. Os planos assustavam os mais pobres, agradavam aos mais ricos e visavam cumprir, a todo custo, as metas e os objetivos estabelecidos pelo governo republicano para a reinvenção da cidade. Segundo a historiadora Julia O'Donnell, o processo de modernização do Rio que se apoiava no tripé saneamento/abertura de ruas/embelezamento seria iniciado "pelas bordas", mas sempre com os olhos voltados para o mar.*

Abertura da Avenida Central.
Foto de Augusto Malta, entre 1906 e 1909.

---

* O'DONNELL, Julia. *Op. cit.*, p. 45.

Os principais investimentos, financeiros e simbólicos, da chamada Reforma Passos foram estrategicamente orientados em três direções: a abertura da Avenida Central, atual avenida Rio Branco, unindo o Rio de Janeiro de "mar a mar" (do porto até a avenida Beira-Mar, que desembocava na Praia do Flamengo); a ampliação do porto e a abertura de novas e amplas avenidas em face das necessidades urbanas daquele momento.* É importante lembrar que eram intensas as atividades de exportação e importação promovidas pelo Rio àquela época; que o cais do porto já não comportava tamanho volume de navios que chegavam do exterior, além de não ter em seu entorno uma estrutura viária adequada que possibilitasse o escoamento entre porto, rede ferroviária e pontos de comércio;** e, finalmente, a tentativa de implantação de novas "usanças e costumes" de acordo com o novo perfil de cidade-capital que seria, compulsoriamente, incorporado pelo Rio.

Para tanto, o governo editou uma série de decretos que proibiam antigas práticas que manchavam a reputação da cidade, como a venda de bilhetes de loteria, o comércio ambulante, cuspir e urinar nas ruas e soltar fogos de artifício, entre outras. Todas essas antigas práticas passaram a ser consideradas delitos graves, sujeitos a severas punições.

O problema da área central da cidade, que continuava se adensando, abrigando em favelas e cortiços boa parte de sua população mais miserável, também seria resolvido, pois nos planos traçados de uma nova Paris, cuja próspera população transitaria a pé, em bondes ou em autos por belas avenidas e ruas, parques, passeios e jardins, não havia lugar para a pobreza ou para a miséria. De acordo com Rosa Maria Barbosa de Araújo, com a reforma urbana empreendida a partir de 1904, a população pobre da zona central foi expulsa das regiões nas quais se concentrava e, tal como a classe média baixa, não podia residir nos bairros servidos pelos bondes. Residiriam os mais pobres nas zonas rurais, servidas por trens, e os mais ricos, nas zonas urbanas e litorâneas, servidas pelos bondes. Ainda conforme a historiadora, foi assim que a cidade avançou

---

* MOTTA, Marly. *Op. cit.*, p. 29.
** O'DONNELL, Julia. *Op. cit.*, p. 44.

em todas as direções, inclusive atravessando a Baía de Guanabara – proeza já realizada por D. João VI, ainda no século XIX, quando em sua busca pelos benefícios dos ares marinhos cariocas, chegou à região onde hoje se localiza Niterói.

Para a escolha de projetos arquitetônicos e urbanísticos, foram lançados editais e promovidos concursos. A semelhança com Paris não deveria ser mera coincidência. Para Rosa Maria Barbosa de Araújo,* especialistas não deixavam de ter razão quando afirmavam que nossa civilização urbana era importada. A modernização urgente pela qual passaria a cidade era, na verdade, uma cópia de projetos urbanísticos e sanitaristas importados, já bem conhecidos na Europa. Alguns conceitos como os de William Harvey e George Haussmann, adotados na França nos séculos XVIII e XIX, respectivamente, seriam no Rio de Janeiro reproduzidos. Harvey defendia que as ruas e avenidas de uma cidade deveriam funcionar como veias e artérias do corpo humano, garantindo a circulação e o fluxo constante da população, ao passo que jardins, parques e passeios públicos deveriam funcionar como pulmões. É interessante observar que os termos "veias" e "artérias" são até os dias atuais empregados na designação de vias e estradas, e que, de fato, parques e jardins têm muito em comum com o estilo de vida ao ar livre adotado pelos habitantes da cidade, que até os dias de hoje praticam exercícios e atividades aeróbicas os quais, via de regra, estão associados a benefícios respiratórios.

---

* ARAÚJO, Rosa Maria Barbosa de. *Op. cit.*, pp. 9-10.

Passeio Público.
Rosalbino Santoro, 1884.

Seguindo as tendências, o Passeio Público se transformaria em um belo jardim de alamedas sinuosas e canteiros gramados, tornando-se não apenas o pulmão da cidade, mas também "passarela social para ver e ser visto – o *plaisir de la promenade*. Onde era possível de se contemplar a natureza e praticar o *footing* e o *flirt*".*

Curioso é que quanto mais se tentava "reeuropeizar" o Rio, mais se jogava a cidade na direção de sua verdadeira vocação, até mesmo em relação à moda: a da vida ao ar livre e da proximidade com o mar, em frente de onde a cidade nasceu.

---

* SANTUCCI, Jane. *Op. cit.*, p. 16.

Exposição comemorativa dos cem anos da abertura dos portos, Praia Vermelha – Urca. Foto de Augusto Malta, 1908.

Se Harvey defendia a ideia de que uma cidade devia ter veias, artérias e pulmões, e Morse sugeria a abordagem da "cidade como gente", nada mais justo que uma cidade também tivesse alma. E ninguém melhor que o carioca João Paulo Emílio Cristóvão dos Santos Coelho Barreto, o João do Rio, jornalista, cronista, tradutor e teatrólogo carioca, que vivia flanando pela cidade na *Belle Époque*, para descobrir onde encontrá-la. E foi nas ruas do Rio que João do Rio, o grande cronista social da cidade, a encontrou, e no início do século XX, registrou nos mínimos detalhes o que o cotidiano da capital da República tinha, a seu ver, de mais interessante: os seus habitantes. Suas crônicas descrevendo a cidade e o estilo de vida de seus habitantes passou a atrair a atenção de todo o país, que cada vez mais passou a admirar e desejar estar no Rio de Janeiro para desfrutar da vida ao ar livre, como tão bem sabiam fazer os cariocas, habitantes da moderna capital do Brasil. João do Rio foi responsável pela popularização da figura do carioca, de seu estilo de vida e de sua moda, observando e registrando de maneira brilhante a interessante diferença entre cariocas residentes em bairros das Zonas Norte e Sul da cidade.

João do Rio.
Foto de Paulo Barreto, 1909.

O Rio de João do Rio

A rua é a civilização da estrada.

João do Rio

Assim como ao longo de toda a sua história, a população do Rio, também no início do século XX, não se deixou levar completamente pelos estrangeirismos que chegaram à cidade. Aqui e ali, os cariocas em geral se alimentavam das novidades, mas digeriam à sua maneira toda moda ou regra que vinha de fora, dando a elas uma nova representação. Às regras impostas iam se incorporando e se misturando traços locais, resultando em

Praça Floriano, Rio anos 1920.

uma interessante e constante fusão de elementos muitas vezes antagônicos. Para Rosa Maria Barbosa de Araújo, a cultura do Rio no início do século XX era formada por invenções populares e elitistas, pelo confronto ou fusão desses dois lados, pela cópia do modelo externo, adaptação ou criação de uma linguagem ou arte original.

Se na Europa, *dândis* empertigados flanavam pelos elegantes *boulevares* e avenidas das grandes capitais como Paris, registrando e comentando tudo o que viam e viviam, no Rio a prática se popularizaria por meio de João do Rio, pseudônimo do escritor e jornalista carioca Paulo Barreto. O *dândi*-mulato (admirador de Charles Dickens, Friedrich Nietzsche, Schopenhauer, Honoré de Balzac, Charles Baudelaire, Montaigne, Edgar Allan Poe, Stendhal e, sobretudo, Oscar Wilde) trouxe a *Belle Époque* parisiense para os "arrabaldes" da cidade e registrou em seus textos "as modas" e os costumes da Bela Época carioca. João do Rio foi o grande porta-voz de estrangeirismos e carioquices do início do século que correram pelo Brasil e até hoje são referências. Pelo tom crítico de seus textos, é possível perceber inúmeras nuances da cidade e de seus habitantes nesse período, bem como as diferenças sociais, os desejos da população mais pobre ou mais rica, os tipos urbanos característicos, os avanços tecnológicos, as distinções de classe, o comportamento e a moda. As descrições muitas vezes irônicas do cronista acerca de fatos e personagens – por vezes fictícios – do cotidiano da cidade não deixavam dúvidas sobre a contemporaneidade de sua abordagem. Tal percepção nos remete a Arthur Helps quando recomenda que se alguém pretende compreender a sua própria época, deve ler as obras de ficção produzidas nela, pois, segundo sustenta o autor, as pessoas, quando estão vestidas em fantasias, falam sem travas na língua.*

Justamente pela falta "de travas na língua" de João do Rio, e pelo seu olhar atento e apurado, é possível ler, nas entrelinhas de seus textos, a percepção de que, quanto mais se tentava europeizar o Rio, mais se promovia o oposto. Os constantes processos de "reeuropeização" aos quais a cidade foi submetida foram, ironicamente, fundamentais para que no Rio se desenvolvesse um estilo de vida e uma moda particulares, moldando identidade própria, cujas características já eram latentes. Nas crônicas de João do

---

* HELPS, Arthur. "Life and labours of mister Brassey, 1969". *Apud* SEVCENKO, Nicolau. *Op. cit.*, p. 514.

Rio, questões relevantes como a distinção de classes – que ora se evidenciava, ora se ocultava – e a importância da presença do mar e das praias na vida do carioca eram uma constante.

Em toda a produção do cronista, entretanto, a vida ao ar livre, "do lado de fora", é essencial para entender o espírito do carioca, e a rua é grande vedete e a palavra-chave. Em *A Encantadora Alma das Ruas*, sua obra mais famosa, o jornalista descreve com muita propriedade como ruas e bairros do Rio foram, além de outras coisas, "personalizando" a moda que chegava na cidade. Um mesmo traje poderia adquirir diferentes nuances de acordo com as diferentes leituras dos moradores das diversas ruas, bairros e regiões do Rio. Em um de seus geniais textos, João do Rio explica, usando como exemplo a moda, sua visão acerca dos diferentes estilos de vida existentes entre as populações de diversos bairros e regiões do Rio, por exemplo, entre os moradores da Zona Norte e da Zona Sul.

> Nas grandes cidades a rua passa a criar o seu tipo, a plasmar o moral de seus habitantes, a inocular-lhe misteriosamente gostos, costumes, hábitos, modos, opiniões políticas. Vós todos deveis já ter ouvido ou dito aquela frase: – Como estas meninas cheiram a Cidade Nova!
> Não é só Cidade Nova, sejam louvados os deuses! Há meninas que cheiram a Botafogo, a Haddock Lobo, a Vila Isabel, como há velhas em idênticas condições e homens também. A rua fatalmente cria o seu tipo urbano como a estrada criou o tipo social. Todos nós conhecemos o tipo do rapaz do largo do Machado: cabelo à americana, roupas amplas à inglesa, lencinho minúsculo no punho largo, bengala de volta, pretensões às línguas estrangeiras, calças dobradas como Eduardo VII e toda a snobopolis do universo. Esse mesmo rapaz, dadas idênticas posições, é no largo do Estácio inteiramente diverso. As botas são de bico fino, os fatos em geral justos, o lenço no bolso de dentro do casaco, o cabelo à cabeleira com muito óleo. Se formos ao largo do Depósito, esse mesmo rapaz usará lenço de seda preta, forro na gola do paletó, casaquinho curto e calças obedecendo ao molde corrente da navegação aérea – calças a balão. Esses três rapazes da mesma idade, filhos da mesma gente honrada, às vezes até parentes, não há escolas, não há contatos passageiros, não há academias que lhes transformem o gosto por certa cor de gravatas, a maneira de

> comer, as expressões, as idéias – porque cada rua tem um stock especial de expressões, de idéias e de gostos. A gente de Botafogo vai às "primeiras" (filas) do Lírico, mesmo sem ter dinheiro. A gente da Haddock Lobo tem dinheiro, mas raramente vai ao Lírico. Os moradores da Tijuca aplaudem Sarah Bernhardt como um prodígio. Os moradores da Saúde amam enternecidamente o Dias Braga. As meninas das Laranjeiras valsam ao som das valsas de Strauss e de Berger, que lembram os cassinos da Riviera e o esplendor dos kursaals. As meninas dos bailes de Catumbi só conhecem as novidades do senhor Aurélio Cavalcante. (...) Oh! Sim, a rua faz o indivíduo, nós bem o sentimos.*

Entretanto, se regiões e bairros da cidade começavam a esboçar clara distinção entre as classes sociais, hábitos e moda de seus moradores, João do Rio mostrava que a população carioca tinha também pontos de convergência. Em *Os dias passam,* em que faz uma análise do comportamento dos cariocas pela imagem das janelas, o cronista ressalta como no Rio ricos e pobres mantinham a curiosidade como característica comum. Para João do Rio, o hábito de "viver nas janelas" (já apontado em capítulos anteriores) promovia a igualdade social dos cariocas.

> O carioca vive à janela. Você tem razão. Não é uma certa classe; são todas as classes. Já em tempos tive vontade de escrever um livro notável sobre o "lugar da janela na civilização carioca", e então passeei a cidade com a preocupação da janela. É de assustar. Há um bairro elegante, o único em que há menos gente às janelas. Mesmo assim, em trinta por cento das casas nas ruas mais caras, mais cheias de villas em amplos parques, haverá desde manhã cedo gente às janelas. Na mediania burguesa desse mesmo bairro: casas de comerciantes, de empregados públicos, de militares, vive-se à janela. Nos outros bairros, em qualquer é o mesmo, ou antes, é pior. Pela manhã, ao acordar, o dono da casa, a senhora, os filhos, os criados, os agregados, só têm uma vontade: a janela. Para quê? Nem eles mesmos sabem (...). (...) Até hoje ignoro a causa secreta. Mas vi ser a janela que o Rio vive.**

---

* RIO, João do. *A alma encantadora das ruas: crônicas.* Organização Raúl Antelo. São Paulo: Companhia das Letras, 2008. pp. 41-42.
** RIO, João do. *Os dias passam.* Porto: Chardron, 1912. pp. 345-346.

Para Julia O'Donnell,* esse sentido de estímulo visual desponta na modernidade como via principal de acesso ao universo relacional que cerca o indivíduo. Sentido de fixação imediata, bem ao gosto da pressa que a vida urbana impõe, ela delega aos olhos o nobre título de "janela da alma" em uma clara alusão à importância que as formas e a aparência assumem no contexto da interação efêmera (seja ela com pessoas, seja com objetos). Segundo a historiadora, os trechos do texto de João do Rio que falam sobre o papel da janela para os cariocas mostram a importância que os estímulos visuais ganhavam, sobretudo na modernidade galopante - tema também presente na rica obra literária de Lima Barreto, cuja leitura é fortemente recomendada. E a súbita importância dada à moda é um exemplo desse processo de "visualização" da sociedade.

No Rio de Janeiro da *Belle Époque*, o gosto pela moda da cintura de vespa, da silhueta em S resultante dos apertados espartilhos, das anquinhas, dos enchimentos de busto, dos sapatos de cetim, verniz ou couro, dos tecidos finos e bordados delicados, das rendas de cores suaves, das minúsculas sombrinhas e dos gigantescos chapéus não encontraria versões muito diferentes das de seus originais em Paris. Os chapéus femininos – que nos séculos anteriores não conquistaram as cariocas com facilidade – seriam, no início do século XX, uma febre. Segundo Nicolau Sevcenko, no Rio, como em Paris, o chapéu nessa época seria, por excelência, o objeto de desejo feminino. Os códigos contidos no acessório mais popular da *Belle Époque* eram complicadíssimos e variavam conforme a idade, estado civil, condição social, posição do pai ou do marido, estação, ambiente, hora do dia, características dos vestidos e joias em uso, as modas das companhias teatrais parisienses e os últimos lançamentos das *boutiques* francesas. Misteriosos, exóticos, elegantes, ousados ou austeros, eles atraíam os olhares, ocupavam (muito) espaço e acrescentavam um ar aristocrático e sofisticado às usuárias. No entanto, os chapéus eram geralmente tão grandes, cheios de ornamentos e, por isso, muito pesados, que Coco Chanel – criadora de moda francesa, que começou sua trajetória como chapeleira em Paris – teria criticado os exageros cometidos pelas damas parisienses, questionando como era possível uma mulher raciocinar normalmente ao carregar tal peso na cabeça. Chanel, defensora do "menos é mais", aplicaria o conceito

---

* O'DONNELL, Julia. *Op. cit.*, p. 143.

dessa expressão não apenas aos chapéus que produzia em seu atelier, mas também aos vestidos, que logo começariam a fazer sucesso entre as parisienses e virar assunto entre as cariocas.

O Rio de Janeiro "eurotropical" seguia observando o que chegava de fora e misturando tudo: de *flanêurs, mitaines, toilettes, dernier bateaus, vaudevilles trotoirs, mademoiselles, mesdames* e *monsieurs*, era também o dos *bonds, fords, footings, meetings, smoking jackets, poker, afernoon tea, flirts, ladies and gentlemen,* mas ainda das "baianas", "babás" e das "amas de leite". A introdução de estrangeirismos, que era uma constante e fazia parte da história da cidade, tratava-se também de uma estratégia utilizada pela sociedade aristocrática carioca – notadamente os novos ricos – na tentativa de se diferenciar e distanciar dos menos favorecidos.

> O que passa por gosto é na verdade a moda, que deve mudar sempre para impedir a emulação e, por meio dela, qualquer indesejável identificação. Prevalece agora não o desejo de estar identificado, pelas suas vestes, adereços e apetrechos, com um meio social heterogêneo, com um padrão funcional ou com um estrato cultural. O momento é de afinar-se com o tempo, com as notícias rápidas, com a circunstância européia atualizada pelo dernier bateau ou, em breve a americana do último filme. A cena agora pertencia ao individualismo exibicionista. Como decretou o cronista do Jornal do Commércio do Rio de Janeiro, "o nosso smartismo estragou a nossa fraternidade". Ou conforme a lacônica e definitiva conclusão de Machado de Assis sobre a nova realidade. "O mundo é um par de suspensórios."*

A moda da *Belle Époque* agradava aos cariocas de ambos os sexos. O Rio era, no Brasil, a cidade que mais absorvia e difundia os gostos que vinham de fora, mesmo que antes tivesse de adaptá-los. Gilberto Freyre, antes de escrever seu livro *Ordem e progresso,* procurando aprofundar as informações acerca dos gostos dos brasileiros, promoveu uma detalhada pesquisa. Como resultado, as constatações de que a Capital Federal era tão valorizada quanto sua inspiradora Paris e se equiparava a Londres e Lisboa. Segundo o antropólogo, em Recife, uma tal senhora chamada D. Leonor

---

* SEVCENKO, Nicolas. *Op. cit.*, p. 538.

Porto anunciava que "continuava a executar os mais difíceis figurinos recebidos de Londres, Paris, Lisboa e Rio de Janeiro". Para Antonio Herculano Lopes,[*] na capital da recém-proclamada República foi se forjando uma *Belle Époque* carioca sem que fosse necessário grande esforço para a aclimatação. Havia, inclusive, uma matéria-prima local que logo se juntaria ao *cancan* para exercitar a imaginação dos cariocas, resultando em mais uma carioquice para os estrangeirismos que insistiam em se introduzir na cidade: o maxixe,[**] curioso fruto da fusão da habanera e da polca europeia com o africano lundu, uma espécie de dança/canção, ritmo que introduziu o elemento sedução nos movimentos coreografados para os salões.

Para Marisa Lira, o maxixe é uma dança típica da cidade que demorou muito a ser assimilada pelas classes superiores em virtude de seus movimentos extremamente sensuais. Saroldi[***] explica que o ritmo era frequentemente executado nos crioléus – espécie de clubes clandestinos onde os dançarinos deveriam estar atentos aos movimentos corretos do corpo, uma vez que apenas por meio da rotação completa das ancas, que resultava na liberação da pélvis, era possível o "encaixe" perfeito do par. De acordo com o estudioso, o resultado era que o eixo corporal dos dançarinos exibia uma revolucionária mobilidade, tanto horizontal quanto vertical, bem diversa do formalismo hierático da valsa ou das ingênuas quadrilhas. Para o pesquisador, na verdade, a coreografia do maxixe implicava, pela primeira vez, a aceitação de um fato até então reprimido por anquinhas, casacas e espartilhos: a existência, no corpo humano, das chamadas "partes baixas", representadas pelo ventre, genitais e nádegas. Passos como "balão caindo" e "parafuso" eram um desafio à imaginação até mesmo das ágeis bailarinas de *cancan* do Moulin Rouge.

---

[*] LOPES, Antonio Herculano. *Op. cit.*, p. 17.
[**] SAROLDI, Luís Carlos. "O maxixe como liberação do corpo". *In*: LOPES, Antonio Herculano. *Op. cit.*, p. 35.
[***] Ibidem, p. 37.

O Baile Pobre.
Calixto Cordeiro.

Até o final do século XIX o maxixe era conhecido de diversas maneiras: como "polcas de quebradinhas", "xótis mui amorosas!", "galopes assaz inebriantes" e "dengosas habaneras". Como se percebe, nenhuma dessas nomenclaturas nos remete aos movimentos das delicadas valsas ou mesmo das animadas polcas de passos ritmados. Para a execução perfeita da coreografia do maxixe, os cariocas deveriam simplificar seus trajes, tornando-os menos formais e mais confortáveis. As damas talvez tivessem de abrir mão de seus enormes chapéus e diminuir os volumes de seus enchimentos, assim como aliviar a tensão dos espartilhos e anquinhas (o que talvez tenha feito uma tal D. Levena Alves da Silva, nascida em Pernambuco em 1880, informar sempre ter achado horrível a moda das anquinhas); aos cavalheiros talvez fosse mais aconselhável usar trajes mais folgados, que permitissem os movimentos quase acrobáticos. Os cariocas continuavam, assim, a descobrir novidades, adaptar seus trajes a estas e lançar modismos.

Ao gosto dos cariocas pelo lazer, por festas e bailes e pelas acrobacias dos salões se associaria aquele da prática de esportes ao ar livre – já bastante popularizada na Europa na virada do século pelo rei Eduardo VII, filho da rainha Vitória e sucessor do trono britânico. O intrépido monarca reinou por apenas dez anos (na Europa, o período de reinado de Eduardo VII, que vai de 1900 a 1910, é também conhecido como Eduardiano); tempo, no entanto, suficiente para que o mundo admirasse seu estilo de vida e seguisse seus exemplos. Os esportes de elite, como a regata e a natação (já muito populares desde meados do século XIX), a equitação, a caça, o ciclismo, o futebol, a ginástica e o tênis começaram a ser praticados no Rio de Janeiro, despertando nos cariocas o gosto pelas atividades físicas realizadas ao ar livre, muitas delas potencializadas após a chegada de bondes em bairros litorâneos, inauguração de clubes para as práticas desportivas, parques, jardins e bulevares. A natureza e a geografia da cidade eram – e são até hoje – um convite às práticas esportivas ao ar livre.

Em Paris, Alberto Santos Dumont, o elegante e genial *dândi* brasileiro que ensinou o mundo a voar, a andar com calças de bainhas dobradas e a usar relógio de pulso – uma invenção sua que, a seu pedido, foi executada pelo amigo e famoso joalheiro Cartier –, divulgava o país no exterior. No Brasil, segundo Sevcenko,[*] os homens, além de "adquirir asas", descobriram que tinham músculos e passaram a explorar as vantagens disso. Para o estudioso, a partir de então foi desencadeada no Rio uma febre esportiva que se intensificou logo após a Primeira Guerra Mundial e que se disseminaria pelas principais capitais do país. O Rio, como sempre, inventando moda.

Machado de Assis, sempre crítico às mudanças que ocorriam na cidade e aos estrangeirismos copiados pela população carioca, satirizou o novo modismo.

> Vamos ter... Leitor amigo, prepara-te para lamber os beiços. Vamos ter jogos olímpicos, corridas de bigas e quadrigas, ao modo romano e grego, torneios da idade média, conquista de diademas e cortejo às damas, corridas atléticas, caça ao veado. Não é tudo; vamos ter

---

[*] SEVCENKO, Nicolau. *Op. cit.*, pp. 567-568.

naumaquias. Encher-se-á de água a arena do anfiteatro até a altura de um metro e vinte centímetros. Aí se farão desafios de barcos à maneira antiga, e podemos acrescentar à de Oxford e Cambridge, torneios em gôndolas de Veneza, e repetir-se-á o cortejo às damas. Combates navais. Desafio de nadadores. Caça aos patos, aos marrecos, etc. Tudo acabará com um grande fogo de artifício sobre a água. É quase um sonho essa renascença de séculos, esta mistura de tempos gregos, romanos, medievais e modernos, que formarão assim uma imagem cabal da civilização esportiva.*

Sevcenko explica que a expressão civilização esportiva não deve ser entendida apenas como ligada à prática de esportes, e sim a um conceito mais amplo de ativismo. As pessoas deviam ser mais ativas, ter um ritmo de vida mais condizente com a rapidez dos progressos tecnológicos e com as mudanças sociais que ocorriam no mundo. Ainda de acordo com o pesquisador, essa "ética do ativismo" foi plenamente seguida no Rio de Janeiro, onde o clima, a natureza e a geografia eram extremamente favoráveis ao desenvolvimento e à permanência de tais práticas. Nas escolas, o ensino da educação física se tornou obrigatório e as pessoas passaram a se exercitar cada vez mais: em casa, nas academias de ginástica, nos clubes, no *footing* em calçadões da orla e também nas praias. Novamente, a geografia da cidade se encaixava perfeitamente às novidades.

Os banhos de mar, já parte das atividades de lazer na cidade desde o século anterior, só viriam a se tornar moda elegante no início do século XX, quando então as reformas de Pereira Passos fariam com que a população, por meio das novas vias de acesso, como a avenida Central ou a avenida Beira-Mar, convergisse para o balneário do Flamengo. Em 1906, quando a mencionada avenida foi inaugurada, foi publicado o primeiro regulamento com as normas de civilidade que deveriam ser observadas e seguidas pela população nesses espaços públicos. Normas de conduta, regras de segurança e de higiene, tudo estava de acordo com os padrões internacionais.

Em 1917, foram regulamentados os horários de banho "aos períodos de menor insolação, no início da manhã e no fim da tarde", e os trajes de banho, que deveriam

---

* Ibidem, pp. 568-569.

ser "decentes". Nos anos 1920, Chanel descobria o filão do estilo de vida mais simples e prático e ditava moda em Paris e em Deuville, cidadezinha na Riviera Francesa, na qual tinha uma loja. Inspirada nos trajes de simples pescadores ou de aristocratas europeus, a criadora francesa lançou roupas mais leves e adequadas aos *promenades* na orla. As tendências que chegavam de Paris logo agradaram e viravam moda no Rio. A capital do Brasil começou também a popularizar a nova moda balneária para o resto do país. As praias cariocas e seus frequentadores começaram a virar assunto dentro e fora da cidade.

> A praia transformou-se. Uma grande transmutação se operou (...). Hoje Copacabana, praia multicor, distendendo-se do Leme ao Leblon, entontece o olhar do homem normal que gosta de ver o corpo bonito e o andar gracioso (...). A nossa capital é a única que, sede do governo, centro industrial, universitário, comercial, bancário, político, é ao mesmo tempo balneário de primeiro de janeiro a trinta e um de dezembro.*

As observações de Gilberto Amado, embora em tom ufanista, fazem sentido: muitas cidades no mundo têm praias e mar, no entanto, no Rio de Janeiro, o estilo de vida urbano está em todos os sentidos, inclusive o geográfico, mais próximo do balneário. Praia e mar, que sempre foram pano de fundo da cidade, passaram a ser cada vez mais importante no cotidiano carioca.

João do Rio não deixaria de registrar o ritual que – importado da Europa ainda no século XIX – ia sendo gradativamente incorporado ao dia a dia carioca para, futuramente, se tornar uma das principais marcas registradas da cidade, inclusive para a moda. Já no primeiro parágrafo do texto, no qual João do Rio descreve como eram as antigas Casas de Banho e os frequentadores das praias da cidade, impressiona sobretudo sua percepção sobre a importância que os banhos de mar e as praias teriam para a cidade:

---

* Ibidem, p. 574.

Banhos de mar! A princípio eram as barcas da Ferry, banhos com cordas, em pequenas cabines, uma verdadeira complicação, porque na história da nossa civilização devemos notar que partimos sempre do mais difícil sem conforto para o mais simples e claro. Depois de um francês de boa idéia, francês meio judeu construiu uma famosa casa de banhos do Boqueirão do Passeio, mesmo junto à praia, com uma grande parte de madeira que ia ter alguns metros dentro. Foi o traço de união entre o mar e a urbes.

(...) Desde as quatro horas da manhã, abria a casa. Aos poucos, naquele estabelecimento de franceses, os banhistas, o pessoal interno foi se tornando todo de italianos. Eram os italianos que àquela hora já estavam de pé. E foram os italianos que montaram o pequeno café à porta da Casa Balneário, café que se tornou com um enorme toldo, tomando todo o fim da rua, entre o muro do Passeio e o muro do estabelecimento. O celebrado Café Boqueirão.

E foram os italianos que fazendo economias com aquela vida sem gastos e as gorjetas foram montando outras casas, a princípio na mesma rua, depois nas vielas estreitas, entre o mar e a Rua da Misericórdia, e afinal, na ponta da Praia de Santa Luzia, a casa que em 1888 era de banho para gente barata...

Certo, houve um momento em que todo o Rio tomou banho de mar. O francês tornava-se milionário com toda a família, e os outros proprietários iam em plena prosperidade. Banhista era uma profissão de tão largos proventos como a de motorista. E era de ver as camadas sociais se refazendo naquele canto de baía. Com escuro ainda, antes das quatro, tomavam banho grátis, despindo-se na areia os paupérrimos. Das cinco em diante vinha engessando a serpente: senhoras pálidas, de capas e cesta, com as roupas, famílias inteiras desde os petizes até as negrinhas mucamas, cavalheiros que não tinham dormido, mulheres de vida irregular, sofredores reumáticos, macilentos magros. (...) Com o subir do sol vinha chegando gente de mais dinheiro na invasão dos empregados do comércio. E eram funcionários públicos, eram famílias de nome, eram titulares. Algumas vinham de Botafogo, de carro e paravam à porta do Passeio Público fazendo por dentro do jardim o percurso a pé, tanto na ida como na volta. O Passeio tinha mesmo uma porta de comunicação para a rua dos banhos. Das 8 às 9 horas era positivamente a apoteose, no mar, nos estabelecimentos, no café.

Nos estabelecimentos era a entrada e saída, o vai e vem febril, corridas de gente molhada, corridas de gente já vestida, cumprimentos, risos, apertos de mão, a cordialidade dos ajuntamentos, que leva às ligações duradouras, ao amor, ao devaneio sentimental. No mar, distinguiam-se os grupos das várias casas – porque esses grupos não se ligavam senão ao domingo, através do excesso dos caixeiros conquistadores, meio tontos diante de tanta suposta conquista.

Eram senhoras assustadas, presas aos banhistas "como pregos", eram raparigas aprendendo a nadar e a mergulhar com impetuosos jovens, eram gaiatos e pândegos rebolando na areia e espadando água, eram palestras como em casa – meia gritaria infernal, sob o sol dourado e o olhar de dezenas de sujeitos que iam para o terraço do Passeio ver aquele espetáculo e dar conta dos beliscões e dos beijos que as ondas nem sempre ocultavam. E no café, com os pulmões iodados, a face fresca, aquele barulho de xícaras batendo nos pires, o café e o leite fumegantes, os brioches tenros, os jornais desdobrados, a festa ao ar livre, antes das ocupações de cada um!

Casa de banho.
Foto de Augusto Malta.

De acordo com Claudia Braga Gaspar, as casas de banho (como as descritas no texto de João do Rio) não resistiriam às reformas empreendidas por Pereira Passos. Os estabelecimentos seriam demolidos e em seu lugar surgiriam a linha do cais e a avenida Beira-Mar. Após a reforma, apenas uma estação balneária no centro da cidade resistiu, mas pouco depois fechou. Segundo a historiadora, a permanência nas praias, àquela época, era restrita ao tempo necessário indicado para os banhos de mar. A recomendação era a de que apenas cinco minutos seriam suficientes para beneficiar a saúde. Ao sair da água, o banhista deveria rapidamente enxugar-se e manter-se aquecido com roupas adequadas.

No Rio, até a segunda década do século XX, os trajes de banho pouco se diferenciaram daqueles do período vitoriano. Algumas novidades eram exceções e muitas vezes não chegaram a ser usadas pela população: as vestimentas flutuantes indicadas para banhistas que não sabiam nadar, em 1904, e a notícia de certo traje de banho (espécie de peça única, que precederia o maiô) usado em 1915, nas Olimpíadas de Estocolmo, pela nadadora australiana Anne Kellermann, que não emplacou nas águas do mar carioca daquela época não se sabe bem por quê.

Com o final da Primeira Guerra Mundial, os modos e a moda – notadamente a feminina – do mundo e do Rio sofreriam profundas transformações que também se refletiriam nos *promenades* dos *boulevares* recém-inaugurados pela cidade, no *footing* nas calçadas da avenida Beira-Mar e nas areias das praias cariocas. O estilo de vida e os modismos lançados no Rio seguiam atraindo a atenção de brasileiros e estrangeiros.

Imagem de capa da Revista Para Todos.
Ilustração de J. Carlos.

Um Rio moderno

O Rio era muito mais internacional como norma de vida exterior. Está claro: porto de mar e capital do país, o Rio possui um internacionalismo congênito.

Mário de Andrade

Na Europa, durante a Primeira Guerra Mundial (1914-1918), muitos homens foram convocados para o *front*, deixando suas famílias. Milhares de chefes de família não retornaram. Foi quando as mulheres quase compulsoriamente descobriram sua capacidade de trabalhar, administrar os negócios e chefiar a família. Para assumirem tarefas em casa, nas fábricas e nas estações de trem, elas abririam mão das roupas luxuosas e desconfortáveis em favor de trajes mais simples, mais práticos e mais adequados ao momento histórico pelo qual passava o mundo (em especial a Europa).

No final da guerra, o continente europeu encontrava-se devastado e em algumas cidades a população masculina foi drasticamente reduzida. Quatro anos de conflitos encurtaram séculos de diferenças entre os sexos. Para as mulheres, era um caminho sem volta: a liberdade que experimentaram nas primeiras duas décadas no novo século parecia não ter paradeiro nem limites. As delicadas figuras das *mademoiselles* da *Belle Époque* foram substituídas por ousadas melindrosas; os gigantescos chapéus – símbolos daquele próspero período – se reduziram a simples toucas em forma de sino; a cintura (de vespa) desapareceu por completo e a silhueta sinuosa ganhou a forma de tubo; as bainhas dos vestidos encurtaram drasticamente, e o romântico compasso das valsas foi substituído pelo frenético ritmo do Charleston – uma nova modalidade de música e dança chegada dos Estados Unidos. Com a Europa devastada, os Estados Unidos passam a ser um novo centro irradiador de modos e modas, descentralizando, gradativamente, o anterior eixo europeu da moda Londres/Paris. Os novos hábitos do mundo rapidamente chegaram ao Rio.

A palavra de ordem para todos era o entretenimento – antídoto perfeito para os tempos difíceis que haviam passado –, e o Rio obedeceria, com prazer, já que era mesmo reconhecida pelos estrangeiros como uma cidade "com vocações para a alegria". Proliferaram então na cidade os teatros, as casas de espetáculo, os cassinos à beira-mar, os cafés e os hotéis de luxo. Uma perfeita versão tropical das rivieras europeias. As melindrosas – novas mulheres do pós-guerra – tornaram-se também personagens de cartunistas locais e estavam por toda parte, de cabelos curtos cortados à la garçonne,* como os dos rapazes, de gestos dissimuladamente masculinizados, de piteiras nas mãos e pernas de fora, dirigindo seus autos, fumando em público, dançando o Charleston, enfim, transgredindo. E assim prosseguiram nos anos 1920, demarcando seu território e escrevendo uma nova página na história da moda mundial.

No exterior, Coco Chanel se metia com artistas, músicos e celebridades da época e (a contragosto, pois não gostava da concorrência) ditava a moda com sua arquirrival Elsa Schiaparelli; além de Jean Patou, Renné Lacoste, Madame Grès e Madeleine Vionnet, entre outros. Nos anos 1920, Chanel descobriu o filão da moda esportiva em Deuville, cidadezinha na Riviera Francesa, e levou-a também para Paris.

A moda para os *Follies Années* era prática, esportiva, confortável, de formas simples e silhueta tubular, de linhas modernas, de cores fortes, de geometrias *deco*, de influências cubistas. Formas e cores que em nada lembravam a sinuosidade reinante na *Belle Époque*. O cinema mudo de Louise Brooks e Clara Bow – *it girls* dos Anos Loucos – começou a falar, e Josephine Baker, a espevitada atriz negra americana que impressionou o mundo com sua ousadia, não chocou – apenas "agradou" – os cariocas que já entendiam bem de mulatas e de coreografias ousadas. O Rio também não se impressionou com o Movimento Modernista de 1922. Segundo a antropóloga Beatriz Resende, a imprensa carioca ignorou solenemente a realização da Semana de Arte Moderna. Naquele momento, toda a imprensa da cidade, assim como os políticos e, principalmente, o prefeito Carlos Sampaio, ocupavam-se da instalação na cidade da Exposição Universal do Centenário da Independência. Foram construídos

---

* Nomenclatura também inspirada no romance *La Garçonne*, de Victor Marguerite.

oito pavilhões – nos moldes daqueles construídos na Europa por ocasião das grandes Exposições Universais – que, além de abrigarem expositores brasileiros de diversas regiões e áreas produtivas, também receberam representantes internacionais de todos os continentes. Eram, ao todo, 13 países, entre eles algumas das grandes economias do mundo, como França, Inglaterra e Estados Unidos. Todas essas novidades em uma só cidade, o Rio de Janeiro, que, mais uma vez, tornava-se o ponto de convergência dos olhares do país e do mundo:

> A comemoração do centenário da Independência em 1922 acendeu a questão de fazer do Rio de Janeiro o ponto de convergência dos olhares daqueles que iriam avaliar o progresso nacional ao longo dos últimos cem anos. A realização de uma "exposição universal" destacou-se como a mais ambiciosa das atividades comemorativas então programadas para dar prova do grau de "adiantamento e civilização" que o Brasil, e sua capital, havia atingido nesse século de vida independente.
> Como não podia deixar de ser, a preparação da área onde se realizaria a Exposição, bem como a construção dos pavilhões e palácios nacionais e estrangeiros mobilizaram a população carioca e tomaram conta das páginas de jornais e revistas no correr do ano. A demolição do "velho" morro do Castelo, tradicional berço da cidade, para dar lugar aos prédios da Exposição, provocou acirrado debate entre os que consideravam o "arrasamento" um "imperativo da modernidade", e aqueles que viam o desaparecimento da "colina sagrada" como um verdadeiro sacrilégio. (...) Na medida em que a Exposição no Rio de Janeiro era a representação da "nossa grandeza", poderia e deveria exercer um importante papel na diluição dos conflitos internos. (...) Portanto, o que o Rio de Janeiro oferecia aos seus visitantes era mais que um retrato da nação presente; o que estava em evidência eram os sonhos e as aspirações da nação moderna que queria ser. (...) Era preciso, como se costumava dizer, que os visitantes estrangeiros encontrassem a capital "com a máscara do século estampada no rosto". *

Mário de Andrade, um dos símbolos do Modernismo brasileiro, por meio de um depoimento concedido em uma célebre conferência nos anos 1940, estabeleceu

---

* MOTTA, Marly. *Op. cit.*, pp. 31-34.

diferenças de receptividade do Movimento Modernista entre as cidades do Rio de Janeiro e São Paulo àquela época. Para Beatriz Resende, o escritor e poeta "acerta em cheio" na análise das peculiaridades de cada uma delas.

> Ora, São Paulo estava muito mais "ao par" que o Rio de Janeiro. E socialmente falando, (o Movimento Modernista) só podia mesmo ser importado por São Paulo e arrebentar na Província. Havia uma diferença muito grande, já agora menos sensível, entre Rio e São Paulo. O Rio era muito mais internacional como norma de vida exterior. Está claro: porto de mar e capital do país, o Rio possui um internacionalismo congênito. São Paulo era espiritualmente muito mais moderna, porém fruto necessário da economia do café e do industrialismo consequente.*

De fato, como constatou o próprio Mário de Andrade e observa Regina Braga, era muito mais difícil causar espanto, chocar o público no Rio de Janeiro, uma cidade mais inserida no contexto internacional que qualquer outra cidade do Brasil.

Como se verificará, não teria sido apenas a realização da Exposição Universal a única causadora do aparente "pouco caso" dos cariocas para com os modernistas. Afinal, como se espantar diante de propostas definidas como modernistas quando, um ano antes da Semana de Arte Moderna, a Biblioteca Nacional no Rio de Janeiro já expunha obras de pintores modernos estrangeiros como Pablo Picasso? Vale menção ao fato de que a referida exposição recebeu ampla cobertura da imprensa, notadamente por meio da *Revista Ilustrada* (modalidade de revistas fundamental como formadora de opinião e gosto para os cariocas dos anos 1920).

Portanto, o Modernismo teria sido, de certa maneira, antecipado em um ano aos cariocas graças, em grande parte, ao talento de grandes artistas gráficos e ilustradores, como J. Carlos, e à cobertura das revistas ilustradas, que já traziam em seus conteúdos e programação visual muito do que se enquadrava ou se definia como moderno

---

* RESENDE, Beatriz. "Melindrosa e Almofadinha. Cocktail e Arranha-céu". *In*: LOPES, Antonio Herculano. (Org.). *Op. cit.*, p. 222.

no movimento que despontava como novidade. As revistas ilustradas eram uma modalidade de publicação que tinha, entre seus profissionais, espécies de faz-tudo atuantes nas redações de jornais e revistas dos anos 1920: ilustradores, caricaturistas e chargistas que, eventualmente, eram colunistas; colunistas que eventualmente eram chargistas e ilustradores e chargistas, jornalistas que eventualmente podiam ser colunistas, ilustradores, chargistas e caricaturistas.

Naquele tempo, não havia a especialização dos dias atuais. Para a historiadora Mônica Pimenta Velloso, no Rio de Janeiro, a produção dos caricaturistas e dos cronistas daquela época mostra-se particularmente rica como registro do cotidiano. Em muito antecipavam os traços do modernismo. Muitas vezes chargistas faziam o papel, entre outras funções, também de conselheiros de moda: foram os chargistas que fizeram com que a novidade das *jupe-culotte* – as saias-calça – desse muito "pano para manga" no Rio. A peça virou tema de acalorado debate na cidade. Durante dois meses, os principais jornais e revistas debateram a questão do uso da saia-calça. A discussão era fartamente ilustrada, merecendo destaque em inúmeras charges. Polêmicas eram sempre temas bem-vindos e, obviamente, irresistíveis aos caricaturistas,[*] que, com seus desenhos, provocavam a população, sugerindo que a introdução da saia-calça não era apenas uma questão de moda, mas também uma questão de gênero, pois simbolizava a inversão dos papéis feminino e masculino, e não a igualdade de condições entre os sexos.

---

[*] ARAÚJO, Rosa Maria Barboza de. *Op. cit.*, p. 85.

Copacabana – Foto de fotógrafo não identificado.
Coleção George Ermakoff, 1930.

Entre muitos nomes que fizeram parte dessa categoria de profissionais, merece destaque o do carioca (nascido na casa dos avós, na esquina da Praia de Botafogo com a rua Visconde de Ouro Preto) José Carlos de Brito e Cunha, popularmente conhecido como J. Carlos – uma espécie de João do Rio do traço. J. Carlos trabalhou para as principais e mais influentes revistas ilustradas do período, no Rio de Janeiro (com circulação nacional e internacional): *Tagarela, O Malho, Careta, Fon Fon* e *Tico-Tico*, entre outras, e, com seu traço afinado aos acontecimentos na cidade, no Brasil e no mundo, traduziu primorosamente o cotidiano, o comportamento e a moda carioca – notadamente dos anos 1920 e 1930. Segundo Cássio Loredano,* a carreira de J. Carlos foi uma feliz coincidência de uma idade em que a crônica visual tinha de ser feita à mão, com um artista que dispunha de talento, facilidade e tenacidade em doses pouco encontradiças. Ainda segundo Loredano, tudo isso combinado

---

* LOREDANO, Cássio. *O bonde e a linha: um perfil de J. Carlos.* São Paulo: Capivara, 2002. p. 12.

à longevidade artística que lhe possibilitou a confecção de um gigantesco painel que cobre desde a República Velha e o Estado Novo passando pelas duas guerras mundiais, o entre-guerras, chegando até a Guerra Fria. Enfim, tudo o que aconteceu em meio século na cidade: as transformações da moda, no vestuário e no mobiliário, nos costumes e o advento dos edifícios, do automóvel, da cozinha a gás, do cinema e até da televisão. Mais de 50 mil desenhos – entre caricaturas, charges, cartuns, ilustrações, letras capitulares, adornos, vinhetas, logotipos, desenhos infantis e de publicidade em dezenas de jornais, revistas e livros. Sua valiosa contribuição em meio século corresponde a mais de mil desenhos e ilustrações por década. O artista, cujo trabalho foi notável, e cujo traço tinha, além da espirituosidade típica do carioca, uma elegância de traço que em muito fazia lembrar o famoso ilustrador francês nascido na Rússia Romain Petrovich de Tirtoff, conhecido como Erté, mereceu menção de Câmara Cascudo:

> J. Carlos levaria para o futuro, com movimento e precisão psicológica a paisagem social carioca. Esse público de ruas e de teatros, de praças, de cinemas, colonos estrangeiros, nacionais típicos, a rua inteira entraria História adentro com suas cores, seus gestos e suas vozes reais.*

J. Carlos, assim como João do Rio, percebia que a alma carioca precisava estar em constante movimento, livre, em trânsito: dentro e fora dos ambientes. "Do lado de fora", flanando pelas ruas, a pé ou de bonde – transporte público que o artista dizia ser seu laboratório. Era dentro dos bondes que ele amalgamava imagens e impressões.

> Dentro (dos bondes) eram as últimas gírias e modas, os bons e maus humores, olhares, taras, recatos e procedimentos menos honestos. Fora, era a cidade, a água e o verde, o horizonte e o gnaisse dos morros, o andar tão seu dessa gente tão à vontade, tão dona da terra; cada esquina uma coisa, cada trecho com sua própria personalidade; as casas, os edifícios e os monumentos; cantaria de pedra e a torre das preciosas igrejas que o mestre-de-obras português gentilmente edificou, como se o carioca precisasse de mais do que os morros para

---

* Ibidem, p. 14.

se orientar no espaço urbano: a Glória do Outeiro, o Carmo da Lapa com sua torre solteira, Santo Antônio lá em cima, São José lá embaixo (...). Outros trajetos, outras lindezas. O percurso é só um rastreamento, um esquadrinhamento.*

A versatilidade de J. Carlos era tanta que seus desenhos também influenciavam fortemente a moda na cidade. Era comum as mocinhas decidirem seus vestidos de festa folheando figurinos importados ou as revistas ilustradas brasileiras enquanto andavam de bonde, e que, muitas vezes, na hora da escolha, as indecisas ficavam na dúvida entre os modelos de renomados criadores vistos em alguma revista francesa de moda ou aqueles desenhados por J. Carlos para alguma revista carioca.

Bonde no túnel do Leme – 1906.

No Rio, o número cada vez maior de bondes e autos – as máquinas urbanas modernas – circulando pelas ruas era a perfeita tradução dos tempos modernos. Os bondes eram a nova mania da cidade e levavam a população a todos os lugares: ao trabalho, às festas e também às praias.

---
* Ibidem, pp. 22-23.

Para a historiadora Cláudia Braga Gaspar, depois da medicina, foi o bonde que levou o carioca à praia – na época, local privilegiado onde, nos moldes da Riviera Francesa, se localizavam os grandes cassinos –, ponto de encontro dos modernistas, palco das melindrosas, do teatro de vanguarda, da explosão do jazz e do Charleston (como o Theatro Casino, o Casino Beira-Mar e o Cassino da Urca) e de hotéis luxuosos, como o Grande Hotel Balneário e Cassino, o Copacabana Palace, que, com sua inauguração, em 1923, tornou a praia internacionalmente conhecida e, segundo Ricardo Boechat,* que "incentivou a introdução da cultura do sol entre nós".

Esse tipo de complexo de lazer se multiplicou por toda a cidade, dando continuidade ao que a pesquisadora classificou como turismo moderno. Segundo ela, essa modalidade de turismo foi iniciada no final do século XIX e se apoiava em três modismos típicos do período: o termalismo, o cassinismo e o paisagismo. Termas, cassinos, parques e áreas ao ar livre eram um *must* na cidade.

Até meados da década de 1920, com todos os avanços no mundo e na cidade e todas as evoluções da moda feminina, curiosamente a mulher carioca ainda não podia votar e não usava maiô – substantivo apropriado (e "abrasileirado") do nome próprio francês Maillot. Conforme Nízia Villaça,** foi um certo Monsieur Maillot que, no início do século XIX, criou algo mais aproximado do traje para praia como conhecemos hoje. Em jérsei de lã ou em malha de seda tricotada, o maiô era confortável e possibilitava movimentos ágeis.

No Rio, a cidade das novidades, ainda em 1926, tentava-se introduzir nas praias o tal "maillot". A polêmica tendência de se encolherem as roupas de banho de mar encontrava defensores, como Alfredo Sade, em um exaltado discurso a favor da introdução da novidade nas praias cariocas, publicado no *Jornal Beira Mar*, em abril do mesmo ano:

---

* BOECHAT, Ricardo. *Copacabana Palace*. Rio de Janeiro: DBA, 2002.
** VILLAÇA, Nízia. "As she walks to the sea: a semiology of Rio de Janeiro". *In*: ROOT, Regina A. (Org.). *The Latin American Fashion Reader*. New York: Berg, 2005. p. 190.

Em todas as cidades civilizadas que têm praias de banhos, o "maillot" impera, menos aqui. Ora, convenhamos afinal que o Rio de Janeiro não é província. Já estamos enfarados dessa civilização moral falsa e postiça creada pelos nossos avós. É francamente irrisório que em pleno século vinte queiram moldar nossa norma de viver nos espelhos arcaicos e bolorentos de 1830. (...) Temos no Rio a mais bela praia do mundo Copacabana. E as mulheres que na rua, com uma perversidade deliciosa, nos mostram as meias... até as ligas, aparecem-nos na praia com umas roupas de banho que quase fazem concorrência às vassouras da Limpeza Pública. Não está direito. Convenhamos (...). Que venham os "maillots". O maillot é mais bello. Dá mais graciosidade aos movimentos. Torna o corpo mais encantador. O próprio Santo Agostinho dizia que "o corpo humano é a mais bella creação de Deus". Para que escondê-lo, pois, assim tão avaramente? Que venham os "maillots". Essas roupas compridas fazem mal à vista. O "maillot" é mais decente... Si disserem que é indecente, direi que não é. Podem protestar. É inútil. Não é indecente e não é mesmo. Depende de nós. Si formos à praia como esthetas em busca de maravilhas para os olhos é bello. Mas, si formos como açougueiros, só veremos a carne.*

*Pose especial das jovens banhistas na praia de Copacabana.
Revista Careta, 25/3/1931.*

---

* GASPAR, Cláudia Braga. *Op. cit.*, p. 47.

Para a alegria geral da nação, o *maillot* foi introduzido nas praias cariocas, mas apenas dois anos mais tarde. Rapidamente, a peça seria popularizada, e o estilo balneário da cidade seria exaltado por jornais e revistas locais. Em um artigo da revista *O Cruzeiro*, uma das mais importantes revistas que circularam no Rio no século XX, o novo estilo de vida praiano carioca é assunto tratado com entusiasmo:

> A carioca tem no vestuário a sua roupa de banho. A carioca adestrou-se a caminhar na areia com a mesma airosa elegância com que caminha no asfalto. A vida da praia está exercendo sobre ela uma influência que se faz sentir nas suas idéias e nos seus sentimentos, na sua compleição física e até moral. A praia desviando para o convívio com a natureza e a população da cidade, a está poderosamente vitalizando e insuflando-lhe alegria. (...) exemplar quase único de uma metrópole que atingiu no trópico o desenvolvimento cultural e estético de uma urbe magnífica, digna de ser considerada uma das jóias da terra. (...) As praias já improvisaram uma cidade. Há vinte anos, desde o Leme a Ipanema, estendia-se um areal despovoado. Hoje Copacabana possui uma população de mais de 100 mil habitantes, e só espera a construção de grandes balneários para que as suas praias atraiam as populações dos outros bairros, que ali virão fazer a sua cura de saúde e alegria. Incomparáveis condensadoras e restauradoras de energia, as nossas praias constituem os tônicos providenciais da população. Elas são recreio e remédio, ginásio e sanatório. Elas estão elevando progressivamente o nível da energia física e mental do carioca. Elas são hoje no Rio o que era o estádio em Atenas.*

O tom ufanista do artigo na revista *O Cruzeiro* cita as praias da cidade como um milagroso elixir, inesgotável fonte de prazer e alegria. A ideia de que a cidade estava envolta em permanente aura de prazer e alegria começou a surtir efeito no estrangeiro.

---

* Ibidem, p. 50.

Cartaz do filme Flying Down to Rio - *filme musical estadunidense da RKO Pictures. Produzido por Merian C. Cooper D Lou Brock, 1933.*

Um Rio de cinema. Uma cidade com imagem

A imagem do Rio vai além de sua espetacular paisagem. Ela é marcante pela forma de viver, pelos seus tipos e costumes. A cidade inspira canções, lança modas e, apesar dos pesares, continua a ser uma das mais atraentes do planeta. Forte marca no cenário mundial, que colaborou com a sua mitologia cinematográfica. Guardadas as devidas proporções, aconteceu com o Rio de Janeiro o mesmo que com Paris e Nova York, cidades que foram incorporadas ao cinema e geraram um vasto e rico repertório de filmes.

Claudia Pinheiro

A referência figurativa internacional mais conhecida sobre o Brasil no cinema de ficção estrangeiro é inequivocamente a coleção de imagens do Rio de Janeiro. Fruto de um lastro geopolítico específico, fundada na exuberância de uma corografia singular, composta de elementos variados (montanhas, praias, floresta), de um registro histórico de grande envergadura (capital do Reino, do Império e da República), caixa de ressonância cultural e política do país, a cidade permanece como ícone máximo brasileiro, seguida de longe pela coleção de imagens da Amazônia, Salvador, Brasília e São Paulo, em que pese a sua importância nacional e suas características particulares têm sido objeto pouco visível nesse contexto cinematográfico.*

A partir dos anos 1930, logo após a crise da bolsa de Nova York e com a iminência de um novo conflito mundial, o governo norte-americano, em uma estratégia política de boa vizinhança, iniciou uma série de ações envolvendo países da América do Sul, um mercado que começava a despertar seu interesse. A meca americana dos sonhos – Hollywood – mira aproximação com o país cuja capital representava a alegria e o glamour necessários naquele momento difícil. Mesmo com toda a campanha empreendida no Brasil no intuito de fazer com que a imagem da cidade fosse permeada pela aura de saúde proporcionada pela existência das praias, foi a imagem do glamour dos cassinos e dos hotéis luxuosos existentes na cidade que prevaleceu no imaginário estrangeiro daquela época. Uma série de filmes protagonizados pelos grandes astros e

---

* AMANCIO, Tunico. "Um contraplano imaginário: o Rio dos estrangeiros". *In*: *A Paisagem Carioca – catálogo comemorativo do Museu de Arte Moderna*, 2000.

estrelas de Hollywood foi realizada tendo a cidade como cenário. O Rio começava a ganhar holofotes e se tornar uma vedete internacional.

Foi só em 1922 que o Rio ganhou o famoso título de Cidade Maravilhosa por Olegário Maciel e passou a figurar nos filmes estrangeiros, em letreiros de cinemas e em guias turísticos do mundo inteiro como uma cidade cujas principais atrações eram – curiosamente – seus monumentos, seus cassinos e hotéis luxuosos.

> Mas o que era fazer turismo no Rio de Janeiro dessa época? Qual a experiência de quem visitava a cidade? A associação imediata que praticamente todos os guias de viagem e folhetos turísticos de hoje fazem é com elementos como praia, Carnaval, samba e futebol. Esses não eram os mais destacados, ou mesmo sequer oferecidos, para os turistas que visitavam a cidade nos anos 1920 e 1930. (...) As praias não eram destacadas como atrações turísticas – apenas os cassinos que nelas estavam situados. Por outro lado, apareciam em destaque uma série de monumentos, estátuas e edifícios, a maioria no centro. Alguns deles estão ausentes nos mapas atuais.
> Os guias de viagem dessa época direcionavam o olhar dos turistas a partir da Baía de Guanabara, por onde entravam os navios que traziam a maior parte dos visitantes da cidade. (...) A chegada ao porto do Rio era "um espetáculo sem igual, quer fosse de dia ou à noite". O guia (South América Handbook) destaca a suntuosidade de muitos edifícios, a grande beleza das praças com suas fontes e estátuas, lindamente mantidas, e a vivacidade dos cafés ao ar livre. A cidade, segundo o guia, era "uma das mais saudáveis dos trópicos". (...) quanto às praias, apenas uma rápida menção ao "celebrado balneário de Copacabana".*

---

* CASTRO, Celso. "Destino: Rio de Janeiro". *In: Revista Nossa História,* Ano 3, n. 28. São Paulo: Vera Cruz, fevereiro de 2006. pp. 72-74.

Rio de Janeiro apresentado como exótico e atrativo destino de turismo.

Em algumas passagens, os trechos do guia de turismo citado pelo antropólogo curiosamente nos remetem aos de relatos de viajantes do século anterior, quando estes utilizavam imagens da natureza exuberante da cidade e a palavra "trópicos" para definir todo o exotismo da região. A impressão que se tem é a de que a cidade passa, então, a produzir, no imaginário estrangeiro, uma imagem dúbia: tanto cosmopolita e urbana quanto exótica e tropical. No caso das produções de Hollywood, as imagens da cidade exibidas eram manipuladas de acordo com o interesse do momento: ora o Rio aparecia apenas como uma cidade glamorosa e cosmopolita, ora como exótica e tropical, ora como ambas.

Até os anos 1930, a cidade foi título ou cenário de inúmeros filmes como *A garota do Rio* (*The Girl From Rio*) e *Uma noiva em cada porto* (*A Girl in Every Port*), com a mítica Louise Brooks no papel principal. Em ambos os filmes (de 1928), a cidade retratada não guarda nenhuma semelhança com o Rio que conhecemos, e seus habitantes não falam português, e sim espanhol. Para Antonio Rodrigues,* nessas produções, o Rio é apenas um nome que evoca uma terra longínqua, tão longínqua que não se sabe bem o que é; uma espécie de abstração. Talvez um apelo ao exotismo. Em geral, os filmes da década de 1930 são marcados pelo exotismo simpático e glamoroso. Grande parte das cenas é ambientada ou, por vezes, simulada em estúdios, como se tivessem sido rodadas em hotéis sofisticados, como o Copacabana Palace, e cassinos, como o da Urca. Também são retratados nas produções hollywoodianas cafés ao ar livre,

---

* RODRIGUES, Antonio. *Op. cit.*, p. 21.

principalmente no centro da cidade, dando um toque elegante e certo ar parisiense ou europeu à cidade, como convinha à estética vigente nas produções de Hollywood no período.

Filmes: Flying Down to Rio - *1933*; Carioca - *1933 e* That night in Rio - *1941.*

A praia e o banho de mar praticamente não aparecem. A música é presença constante, mas a referência ainda não era o samba, e sim uma mistura de ritmos latinos como o mambo, a rumba e o maxixe, que surge como um ritmo sensual chamado de "carioca" no filme *Voando para o Rio* (*Flying Down to Rio*), 1933, com Ginger Rogers, Fred Astaire, Dolores del Rio e Gene Raymond. O filme, que na França foi lançado com o título *Carioca*, tinha ares alegóricos. Usava montagens com imagens aéreas (uma novidade para a época) e diversos outros "efeitos especiais" e recursos de um típico musical de Hollywood dos anos 1930:

> Voando para o Rio também é uma ilustração de certo aspecto do mito carioca, que na época era tão associado à idéia de chic que o nome da cidade vinha nos frascos dos perfumes franceses; o Rio do Copacabana Palace, de que há uma réplica no filme, mas também o Rio da música e da dança.*

---

* Ibidem, p. 25.

"A dança" a que se refere Rodrigues surge primeiro em um cassino, que parece uma mistura de gafieira e clube de ricos, e depois – como diz o cartaz do filme – "pelos céus, nas asas da canção", quando bailarinas acrobatas fazem uma espécie de coreografia em cima das asas de um avião que sobrevoa a Baía de Guanabara, as praias da orla carioca e a Lagoa Rodrigo de Freitas. Algumas outras imagens aparecem no filme: ruas no centro, a Cinelândia, o Theatro Municipal, o Jóquei Clube com o morro do Corcovado ao fundo, o Jardim Botânico, o Morro da Urca e o Pão de Açúcar. Glamour e exotismo compõem o musical.

> Os anos 40 e 50 verão tomar vulto também as construções cenográficas que vão privilegiar uma leitura panorâmica da cidade. Recriada com o estuque dos estúdios, a geografia da Baía de Guanabara vai demarcar seu papel de fundo, de cenário privilegiado para que aconteça no primeiro plano a pretendida integração entre norte e sul, entre os americanos e brasileiros, entre congas e maracas. Carmen Miranda será a embaixatriz dessa delicada missão desde Uma noite no Rio (*That night in Rio*, EUA, Irving Cummings, 1941), cantando com Don Ameche, as delícias do pan-americanismo, em frente à imponente paisagem carioca, celebrada numa explosão de fogos de artifício.*

Já em *Interlúdio* (*Notorius*), um *thriller* de suspense produzido por Alfred Hitchcock, em 1946, tudo é diferente: os atores, Cary Grant e Ingrid Bergman; a temática, o combate ao nazismo; e a imagem do Rio, traduzida pela sóbria elegância de seus personagens, tendo como pano de fundo cenários típicos das metrópoles europeias: cafés em avenidas elegantes, edifícios suntuosos etc.

> O Rio de *Interlúdio* nada tem de exótico. Ninguém vai à praia, nem dançar samba, nem a um terreiro de macumba. Isto se deve ao fato de a história se passar num meio de estrangeiros muito ricos. (...) Mas há diversas imagens autênticas da cidade nas *back projections*, a começar pela inevitável e sempre esplêndida vista da baía quando os protagonistas chegam ao Rio, emoldurada pela janela do avião.**

---

* AMANCIO, Tunico, no capítulo "Um contraplano imaginário: o Rio dos estrangeiros". In: *A Paisagem Carioca* – catálogo comemorativo do Museu de Arte Moderna, 2000.

** Ibidem, p. 62.

Filmes: Estranha passageira - *1942;* Interlúdio - *1946.*

No Rio de *Interlúdio*, os habitantes da cidade se vestem elegantemente, frequentam cafés, passeiam por praças, parques e jardins bem cuidados, moram em mansões com vistas belíssimas da natureza, se hospedam em hotéis de luxo de frente para o mar e têm hábitos aristocráticos. Vale para essa produção de Hitchcock a observação também de Antonio Rodrigues para o filme *Estranha passageira* (*Now, Voyager*), de Irving Rapper, com Betty Davies e Paul Henreid, de que o Rio mantém as características de sua paisagem marcante sem perder a dimensão de uma metrópole, de uma cidade que reproduz, nos trópicos, certas características das cidades do Hemisfério Norte. Os figurinos de *Interlúdio* reproduzem, com exatidão, a moda dos tempos de guerra: são elegantes, embora sóbrios. As linhas retas, a alfaiataria e o comedimento no uso dos acessórios são marcas do período. A moda carioca da época acompanharia o mesmo figurino das produções de cinema, sem alterações relevantes. Imagens da cidade no período, em nada, ou quase nada, se diferiam das equivalentes nos Estados Unidos ou na Europa – mas o estilo de vida dos cariocas observado pelos profissionais dos Estúdios Disney que estiveram na cidade e relataram suas impressões em cartas a familiares (material este utilizado para o documentário *The Disney Group*, exibido no Festival do Rio, em 2008) popularizaria e difundiria internacionalmente a descontração do vestir local de maneira bastante interessante, como veremos a seguir.

É no fim dos anos 50 que o Rio passa a ser objeto quase exclusivo do interesse europeu, como parte de um bom número de aventuras cinematográficas, na verdade grandes périplos pelo Brasil, esta da primeira de uma peregrinação que vai levar as câmeras a Brasília, à Amazônia, a Foz do Iguaçu. Viajantes como que no passado registraram as belezas naturais do país, os europeus vão constituir um repertório de imagens frescas, quase documentais, extraídas diretamente da realidade, normalmente em cores, a serviço da ficção. A cidade do Rio de Janeiro vai ser esquadrinhada de variados ângulos, os filmes vão subir os morros, cruzar o Centro da Cidade, andar de bonde, participar de uma sociedade em vias de transformação, reproduzindo os traçados e caminhos da cidade destituída do status de Capital Federal.*

---

* AMANCIO, Tunico, no capítulo "Um contraplano imaginário: o Rio dos estrangeiros". *In*: *A Paisagem Carioca – catálogo comemorativo do Museu de Arte Moderna*, 2000.

Carmen Miranda.
Cena do filme That night in Rio, *de 1941.*

rio Hollywood.
A cidade maravilhosa nos tempos de Carmen Miranda e Zé Carioca

Como dizem vocês americanos, Let's go see the town!*

Zé Carioca

---

* Fala do famoso papagaio Zé Carioca, no filme *Alô, amigos!*, de Walt Disney.

> Durante a década de 1940, a arte popular brasileira atingiu prestígio mundial, entre os benefícios resultantes da política de boa vizinhança, podemos destacar a divulgação de nossa cultura por meio de Hollywood. No processo, os lucros maiores ficaram na cidade do Rio de Janeiro. Ela foi mostrada para o mundo como um paraíso tropical, e Carmen Miranda virou uma síntese da cultura latino-americana. Contribuindo ainda mais para o tal quadro, os estúdios de Walt Disney idealizaram Zé Carioca.*

Na década de 1940, o investimento de Hollywood no Rio aumentou ainda mais, e a cidade passou a figurar como locação de várias produções americanas recheadas de clichês, entre elas os musicais de coreografias "chicanas", tendo como cenário painéis que reproduziam o Pão de Açúcar e calçadas de Copacabana e como fundo musical um misto de ritmos que iam da rumba ao samba e cuja personagem principal era Carmen Miranda – ela própria um produto híbrido: uma portuguesa, vestida de baiana, de hábitos cariocas que viveu grande parte de sua vida nos Estados Unidos.

Em plena Segunda Guerra Mundial, a imagem da brasileira alegre dos turbantes e das frutas na cabeça; dos exageros de gestos e acessórios em profusão, que requebrava com saias de babados multicoloridos e tops apertados, calçava plataformas de purpurina e usava as unhas vermelhas, que tinha sorriso largo e olhar insinuante e malemolência – era o próprio antídoto contra mais um conflito mundial. A

---

* Filho, Egídio Bento. *A História do Rio de Janeiro: do século XVI ao XXI*. Rio de Janeiro: Letra Capital, 2017.

Carmen Miranda do *chica-chica-boom* era, por um lado, uma síntese hollywoodiana no século XX dos relatos de viajantes estrangeiros de séculos anteriores sobre o mau gosto e os exageros no vestir cometidos pelas brasileiras do Rio nos tempos coloniais. Por outro lado, reunia características positivas da mulher carioca, como a alegria e a graça (também constantes nos relatos de alguns viajantes estrangeiros que na cidade do Rio de Janeiro estiveram), estratégicos naquele contexto mundial.

A estética Carmen Miranda/Brasil/Hollywood virou tendência que logo se confirmou como febre. Mais uma vez, o Brasil estava associado ao Rio. O turbante, uma herança árabe brilhantemente absorvida pelos africanos (já muito conhecido das cariocas há séculos, conforme aqui foi mencionado anteriormente), e as redes prendendo os cabelos voltaram à moda. No Rio, as elegantes não dispensavam o acessório. Na Europa, no período da Segunda Guerra Mundial, os turbantes eram artifícios usados para ocultar os cabelos sujos e gordurosos que, por causa do racionamento, não podiam ser lavados com tanta frequência com xampus, cada vez mais escassos nas prateleiras das lojas das cidades europeias.

A estrela de figurinos e gestos exagerados não foi bem compreendida por parte da população carioca, que considerava a representação do personagem uma paródia (encomendada pelos norte-americanos) do Brasil e um desrespeito com os brasileiros. O sucesso e o figurino de Carmen Miranda, para os quais muitas cariocas, à época, torceram o nariz – achando-os um retrocesso no gosto e no refinamento que com muito custo haviam adquirido ao longo dos séculos –, se justificaram e se eternizaram. Até hoje a figura de Carmen Miranda inspira a moda brasileira.

The Disney Group - Cartaz Documentário.

Em 1941, como parte de uma missão nascida como confidencial nos Estados Unidos nomeada ABC e que até hoje desperta curiosidade e dúvidas – uma das versões existentes é a de que foi uma estratégia do governo norte-americano visando à vigilância na América Latina face ao crescente movimento nazista –, o famoso desenhista e empresário Walt Disney recebeu a incumbência de visitar três importantes capitais de países latinos – Argentina, Brasil e Chile (daí o nome ABC, como foi conhecida a missão) – mapeando hábitos e costumes dos habitantes nas cidades visitadas. O Rio, por ser a capital do Brasil, foi escolhido como a cidade a ser visitada no país. Para a missão, Disney convocou alguns dos mais competentes profissionais de sua equipe, entre eles redatores, figurinistas, produtores e desenhistas. Ao chegar ao Rio, o grupo dos Estúdios Disney – ou *The Disney Group*, como ficou conhecido na cidade – se dividiu estrategicamente em dois: um seguia os protocolos e os programas oficiais agendados entre os governos brasileiro e americano, como recepções, visitas a monumentos, museus, cassinos etc., e o outro seguia os programas extraoficiais sugeridos por habitantes locais, como redutos boêmios, rodas de samba, favelas, terreiros, praias, parques etc. Em sua estada no Rio, o grupo foi presenteado com um papagaio, que logo virou o mascote da missão. As impressões colhidas sobre o Rio foram reunidas em centenas de desenhos produzidos pelo grupo ao longo de toda a sua permanência na cidade, em estúdios improvisados nos hotéis onde membros da equipe se hospedaram. Conta-se que foi o papagaio presenteado à equipe que inspirou o nascimento do personagem Zé Carioca – ou "Joe Carioca", em inglês –, o animado papagaio brasileiro, nascido no Rio. Com pinta de malandro, de camisa listrada e chapéu panamá, às vezes segurando um pandeiro na mão, outras,

A CULPA É DO RIO! A cidade que inventou a moda do Brasil

vestido como um "almofadinha" de J. Carlos, mas sempre com um guarda-chuva no braço (para se proteger do sol ou das tempestades tropicais que castigavam o Rio no verão).

Zé Carioca e o Pato Donald na praia de Copacabana.

Existe outra versão sobre o nascimento do emblemático personagem Zé Carioca, no documentário *J. Carlos, o cronista do Rio*, de Silvio Tendler e Norma Bengell, de 2014: a de que, durante a viagem de Walt Disney ao Brasil, a ele foi oferecido um jantar para o qual foram convidados os mais importantes artistas gráficos e ilustradores brasileiros, entre eles J. Carlos, que apresentaram diversos de seus trabalhos. Muitos desses trabalhos teriam sido registrados em fotos pelas equipes dos estúdios Disney, que, pouco tempo depois, particularmente encantado com os trabalhos de J. Carlos, enviou convite pessoal para o artista ir trabalhar em produções conjuntas. J. Carlos teria declinado do convite, mas, pouco tempo depois, enviado para Disney croquis de desenhos de um papagaio vestido com uniforme militar da Força Expedicionária Brasileira, a FEB, abraçando personagem semelhante ao Pato Donald, que trajava uniforme dos *mariners* americanos. Um papagaio cujos traços (exibidos no documentário) parecem guardar extrema semelhança com os do hoje famoso Zé Carioca, que, por coincidência, foi lançado mundialmente alguns meses depois pelos estúdios Disney, acontecimento, aliás, previsto pelo próprio J. Carlos, o qual, em uma de suas capas para a revista *Careta* daqueles anos, desenhou seu papagaio de malas prontas, indo morar em Hollywood.

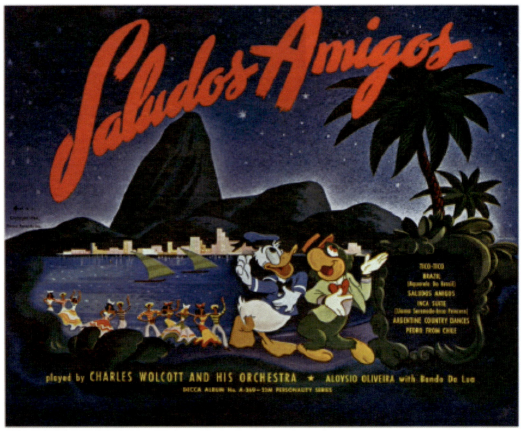

Cartaz Saludo, amigos! *Zé Carioca - Disney.*

Independentemente da versão, o fato é que com Zé Carioca se popularizaria, no exterior, sobretudo nos Estados Unidos, o estereótipo do malandro carioca, que J. Carlos já tão bem soubera retratar nos personagens de suas famosas charges: sagaz, espirituoso, alegre, cheio de ginga e maneirismos. Com essa fusão de percepções e lugares-comuns, os Estúdios Disney criaram, em 1942, o filme *Alô, amigos!* (*Saludos Amigos!*), no qual, em sua primeira aparição oficial, o papagaio Zé Carioca apresenta ao Pato Donald as belezas, inclusive as praias e os ritmos do Brasil – com destaque para a "Aquarela do Brasil", uma das mais populares canções brasileiras de todos os tempos, composta por Ary Barroso –, cujo cenário era o Rio. Zé Carioca foi o único personagem criado nessa viagem da Disney à América do Sul que entrou oficialmente nas produções do estúdio e para a história da Disney, tornando-se ícone e representativo não apenas do Rio, mas também do Brasil. E, assim como Carmen Miranda, até os dias atuais inspira a moda carioca. Zé Carioca foi tema de coleções lançadas pela marca de moda carioca Farm nos anos 2010 e tem se mantido ícone desejado até a conclusão deste livro. Curioso lembrar que papagaios e plumas coloridas foram levados do Brasil para o exterior nos anos 1500, encantando nobres europeus e virando itens "da moda". Mais de quinhentos anos depois, a ave colorida volta a fazer sucesso entre estrangeiros e brasileiros e continua a lembrar o Brasil e o Rio.

Para Claudia Braga Gaspar, Hollywood e a indústria cinematográfica tiveram papel decisivo não apenas na moda como um todo, mas, sobretudo, na evolução dos trajes de banho. Para a pesquisadora, foi "no escurinho do cinema" que as plateias brasileiras se habituaram à exposição do corpo. Os grandes agentes dessas transformações foram os musicais – gênero que fazia um grande sucesso desde os anos 1930 – e filmes *blockbusters*. Entre as divas e galãs das produções norte-americanas, destacavam-se Esther Williams, a protagonista do memorável *Escola de Sereias*, e Johnny Weissmuller, o lendário Tarzan – um dos primeiros personagens do cinema a mostrar o corpo desnudo por longo período de tempo. Nos musicais como os protagonizados por Williams, já era possível notar grandes avanços tecnológicos aplicados na confecção dos maiôs da diva: tanto na modelagem quanto nos materiais empregados. A grande novidade era o Lastex, fibra sintética de elastano capaz de promover a compressão do corpo, modelando-o graciosamente.

Elasticidade e aderência chegaram em boa hora, pois os modelos de roupas de banho até então utilizavam tecidos inadequados e grossos como lã, cetim, brocados e algodão. Os novos materiais (após o Lastex, surgiram o Rhodianyl, a Helanca e, finalmente, a Lycra) promoveram grande revolução na moda praia. As inovações tecnológicas, entretanto, eram ainda muito caras e chegavam ao Brasil com o preço alto, típico das "últimas novidades" da moda. Poucas cariocas puderam usufruir os modismos introduzidos por Hollywood, e as praias ainda continuaram, por muito tempo, povoadas por maiôs de malha de lã, algodão e outros tecidos mais baratos, porém menos adequados.

A década de 1940 acrescentou novos elementos à recorrente imagem do Rio no imaginário estrangeiro: a cidade, em geral considerada exótica, era, agora, também glamorosa e chique. Suas praias (ainda que apenas como pano de fundo) já apareciam como referências em diversos filmes.

Em 1946, o biquíni contemporâneo (na verdade, uma versão moderna de duas peças já muito conhecidas e usadas pelas mulheres praticantes de esportes em ginásios na Itália nos séculos IV e V) foi criado pelo francês Louis Réard. A novidade foi assim batizada em razão do suposto impacto, como o da explosão de uma bomba, que era previsto causar no mundo. Daí, nada mais apropriado que o nome do arquipélago no Pacífico, Bikini, onde foi realizado teste nuclear. A ousadia custou à Réard a incompreensão das francesas, mas seu nome foi escrito na História da Moda. As cariocas – assim como as francesas, curiosamente – também demoraram a entender a mensagem que aqueles trajes sumários continham, mas é do Rio o mérito de até hoje ser lembrado – com justiça – pela proeza e ousadia de ter espalhado pelas praias do Brasil o duas-peças, o qual foi ficando tão pequeno que, no futuro, viraria uma Asa Delta (estilo de biquíni homenageando a modalidade de esportes criada, nos anos 1980, por Cidinho Pereira, da marca BumBum e popularizado no Brasil e no mundo), flutuando pelos mares da orla carioca.

O Rio foi o pioneiro no Brasil na difusão do biquíni pelas praias do país. E assim é até hoje: a moda praia brasileira, muito pelas criações de marcas cariocas icônicas como a própria BumBum, Salinas, Lenny, Blue Man, entre outras, é incensadíssima mundo afora. Mas o que pouca gente sabe é que, por um capricho do destino, não seria uma carioca a primeira a usá-lo e exibi-lo nas areias das praias da orla carioca. Foi no verão de 1948 que o biquíni apareceu na cidade pela primeira vez. Ironicamente, não no corpo de uma carioca, como seria o esperado, e sim no de uma estrangeira que a novidade apareceu por aqui – mais precisamente na praia do Arpoador –, inaugurando uma nova era na moda do Rio de Janeiro. Uma alemã estrearia na cidade o jeito carioca – como hoje se considera – de ir à praia. O verão tinha chegado ao Rio, trazido por uma pessoa de fora do país já aclimatada: Miriam Etz. Mais uma estrangeira a contribuir para a moda da cidade:

A CULPA É DO RIO! A cidade que inventou a moda do Brasil

O verão sempre esteve por aqui, mas até então o carioca perecia não se dar conta disso. Nos 29 dias de fevereiro de 1948, um ano bissexto, os termômetros marcaram a média de 30 graus, mas os homens teimavam em usar Bryllcreem no cabelo, paletó de flanela inglesa e chapéu de feltro para ir trabalhar. As mulheres não saíam de casa sem meias de náilon e pelo menos uma camada de pó-de-arroz sobre a pele. Era um calor de matar. Em 28 de janeiro daquele ano, o garçom José Santana, de 38 anos, foi encontrado morto na Estação Barão de Mauá, e o legista do IML nem titubeou em apontar a causa da morte: "Excesso de calor". Ainda assim, no calendário da cidade, o verão era apenas mais uma estação do ano, quase sempre menos importante que o inverno. Era no inverno que a Casa Canadá – que acabara de introduzir "manequins vivos" na moda brasileira – botava nas ruas suas coleções, a maioria delas copiadas dos estilistas franceses. Eram chapéus, vestidos fechados e até capas de chuva que chegavam a tapar a canela das meninas. Tudo feito sob medida para se usar nos dez graus de Paris.

Miriam Etz tinha chegado ao Brasil 12 anos antes e não entendia por que as cariocas se escondiam debaixo de tanta roupa.*

Miriam Etz - a precursora do uso do biquíni nas praias cariocas.

Os olhos azuis da estrangeira pareciam enxergar mais claramente o que – curiosamente – as próprias cariocas não conseguiam ver: o biquíni era perfeito para as praias cariocas. Mas, justiça seja feita: Miriam Etz já era uma estrangeira "acariocada". Foi nas praias do Rio que o biquíni se popularizou no Brasil e a moda praia passou a ser importante protagonista nos negócios da cidade. Sobre a importância da moda praia carioca, recomendo a leitura do livro *Um Mergulho no Rio: 100 anos de Moda e Comportamento na Praia Carioca*, da jornalista

---

* LEMOS, Renato. "O verão do biquíni, 1948: o ano em que tudo começou". In: *Revista O Globo*, 2 de dezembro de 2007. p. 43.

Marcia Disitzer, autoridade no assunto, bem como *O Biquini made in Brazil*, da jornalista Lilian Pacce.

No final da década de 1940, alguns dos mais importantes legados da Europa, como o biquíni e o *New Look* de Christian Dior (que propunha opulência e feminilidade como reação aos anos de privação, escassez e racionamento da Segunda Guerra) são aclamados pela imprensa norte-americana. O duas-peças de Louis Réard e as duas peças do tailleur Bar, de Christian Dior, foram peças-chave do início da década de 1950. As novidades europeias seriam consagradas, legitimadas e incorporadas pelo *American Way of Life*, que, em troca, daria ao mundo – e bem ao seu estilo – outras contribuições: a moda esportiva e o *ready-to-wear*, hoje parte do repertório famoso da moda carioca.

Garota do Alceu na praia de Botafogo.
Alceu Penna.

O Rio dos anos dourados, da Miss Brasil, das certinhas do Lalau e das garotas do Alceu

Eu me inspiro na jovem brasileira. Nenhuma mulher, em parte alguma, é tão bonita dos 14 aos 20 anos de idade. A francesa, por exemplo, é uma mulher que tem o prestígio indiscutível como elegante. Mas, para os franceses, a mulher de 20 anos sequer é notada. Eles não aproveitam as garotas, dando-lhes o destaque que nós damos (...). A mulher americana é outra muito falada nessa idade. Mas não é tão requintada quanto a brasileira. Não é tão caprichada, diria melhor. Fico orgulhoso em ver que as minhas "garotas" são comparadas a esta geração de "brotos" atual.

Alceu Penna

Ao final da Segunda Guerra Mundial, a mulher ocidental vivenciará uma nova fase, bem diferente daquela seguinte ao conflito anterior. Se os anos 1920 foram os Anos Loucos, marcados pelo entretenimento, pelas transgressões, pelos avanços da liberação feminina e pelo início da irradiação da cultura norte-americana no mundo, os anos 1950 serão regidos por uma espécie de padronização dos costumes promovida por uma nostálgica revisitação ao passado. A mulher – que na década de 1920 era a "Rainha das Festas", caracterizada pela figura das melindrosas cujo maior objetivo era transgredir, se divertir e tentar igualar-se aos homens – chega à década de 1950 já "dona de sua vida" e de seu voto político. Mesmo após as muitas conquistas alcançadas, a maioria das mulheres preferirá tornar-se a "Rainha do Lar" – caracterizada pela figura da dona de casa, cujo maior objetivo era a total dedicação à família e às atividades domésticas, então bastante facilitadas pelo surgimento de novas tecnologias, aperfeiçoamento dos eletrodomésticos e pelo emprego das fibras sintéticas no vestuário. Com a Europa esgotada por mais uma guerra, a cultura e o estilo de vida norte-americanos se disseminaram por todo o mundo logo após o conflito.

No Rio de Janeiro, a mistura de influências europeias e norte-americanas produzirá um novo cenário para a moda: divas de Hollywood, jeans e camiseta dividirão com os últimos lançamentos da alta-costura francesa o território na cidade. Havia, entretanto, uma regra básica a ser seguida pelas cariocas: não importa se da Europa ou dos Estados Unidos, o *look* das garotas deveria ser importado ou, na maioria dos casos, copiado. Melhor ainda se as versões fossem feitas no Rio tendo como base os figurinos estrangeiros ou mesmo das revistas nacionais que vinham recheadas de imagens, ilustrações e moldes de roupas para serem reproduzidas pela costureira da família ou pela própria dona de casa. Para as que tinham muito dinheiro, havia as *maisons*, especializadas em criações vindas de Paris ou Nova York, como a Casa Canadá, fundada por Mena Fiala, que vestiu mulheres da alta sociedade brasileira. Segundo Cristina Seixas, autora do livro *Casa Canadá – a questão da cópia e da interpretação na produção de moda da década de 1950*, a loja (que se localizava no Centro do Rio) era conhecida como a Grande Sala do Brasil justamente por reunir nomes importantes do país, em razão de seu prestígio e qualidade das roupas e, mais tarde, de acessórios. A Casa se apropriava e reinterpretava referências europeias como Chanel, Dior, Lanvin, Jacques Fath, entre outras, para atender a uma elite ávida por moda sofisticada. Para a pesquisadora, a contribuição da Casa Canadá foi no aprimoramento da costura, do corte e da estrutura dos vestidos, em uma época que não havia centros de ensino de moda (no Brasil). A pesquisa era feita diretamente nos vestidos importados, alguns dos quais eram desmontados para estudar sua estrutura e acabamento. A Casa Canadá foi a grande referência de luxo e refinamento da moda carioca nos anos 1950.

Maria Helena Quirino dos Santos, de Araraquara, Miss Elegante Bangu. Revista Querida, *1958.*

E em se tratando de glamour e sofisticação, não podem deixar de ser mencionados os famosos desfiles de moda beneficentes promovidos por senhoras da sociedade que aconteciam no "Copa"* e que no dia seguinte eram estampados nos jornais. Eram alguns dos eventos que aconteciam no Rio de Janeiro que traziam personalidades, celebridades, artistas e criadores internacionais, e por isso atraíam a atenção dos interessados em moda por todo o Brasil, como o concurso Miss Elegante Bangu:

---

* Como era apelidado pelos cariocas o Hotel Copacabana Palace.

Mas nenhum evento renderia à Companhia Progresso Industrial do Brasil tão bons resultados quanto os famosos desfiles organizados por sua direção nos anos 50. Tudo começou quando D. Candinha Silveira, mulher do Dr. Joaquim, teve a idéia de realizar um desfile de moda em caráter beneficente. Para isso, contou com a colaboração de um grupo de amigas, entre elas as colunáveis Teresa de Souza Campos e Lurdes Catão que, vestindo tecidos Bangu, subiram às passarelas armadas nos salões do Copacabana Palace, numa festa em prol da Pequena Cruzada (...). O sucesso era tão grande que, um ano após o desfile, a Companhia promoveu um evento de repercussão internacional. Para isso, contou com a presença do costureiro francês Jacques Fath. Muito em evidência na época, ele organizou para a Bangu a festa de apresentação do algodão brasileiro em Paris. Realizada no Castelo de Coberville, de propriedade de Fath, o desfile contou com a presença de uma comitiva brasileira levada à França pela fábrica, em avião especial, além de dezenas de convidados estrangeiros – gente da sociedade, do mundo dos negócios e do cinema, como Clark Gable, Orson Welles, Ginger Rogers e Jean-Louis Barrault.

A elite do Rio e São Paulo, evidentemente, usava algodão Bangu. Como se tratava de um baile à fantasia, os homens vestiram roupas exóticas. Didu de Souza Campos e Assis Chateaubriand escolheram trajes de jagunço. O poderoso dono dos Diários Associados, o mais animado dos foliões, circulou pelos jardins de Coberville montado num jegue. D. Candinha Silveira comandou um grupo de "carregadoras de flores", inspirado numa gravura de Debret. E para completar o clima de brasilidade, a Orquestra Tabajara de Severino Araújo tocou a noite inteira, tendo como solista a cantora Elizeth Cardoso.

Ainda em 1952, Jacques Fath veio ao Brasil contratado pela Bangu, para realizar vários desfiles no Rio de Janeiro, São Paulo e Salvador. Transmitidas pela Rádio Nacional, as apresentações tinham cobertura da grande imprensa, especialmente dos Diários Associados e do jornal O Globo, no qual começava a se projetar o colunista Ibrahim Sued.[*]

O Rio de Janeiro dos anos 1950 era uma espécie de idílio da classe alta. Os Anos Dourados eram exemplo do que todas as outras classes deveriam seguir: lendo as colunas sociais de Ibrahim Sued e prestando atenção nos modelos criados pelos

---

[*] COSTA, Shirley; BERMAN, Debora; HABIB, Roseane Luz. (Orgs.). *150 anos da indústria têxtil brasileira – 150 years of the textile industry in Brazil*. Rio de Janeiro: Senai-Cetiq: Texto & Arte, 2000. pp. 59-61.

costureiros estrangeiros que as colunáveis e socialites cariocas, como Teresa Souza Campos e Lurdes Catão, vestiam.

A mania da sociedade carioca de colocar estilistas estrangeiros no pedestal, apesar de amplamente praticada, era muito criticada por alguns cronistas da cidade. Sérgio Porto – o criador do personagem Stanislaw Ponte Preta (o Lalau) e de diversos outros tipos cariocas – era um dos que mais satirizavam a situação. Enquanto no Rio de Janeiro multiplicavam-se as colunas sociais e as listas de socialites elegantes, como a famosa "Mulheres Mais Bem Vestidas do Ano" e "O Homem Mais Elegante", de Jacinto Thormes, Stanislaw propunha "As Mulheres Mais Bem Despidas do Ano" e "O Homem Mais Elefante". Para Stanislaw Ponte Preta, era um alívio quando os costureiros estrangeiros que vinham visitar a cidade voltavam para a Europa. Ele dizia que o fato gerava um "recesso na frescura" que dominava as cidades que visitavam.

A moda carioca continuava muito parecida com aquela que chegava do estrangeiro. Sempre que possível, encomendava-se alguma novidade "de fora" a parentes e amigos que viajavam para os Estados Unidos ou para a Europa. Se não fosse assim, a dona da encomenda poderia esperar muito tempo pela novidade. Para Rosa Maria Barbosa de Araújo, os padrões da moda nova-iorquina também eram um modelo a seguir. As revistas e catálogos de grandes magazines e lojas norte-americanas, como a Sears Roebuck, despertavam fascínio entre as mulheres cariocas, além de consideradas muito úteis na hora de se fazerem as encomendas. Quem não tinha condições de adquirir os modelos estrangeiros originais apelava para uma costureira – figura muito popular nesse período –, que costumava cobrar o serviço por "feitio" (modelo) ou como diária (preço fixo por um dia de trabalho). Aquelas que não podiam pagar pelos serviços de uma costureira confeccionavam suas próprias roupas ou as compravam nas lojas populares. A grande maioria das mulheres sabia costurar. Muitas residências tinham cômodos especialmente destinados a essa atividade ou algum outro espaço improvisado onde fosse possível acomodar uma máquina de costura.

Também merecem menção os "Concursos de Misses" que se realizavam com toda pompa na cidade do Rio de Janeiro e atraíam para a cidade o olhar de todos os demais estados da federação, os quais enviavam suas candidatas para concorrerem no evento. Os concursos de Miss eram mais uma mania importada – nesse caso, dos Estados Unidos – e tinham entre alguns de seus principais patrocinadores marcas internacionais de moda-praia, como a norte-americana Catalina. Eram realizados no Maracanãzinho, um estádio esportivo, bem de acordo com as nuances que já começavam a se desenhar na cidade de vida notadamente atlética. Era tal a busca de corpos bem delineados e uniformes que, nos concursos de misses, ter as medidas padrões de 90-60-90 cm de busto, cintura e quadris, respectivamente, 21 cm de tornozelo e sorrisos iguais era a inspiração estética das mulheres de cabelos cheios de laquê e maiôs de sainha, ainda muito inspiradas em referências norte-americanas. As vencedoras dos concursos no Brasil concorriam ao título internacional de Miss Universo, geralmente realizado em um ou outro continente, mas cujas exigências, perfeição e padrões de beleza eram as mesmas.*

O tipo da moda que se estendeu até o final dos anos 1950 seria ainda muito influenciada pela alta-costura francesa, ainda a grande referência para moda mundial. No Rio, essa modalidade do vestuário luxuoso se restringiria, de modo geral, aos modelos de vestidos para ocasiões como bailes, festas e recepções. No mundo, as tendências e os modelos originais da alta-costura ganhariam versões simplificadas, nas roupas produzidas em grande escala. O novo modo de produção agilizava (e aumentava) a comercialização, além de se mostrar muito mais adequado aos novos tempos.

A elite carioca, como vimos anteriormente, comprava suas roupas na prestigiada Casa Canadá, dirigida por Mena Fiala, que recebia ou reproduzia modelos dos grandes costureiros estrangeiros e era a preferência nacional em se tratando de moda de luxo, ou por encomenda nos diversos ateliês espalhados pelo Rio e que tentavam seguir a tradição das *maisons* de alta-costura francesa. Já os modelos femininos da classe média e baixa eram adquiridos nas lojas de departamentos, em lojas populares locais ou, então, eram feitos por costureiras, algo muito comum naquela época na cidade.

---

* VILLAÇA, Nízia. *Op. cit.* p. 191.

O hábito de fazer roupas em costureiras ou em casa, que acabava sendo uma maneira de conseguir uma modelagem mais próxima aos padrões das cariocas (brasileiras) vai, no futuro, propiciar o aparecimento no Rio de pequenas produções caseiras que começarão a fazer sucesso entre familiares e amigos e resultar nas primeiras boutiques de sucesso dos anos 1960 e 1970. Como as modelagens de roupas eram muito padronizadas, e havia pouca informação acerca dos gostos das cariocas, esse tipo de produção foi um modo inteligente de criar algo mais próximo das necessidades, dos gostos e padrões corporais das cariocas, sempre ávidas por notícias sobre moda e comportamento, assuntos que começavam a estourar nos jornais e revistas via colunas sociais.

Para o público feminino em geral, as notícias das colunas sociais ou de moda publicadas em revistas e jornais do Rio eram quase tão importantes de serem lidas quanto as principais manchetes mundiais. E o mercado editorial carioca – especialmente aquele voltado para as revistas de atualidades – explorava o filão:

> Em seus primeiros meses, *O Cruzeiro* fala sobre os mais diversos assuntos culturais. Entre as seções mais lidas, destaca-se "Modas", com notícias em primeira mão, diretamente de Paris, inclusive com os principais desfiles dos melhores costureiros franceses. Traz também informações do mundo do cinema, da literatura, do teatro e do rádio. Chateaubriand se orgulha de dizer que jamais houve em toda a América do Sul, uma publicação com tal apuro gráfico. As referências editoriais usadas por ele para compor a revista são americanas *The Sunday Evening Post* e *Ladies' Home Journal*.*

Era por meio dos colunistas de diversas seções de jornais e revistas da época – como Clarice Lispector, Alceu Penna e Stanislaw Ponte Preta – que as moças e senhoras cariocas ficavam sabendo como usar a "última moda", o que vestiam as Garotas do Alceu, quem eram as Certinhas do Lalau, quais eram os novos pontos de encontro da cidade e tudo mais que fosse importante. Foi por intermédio de cronistas e colunistas

---

* JUNIOR, Gonçalo. *Alceu Penna e as garotas do Brasil: Moda e Imprensa – 1933/1980.* São Paulo: CLUQ (Clube dos Quadrinhos), 2004. p. 34.

de veículos impressos desse período que uma identidade mais local da moda foi se desenhando.

Segundo Aparecida Maria Nunes, em 1952, Clarice Lispector (já escritora consagrada sob o pseudônimo de Tereza Quadros), em coluna especializada nos assuntos femininos, dava conselhos, receitas e dicas de moda para as leitoras do periódico *Comício*, publicação idealizada por seu amigo Rubem Braga. A prestigiada escritora "encarnava" uma espécie de versão local da lendária Diana Vreeland,* sugerindo as melhores maneiras de se usar as últimas tendências da moda. Lembrava que as mulheres deviam cultuar a aparência física, a "faceirice" (segundo ela, um dos principais atrativos femininos) e estar sempre atentas ao que desagradava aos homens (por exemplo, as modas sofisticadas e complicadas demais, batom exagerado, excesso de joias e meias com costura torta). Em um de seus artigos para páginas femininas, intitulado *A verdadeira elegância*, Tereza Quadros (Clarice Lispector) aconselhava:

> (...) não use roupas que a incomodam. Por mais belas que sejam, ao fim de algum tempo, prejudicarão a graça dos gestos, a naturalidade, dando num ar "endomingado" a quem as use. Quem pode sorrir espontaneamente quando a cinta está tão apertada que quase tira o fôlego (...)?**

Lispector parecia incentivar o conforto e a naturalidade (hoje características da moda feminina local) das cariocas, tão divididas entre a certeza da elegância (conseguida por meio das apertadas "cintas" exigidas pela silhueta) do New Look, de Dior, e a aposta na vanguarda (proposta no despojamento dos trajes mais confortáveis, produzidos em grande escala) do *ready-to-wear* norte-americano combinado com o despojamento do vestir carioca. Em "Driblando a Moda" – sugestivo nome de coluna que parece incentivar a resistência aos padrões importados da moda –, Tereza Quadros, em texto com interessantes argumentos, incentivaria outra reflexão: a de que as tendências

---

* Editora de moda das revistas *Vogue* e *Bazaar*, e considerada a "papisa" da moda americana nos anos 1950.
** LISPECTOR, Clarice. *Correio feminino*. Organização Aparecida Maria Nunes. Rio de Janeiro: Rocco, 2006.p. 21.

e cartelas de cores que chegavam prontas do Hemisfério Norte não deveriam ser cegamente seguidas ou adotadas pelas mulheres brasileiras. A sugestão da colunista era a de que as cariocas "driblassem" as tendências importadas e a moda quando elas parecessem incômodas ou ditatoriais, lembrando que muitas vezes a imaginação e o estilo pessoal são importantes aliados e podem resolver muitos problemas.

> (...) roxo é a cor que vem. Em algumas de vocês, o roxo irá tão bem como uma luva de luxo. Em outras, apesar de estar na moda, talvez dê um ar de tristeza e viuvez. Lembre-se: moda é moda, mas quem manda mesmo é você. E quem escolhe também: a cor da moda é roxo, mas ninguém está lhe dizendo que tom de roxo. Quem sabe se o lilás, modalidade mais suave do roxo, vai melhor com seu tipo?*

Tereza/Lispector fazia com que a leitora refletisse que a moda – mesmo a consagrada pelos figurinos e revistas – poderia e deveria ser questionada. A ambiguidade – tema recorrente nas obras de Lispector – também se fazia presente em seus textos para as colunas femininas. Se em alguns de seus artigos Clarice Lispector mostrava uma Tereza Quadros conformista e conservadora, em outros, era exatamente o contrário. Os conselhos da colunista parecem ecoar até os dias atuais na moda carioca, que, mesmo recebendo as tendências de fora, muitas vezes as digere, "acariocando-as".

É interessante observar, pelas matérias e colunas daquela época, que os periódicos e revistas procuravam ser bem didáticos, tendo seus formatos muito semelhantes aos das principais publicações estrangeiras, como a americana *Life* e a francesa *VU* (posteriormente *Paris Match*). Quanto ao conteúdo, Gonçalo Júnior explica que a reprodução de matérias, artigos e fotos era, em geral, pirateada sem cerimônia.

Na grande variedade de publicações existente àquela época no mercado editorial carioca, a revista *O Cruzeiro* era uma das que mais se destacavam. Excessos costumam ser cometidos ao se descrever o sucesso e a popularidade dessa revista entre as décadas de 1940 e 1950. De acordo com o autor, diz-se que o semanário de Assis Chateubriand

---

* Ibidem, p. 40.

chegou a alcançar a marca de mais de um milhão de exemplares vendidos por edição, em uma época em que a população brasileira não passava de 50 milhões de habitantes.

Exageros à parte, sabe-se hoje que a revista exercia grande influência, sobretudo entre os leitores cariocas. E que o sucesso da publicação se devia não apenas à visão empresarial de Chateubriand, mas também à equipe de repórteres e redatores que ali trabalhava. Dos profissionais que, com seus trabalhos, popularizaram a revista e gozavam de grande simpatia entre seus leitores estava Alceu Penna, considerado por Gonçalo Júnior o "inventor da mulher carioca e brasileira".

Cartão-postal da praia de Copacabana em frente ao Hotel Copacabana Palace. Acervo Paula Acioli.

No Rio, os tempos do *American Way of Life* serão também os do *Copacabana Way of Life*, já que as tendências que chegavam de fora acabavam sempre tendo suas versões locais. Nos anos 1950, o Rio era a capital do Brasil, e Copacabana era o *point* do Rio. As mulheres cariocas de Copacabana – apenas um ano depois da estreia do biquíni no corpo esguio de uma alemã, em outra praia, a do Arpoador – pareciam não perdoar a dupla desfeita. Perseguiram a perfeição do corpo em uma espécie de vingança tardia (que parece se estender até os dias de hoje), como demonstra uma crônica de 1949, publicada na revista *Copacabana*:

> Reparem na nossa diferença (...). Nós temos corpo todos os dias. Não damos uma folga (...). Fazer ginástica é tão corriqueiro como beber café da manhã. Andar de bicicleta é uma obrigação, quando algumas banhas, irrefletidamente, se deixam ficar por lugares não convencionados. Mostrar o corpo que não escandaliza é imperativo.* Sob o mesmo sol, sob o mesmo céu, todos douram seus corpos! Copacabana une na divisão.**

Para Nízia Villaça, o território copacabanense se tornará famoso e imprimirá um clima de renovação e liberalidade. Ainda segundo a autora, o bairro inaugurou um universo democratizante, no qual a mídia enfatizava o consumo, o lazer e engendrava uma cultura de massas hedonista-juvenil "praieira", que, nessa época, se dividiria entre os fãs dos tradicionais bailes do Copacabana Palace ou do *rockabilly* de Elvis Presley (*pop singer* que ensinava à juventude mundial e carioca os movimentos sensuais da pélvis, como, aliás, já tinham conhecimento os cariocas dos tempos do maxixe) em alguma praia de uma ilha paradisíaca. As praias do Pacífico, da Califórnia e de Miami passaram a ser referências nos anos 1950 e 1960, tornando-se cenário para uma série de produções cinematográficas e televisivas norte-americanas e que faziam muito sucesso entre grande parte da juventude carioca.

Editores de jornais e "revistas que faziam chover", designação para publicações que vendiam muito e exerciam grande influência sobre a população, logo perceberiam isso. Aliado ao fato de que em todo o país havia uma ideia quase mítica de que não se podia alcançar alguma notoriedade sem que se fizesse sucesso na Cidade Maravilhosa, a ideia parecia brilhante: transformar as praias do Rio em epicentro de novidades para o resto do Brasil.

---

* BENEDETTI, Lúcia. *Revista Copacabana*. Dezembro de 1949. p. 6.
** ARAÚJO, Rosa Maria Barboza de. *Op. cit.*, p. 320.

Gonçalo Júnior conta que o jornalista Accioly Netto, nessa época redator-chefe da revista *O Cruzeiro*, descobriria que a praia, o banho de sol e de mar em Copacabana, principalmente no verão, era um grande filão tanto para o público feminino, sempre ávido por saber das últimas novidades que surgiam na moda praia, quanto para o público masculino, interessado em acompanhar as polêmicas acerca das ousadias, cada vez maiores, das mulheres nas praias. O jornalista – que desde 1938 mantinha na revista a coluna "As Garotas", de comportamento e moda, na qual as cariocas eram retratadas em ilustrações feitas por Alceu Penna, talentoso artista admirador das obras de artistas e ilustradores norte-americanos assim como de caricaturistas brasileiros como J. Carlos e Ernesto "Chango" Garcia Cabral – passa então a incentivar o tema "praia" na coluna ilustrada por Penna. "As Garotas" foi uma grande novidade para a época. Seu lançamento foi explicado com entusiasmo por Netto:

> "As Garotas" são a expressão da vida moderna. As "garotas" endiabradas e inquietas serão apresentadas todas as semanas em *O Cruzeiro*, desenhadas por Alceu, o mais malicioso e jovem de nossos artistas. "As Garotas" em duas páginas em cores, constituem um dos hits de *O Cruzeiro*, a revista que acompanha o ritmo da vida moderna. *

Ao longo de sua existência, as ilustrações das figuras femininas da coluna com frequência passaram a retratar trajes e comportamentos ligados ao comportamento local, à praia e ao banho de mar. O elegante traço de Alceu Penna e seu refinamento na percepção dos usos, dos costumes e da moda do Rio de Janeiro dos anos 1940 e 1950 fizeram de sua coluna um *hit* entre os leitores da revista. "As Garotas" se tornaram "As Garotas do Alceu", e o próprio ilustrador ultrapassaria os limites da ilustração, atuando também como redator, correspondente da revista em desfiles de moda nacionais e internacionais, figurinista e, finalmente, estilista de atores e celebridades, entre os quais Carmen Miranda.

---

* Ibidem, p. 81.

Alceu Penna e uma de suas garotas ilustradas.

"As Garotas do Alceu", nascidas no Rio, viraram uma febre em todo o Brasil, tendo o Rio como pano de fundo e as modernas "garotas" como inspirações para todas as outras "garotas" do país. As "Garotas do Alceu" logo se tornariam onipresentes: nas colunas de *O Cruzeiro*, nos calendários, nos livros didáticos, folhinhas e até nos catálogos de desfiles da gigante Rhodia, multinacional recém-chegada ao país. Elas estavam por toda parte, caracterizadas de todas as maneiras: ora lembrando Carmem Miranda, vestidas de baianas estilizadas; ora lembrando divas hollywoodianas. O artista explicava, no entanto, que buscava suas inspirações no próprio país e na jovem brasileira:

> Eu me inspiro na jovem brasileira. Nenhuma mulher, em parte alguma, é tão bonita dos 14 aos 20 anos de idade. A francesa, por exemplo, é uma mulher que tem o prestígio indiscutível como elegante. Mas, para os franceses, a mulher de 20 anos nem sequer é notada. Eles não aproveitam as garotas, dando-lhes o destaque que nós damos (...). A mulher americana é outra muito falada nessa idade. Mas não é tão requintada quanto a brasileira. Não é tão caprichada, diria melhor. Fico orgulhoso em ver que as minhas "garotas" são comparadas a esta geração de "brotos" atual.*

---

* Ibidem, p. 120.

Na busca para a composição de suas garotas, Alceu se preocupava em fazer com que pelo menos um grande diferencial existisse entre as personagens originais e suas correspondentes locais: o frescor e a jovialidade das brasileiras, em particular as habitantes do Rio.

Com a popularização das praias, ia nascendo no Rio uma geração que crescia muito mais afeita aos esportes e à vida ao ar livre que a geração anterior. A orla passaria a ser o espaço de preferência da população carioca. Nasciam assim os "praianos":

> Gente que adquiriu por direito de conquista a faculdade de fantasiar a epiderme com fatias racionadas de pano tecnicolor, quem os vê nos ônibus com suas blusas abertas ao peito, as saias aciganadas enfunando o vento, lenço de seda multicolor amarrado à cabeça, compreende a definição.*

Os "praianos" começaram a fazer das areias da praia e da água do mar não apenas um espaço de lazer onde se reuniam para praticar esportes – alguns inventados e existentes somente no Rio – como vôlei de praia e frescobol, mas também um espaço de intensa convivência social. Na praia, as famílias se reúnem, os amigos se encontravam e conversava-se muito sobre o Rio e as novidades do mundo, do Brasil e da cidade. A praia era uma espécie de rua do Ouvidor moderna, só que de frente para o mar. Frequentar a praia não era mais uma "receita médica", e sim um grande prazer. O carioca descobre, finalmente, a vocação balneária da cidade e a sua vocação para o prazer:

> A praia de Copacabana, que nas primeiras décadas do século, havia se constituído em local de veraneio, principalmente para os turistas brasileiros, que lotavam as pensões familiares em busca dos famosos banhos medicinais, torna-se a partir da segunda metade dos anos 40, o espaço público de lazer mais importante da cidade do Rio de Janeiro, onde começa a ocorrer uma brusca mudança de costumes e de comportamento da juventude.
> O footing no posto 4, a paixão pelo cinema e pelo rádio, a moda de as moças aprenderem violão e se candidatarem aos concursos de beleza que agitavam a juventude das praias do

---

* *O Cruzeiro.* 20 de janeiro de 1951. *Apud* VILLAÇA, Nízia. *Op. cit.*, p. 190.

> Leme ao Leblon eram parte de um novo estilo de vida que deflagrou um choque de gerações. Os mais velhos criados numa educação galicista horrorizavam-se com as demonstrações de "despudor e deletéria influência do veneno americano" e acreditavam que "o povo ianque diluído pelo cinema, era o mais depravado e o mais ateu do globo", o que levava Copacabana a perder "os seus foros de nobreza ao querer ombrear-se com as praias da Flórida ou da Califórnia".*

Copacabana crescia freneticamente, e a especulação imobiliária promoveu o surgimento de inúmeras novas edificações e prédios nos lugares das antigas casas de veraneio. De acordo com a pesquisadora Claudia Mesquita, a especulação imobiliária desenfreada, o excesso populacional e o crescimento urbano desordenado levaram os projetos arquitetônicos mais elitizados para os bairros de Ipanema e Leblon, que no início eram apenas extensões de praia que não tinham a valorização apresentada hoje. Esse deslocamento geográfico se fez acompanhar de uma nova territorialidade cultural inaugurada por um grupo de intelectuais migrantes da antiga boemia copacabanense, cujos modismos, pontos de encontro, musas e toda uma rede de sociabilidade vieram a constituir a "República de Ipanema".

No final dos anos 1950, graças ao investimento de uma geração de intelectuais e artistas cariocas e da força da imprensa, o bairro de Ipanema começou a superar Copacabana, firmando-se como o novo difusor da estética dominante do carioca Zona Sul, cujo apogeu se dará nos anos 1970, marcado pela nova geração praiana, frequentadora das praias do bairro, sobretudo a do Arpoador, para onde a juventude dourada do Rio se deslocará, levando consigo suas invenções e seus modismos.

A mudança do Distrito Federal para Brasília coincidiu com essa reordenação do território cultural da cidade, que, a partir dos anos 1960, dividiu-se em basicamente entre zona norte e zona sul, estratégica e simbolicamente separadas pelo túnel Rebouças e já devidamente "demarcadas" de acordo com o estilo de seus moradores, como lá no século XIX João do Rio já observava ser uma tendência do carioca.

---

* MESQUITA, Cláudia. *De Copacabana à Boca do Mato: o Rio de Janeiro de Sérgio Porto e Stanislaw Ponte Preta*. Rio de Janeiro: Edições Casa de Rui Barbosa, 2008. p. 102.

Para alguns autores, a mudança da capital federal para Brasília foi um alívio para o Rio, pois tirou da cidade o ônus de ter de se comportar não conforme suas vocações, mas de acordo com o que era imposto: foi assim nos tempos do império e também nos anos como capital da República do país. Essa liberdade "protocolar", entretanto, não enfraqueceu a cidade em termos de produção criativa, coisa que no Rio parece ser inesgotável. Ao contrário: quanto mais o tempo passava, mais a cidade ia criando modismos e tendências que viravam notícia no país.

No final dos anos 1950, a nova juventude carioca presenteou o Brasil com a Bossa Nova, uma espécie de ritmo que, dizem, reuniu e "amaciou" diversos outros ritmos do mundo inteiro – inclusive o Jazz – em um só. A Bossa Nova seria uma espécie de trilha sonora para um dos mais importantes acontecimentos para a moda da cidade, consagrando, nas letras das músicas compostas pelo movimento, o estilo de vida e a moda carioca que já enxergava então na praia o seu espaço social mais importante, e na vida "do lado de fora" a sua instituição. A moda da cidade, embora sempre muito inspirada em modelos norte-americanos e europeus, começava a dar sinais de que seguiria por outros caminhos, ouvindo sua vocação natural. É a partir desse período que surgem, pela primeira vez no Rio, roupas com estampas de ícones da cidade, como o calçadão de Copacabana, o Pão de Açúcar, o Maracanã, o Cristo Redentor etc. É mesmo interessante ressaltar esse fato porque o Rio é uma cidade que cedo percebeu a importância e força de seus ícones locais, levando-os para estampas de roupas, acessórios, joias, objetos etc. Hoje em dia, a geometria dos calçadões de Copacabana, Ipanema e Leblon, o Pão de Açúcar, o Cristo Redentor, as praias da cidade, os seus parques, sua natureza e até seus estádios e os Arcos da Lapa são motivos que acabam virando estampas, formas de roupas e acessórios de moda.

Vera Lúcia Ferreira Maia, Miss Guanabara. Vestido criado por Alceu Penna, 1963.

O Rio e o mar:
um feliz encontro para a moda do Brasil

Olha que coisa mais linda
Mais cheia de graça
É ela menina que vem e que passa
Num doce balanço, a caminho do mar

Trecho da canção "Garota de Ipanema", de
Tom Jobim e Vinícius de Moraes

Bar Veloso, 1965.

No início dos anos 1960, quando a capital do Brasil foi transferida do Rio de Janeiro para Brasília, dois amigos conversavam em um bar na rua Prudente de Morais, no bairro de Ipanema. Entre um chope e outro, discutiam a letra para uma nova música. Foi quando uma jovem que costumava andar por ali com frequência passou muito

A CULPA É DO RIO! A cidade que inventou a moda do Brasil

próxima ao bar onde os dois estavam, caminhando em direção à praia. Os amigos em questão são Vinícius de Moraes e Antônio Carlos Jobim – o Tom Jobim –, dois dos maiores ícones da Bossa Nova, da música brasileira e internacional. Naquela tarde, esboçaram a letra da música que se tornou fenômeno mundial: "Garota de Ipanema". Diz-se que, com o tremendo sucesso da canção, foram tantas as garotas que surgiram se dizendo a inspiração para o hit, que os autores acharam por bem esclarecer a questão e revelar o nome da verdadeira garota que inspirou o hino à carioca.

Sobre o episódio e a personagem que tanto encantamento causou, um texto de Vinícius de Moraes, publicado pela revista *Manchete*, em setembro de 1965, dá conta das origens e da personagem que deu vida à música "Garota de Ipanema", nascida no Rio e – como outras modas e modos surgidos na cidade – sucesso no mundo todo:

> Seu nome é Heloísa Eneida Menezes Paes Pinto, mas todos a chamam de Helô.
> Há três anos ela passava, ali no cruzamento de Montenegro e Prudente de Moraes, em demanda da praia, e nós a achávamos demais. Do nosso posto de observação, no Veloso, enxugando a nossa cervejinha, Tom e eu emudecíamos à sua vinda maravilhosa.
> O ar ficava mais volátil para facilitar-lhe o divino balanço do andar. E lá ia ela toda linda, a garota de Ipanema, desenvolvendo no percurso a geometria espacial do seu balanceio quase samba, e cuja fórmula teria escapado ao próprio Einstein, seria preciso um Antônio Carlos Jobim para pedir ao piano, em grande e religiosa intimidade, a revelação do seu segredo.
> Para ela, fizemos, com todo o respeito e mudo encantamento, o samba que a colocou nas manchetes do mundo inteiro e fez de nossa querida Ipanema uma palavra mágica para os ouvintes estrangeiros. Ela foi e é para nós, o paradigma do broto carioca; a moça dourada, misto de flor e sereia, cheia de luz e de graça mas cuja visão é também triste, pois carrega consigo, a caminho do mar, o sentimento da mocidade que passa, da beleza que não é só nossa – é um dom da vida em seu lindo e melancólico fluir e refluir constante.

Heloisa Eneida, ou Helô, como é hoje internacionalmente conhecida, era moradora do bairro, tinha à época 17 anos e foi a inspiração para a música (que inicialmente se chamaria "Menina que Passa"), a qual talvez seja a mais conhecida do planeta.

A garota de Ipanema passou a representar a síntese do frescor que, ao longo do tempo e da história, foi sendo atribuído aos criativos habitantes da cidade do Rio de Janeiro, em especial às jovens, que nos remetem às "brasileiras do Rio" colonial ou imperial; à moreninha, de Joaquim Manoel de Macedo, do século XIX, ou à adolescente Gisele Bündchen, que despontava no cenário internacional como a Garota de Ipanema em sua versão dos anos 2000, do século XXI. Helô não era o modelo da mulher idealizada, então vigente: uma diva de Hollywood ou uma sensual pin-up; não usava maiô provocante, não tinha os seios fartos à mostra ou cabelos armados cheios de laquê. Não usava maquiagem pesada ou joias. O que a tornava atraente era justamente o contrário: sua espontaneidade, os seus cabelos longos, soltos, ao vento, a pele bronzeada, a descontração, a naturalidade e a cadência no jeito de caminhar. Para Tom e Vinícius, ela era a coisa "mais linda, mais cheia de graça" "num doce balanço a caminho do mar". Nascia naquele momento o conceito da "juventude carioca", um dos mais icônicos do mundo. A garota – e posteriormente os garotos também – de Ipanema e do Rio viraram referências de estilo de vida, comportamento e moda, ligados à descontração, à vida ao ar livre e ao mar.

"Garota de Ipanema" é um marco não apenas na música popular brasileira. A imagem fortemente consolidada no Brasil e no exterior nos remete à naturalidade dos habitantes do Rio, que, no passado, já chamavam a atenção do mundo pela sua graciosidade, pela maneira criativa como se vestiam e se comportavam, dando o que falar mundo afora, como faz até os dias de hoje a moda local, que atrai olhares, suspiros e desejos no país e no exterior. Como naquele episódio ocorrido em Londres, no início dos anos 2000, narrado no primeiro capítulo e que desencadeou em mim a curiosidade de pesquisar sobre o caráter tão particular do vestir na cidade do Rio de Janeiro. Curiosidade que me conduziu a um mestrado, cuja dissertação foi transformada neste livro, o qual, espero, tenha sido de leitura proveitosa e prazerosa às caras leitoras e leitores.

Ex-colônia, sede do império, capital da República, o Rio de Janeiro protagonizou e participou dos mais importantes ciclos e fenômenos sociais e econômicos ocorridos no país, projetando-se, assim como os seus habitantes e o estilo de vida local, internacionalmente: da exploração do pau-brasil à Bossa Nova. Com sua originalidade e particularidades, sempre no radar do mundo, a cidade, cujas ricas características fazem com que ela ultrapasse a categoria de cidade-balneário, contribuiu e continua a contribuir de modo notável e criativo para a trajetória da moda no Brasil, que em seu ecletismo e complexidade merece ser estudada, compreendida e valorizada.

A cidade do Rio de Janeiro é, realmente, mais que uma simples capital e o carioca mais que um simples brasileiro.* O Rio inventa modos e modas. E o mundo, atento, as absorve e difunde. E com uma história tão original e tão cheia de curiosidades, quem, afinal, não deseja vestir um pedacinho do Rio, a cidade que inventou – e continua a inventar – a moda do Brasil? A culpa é do Rio!

---

* GAUTHEROT, Marcel. *Rio de Janeiro*. Munique: Wilhem Andermann Verlag, 1965.

Passado e presente – Séculos XIX e XXI, no Rio de Janeiro.
Arte em montagem de Silvana Mattievich. Foto de Felipe O'Neil - Veja Rio.

Agradecimentos

A Eliane Robert Moraes, referência em literatura no Brasil, a orientação da minha dissertação de mestrado, que originou este livro; aos autores, historiadores e pesquisadores que, com suas obras, tanto ajudam profissionais, como eu, nas pesquisas; aos familiares e amigos e a todos aqueles que, direta ou indiretamente, colaboraram para que este projeto se realizasse; a Gisele Bündchen e a todos que, com seu trabalho e amor pelo Brasil e pelo Rio, muito fizeram – e fazem – pela moda brasileira e carioca.

A cidade do Rio de Janeiro, Cidade Maravilhosa, que, desde o nascimento, encanta, seduz, inspira tantos de nós e fornece elementos singulares para estudos prazerosos como os que realizei para escrever este livro de curiosidades sobre o vestir local.

Referências

ABREU, Mauricio de Almeida. *A evolução urbana do Rio de Janeiro*. 2. ed. Rio de Janeiro: IPLANRIO, Jorge Zahar, 1988.

ALENCASTRO, Luiz Felipe de; GRUZINSKI, Serge; MONÉNEMBO, Tierno. *Rio de Janeiro, cidade mestiça: nascimento da imagem de uma nação*. Organização Patrick Straumann; tradução Rosa Freire d'Aguiar. São Paulo: Companhia das Letras, 2001.

AMANCIO, Tunico. "Um contraplano imaginário: o Rio dos estrangeiros". *In*: *A Paisagem Carioca* – catálogo comemorativo do Museu de Arte Moderna, 2000.

ANDRADE, Manuel Correia de. *Espaço, polarização e desenvolvimento*. São Paulo: Brasiliense, 1970.

ARAÚJO, Rosa Maria Barboza de. *A vocação do prazer: a cidade e a família no Rio de Janeiro republicano*. Rio de Janeiro: Rocco, 1993.

ASSIS, Machado de. *Iaiá Garcia*. São Paulo: Martin Claret, 2007. [Texto Integral]

ASSIS, Machado de. *Dom Casmurro*. São Paulo: Martin Claret, 2008. [Texto Integral]

ASSIS, Machado de. *Ressurreição*. São Paulo: Martin Claret, 2005. [Texto Integral]

BALSA, Marilena (Org.). *Ipanema de rua em rua: do Arpoador ao Jardim de Alah*. Rio de Janeiro: Universidade Estácio de Sá/Departamento de Pesquisa: Ed. Rio, 2005.

BARRA, Sérgio. *Entre a Corte e a Cidade. O Rio de Janeiro no tempo do rei (1808-1821)*. Rio de Janeiro: José Olympio, 2008.

BENTO FILHO, Egídio. *A História do Rio de Janeiro: do século XVI ao XXI*. Rio de Janeiro: Letra Capital, 2017.

BERGER, Paulo. *Dicionário histórico das ruas de Botafogo (IV Região Administrativa)*. Rio de Janeiro: Fundação Casa de Rui Barbosa, 1987.

BERTOL, Rachel. "Segundo Caderno". *O Globo*, 11 de março de 2008.

BRITO, Marilza Elizardo (Coord.). *Álbum carioca: energia elétrica e cotidiano infanto-juvenil, 1920-1949*. Rio de Janeiro: Centro da Memória da Eletricidade no Brasil, 2005.

BUENO, Eduardo. *Náufragos, traficantes e degredados: as primeiras expedições ao Brasil, 1500-1531*. Rio de Janeiro: Objetiva, 1998.

BOSCO, Francisco. *A vítima tem sempre razão?* São Paulo: Todavia, 2017.

CARDOSO, Rafael; BANDEIRA, Julio; SIQUEIRA, Vera Beatriz Cordeiro. *Castro Maya Colecionador de Debret*. Tradução Rafael Cardoso. São Paulo: Capivara; Rio de Janeiro: Museu Castro Maya, 2003.

CARVALHO, Ana Maria Fausto Monteiro de. *Arte Jesuíta no Brasil Colonial. Os reais colégios da Bahia, Rio de Janeiro e Pernambuco*. Rio de Janeiro: Versal Editores, 2017.

CASTILHO, Kathia; GARCIA, Carol. (Orgs.). *Moda Brasil: fragmentos de um vestir tropical.* São Paulo: Anhembi Morumbi, 2001.

CASTRO, Ruy. *Carnaval no fogo: crônica de uma cidade excitante demais.* São Paulo: Companhia das Letras, 2003.

CAVALCANTI, Nireu. *O Rio de Janeiro setecentista: a vida e a construção da cidade da invasão francesa até a chegada da corte.* Rio de Janeiro: Jorge Zahar Editor, 2004.

CERQUEIRA, Bruno da Silva Antunes de. (Org.). *D. Isabel I a Redentora: textos e documentos sobre a Imperatriz exilada do Brasil em seus 160 anos de nascimento.* Rio de Janeiro: Instituto Cultura D. Isabel a Redentora, 2006.

COARACY, Vivaldo. *Memórias da cidade do Rio de Janeiro.* 3. ed. Belo Horizonte: Itatiaia; São Paulo: Universidade de São Paulo, 1988.

COHEN, Alberto Alves. *Ouvidor, a rua do Rio.* Rio de Janeiro: AA Cohen, 2001.

COHEN, Alberto Alves; GORBERG, Samuel. *Rio de Janeiro: o cotidiano carioca no início do século XX.* Rio de Janeiro: AA Cohen, 2007.

COSTA, Cristina. *A imagem da mulher: um estudo de arte brasileira.* Rio de Janeiro: Senac Rio, 2002.

COSTA, Shirley; BERMAN, Debora; HABIB, Roseane Luz. (Orgs.). *150 anos da indústria têxtil brasileira – 150 years of the textile industry in Brazil.* Rio de Janeiro: Senai-Cetiq: Texto & Arte, 2000.

CRULS, Gastão. *Aparência do Rio de Janeiro.* 3. ed., vol. 1 e 2. Rio de Janeiro: José Olympio, 1965.

CUNHA, Laura e Thomas Mils. *Joias de Crioula*. São Paulo: Terceiro Nome, 2011.

DEBRET, Jean-Baptiste. *Viagem pitoresca e histórica ao Brasil*. São Paulo: Martins, 1965.

DEBRET, Jean-Baptiste. *Caderno de viagem*. Organização Julio Bandeira. Rio de Janeiro: Sextante, 2006.

DEL BRENNA, Giovanna Rosso (Org.). *O Rio de Janeiro de Pereira Passos: uma cidade em questão II*. Rio de Janeiro: Index, 1985.

DEL PRIORE, Mary. *Corpo a corpo com a mulher: pequena história das transformações do corpo feminino no Brasil*. São Paulo: Senac São Paulo, 2000.

DIÉGUES JÚNIOR, Manuel. *Etnias e culturas no Brasil*. 5. ed. Rio de Janeiro: Civilização Brasileira, 1976.

DIENER, Pablo; COSTA, Maria de Fátima. *Rugendas e o Brasil*. Tradução Júlio Bandeira e Sybil S. Bittencourt. São Paulo: Capivara, 2002.

DISITZER, Marcia. *Um Mergulho no Rio. 100 anos de moda e comportamento na praia carioca*. Rio de Janeiro: Casa da Palavra, 2012.

DORIA, Pedro. *1565: enquanto o Brasil nascia*. Rio de Janeiro: Nova Fronteira, 2012.

DURKHEIM, Émile. *As regras do método sociológico*. São Paulo: Martin Claret, 2002.

EDMUNDO, Luiz. *O Rio de Janeiro no tempo dos Vice-Reis, 1763-1808*. Belo Horizonte, Rio de Janeiro: Itatiaia, 2000.

ELIAS, Norbert. *O processo civilizador. Volume 1. Uma história dos costumes*. Rio de Janeiro: Jorge Zahar Editor, 1990.

ENDERS, Armelle. *A história do Rio de Janeiro.* Tradução Joana Angélica d'Ávila Melo. Rio de Janeiro: Gryphus, 2002.

ERMAKOFF, George. *Rio de Janeiro 1900-1930: uma crônica fotográfica.* Tradução Carlos Luís Brown Scavarda. Rio de Janeiro: G. Ermakoff Casa Editorial, 2003.

ESSINGER, Silvio. *Batidão: uma história do funk.* Rio de Janeiro: Record, 2005.

FEIJÃO, Rosane. *Moda e Modernidade na belle époque carioca.* São Paulo: Estação das Letras e Cores, 2011.

FIGUEIREDO, Cláudio. *O porto e a cidade: o Rio de Janeiro entre 1565 e 1910.* Organização Núbia Melhem Santos e Maria Isabel Lenzi. Rio de Janeiro: Casa da Palavra, 2005.

FILHO, Adolfo Morales de los Rios. *O Rio de Janeiro Imperial.* 2. ed. Rio de Janeiro: UniverCidade, Topbooks, 2000.

Caderno Mais. *Folha de S. Paulo,* 29 de julho de 2007.

FRANÇA, Jean Marcel Carvalho. *Outras visões do Rio de Janeiro colonial: antologia de textos, 1582-1808.* Rio de Janeiro: José Olympio, 2000.

FRANÇA, Jean Marcel Carvalho. *Visões do Rio de Janeiro Colonial: 1531-1800.* Rio de Janeiro: José Olympio, 2008.

FRANÇA, Jean Marcel Carvalho. *Viajantes Estrangeiros no Rio de Janeiro Joanino 1809-1818.* Rio de Janeiro: José Olympio, 2013.

FREYRE, Gilberto. *Modos de homem & modas de mulher.* 2. ed. Rio de Janeiro: Record, 1987.

GÂNDAVO, Pero de Magalhães de. *A primeira história do Brasil: história da província Santa Cruz a que vulgarmente chamamos Brasil*. Modernização do texto original de 1576 e notas, Sheila Moura Hue, Ronaldo Menegaz. Rio de Janeiro: Jorge Zahar Editor, 2004.

GARCIA, Sérgio. *Rio de Janeiro: passado & presente*. Rio de Janeiro: Conexão Cultural, 2000.

GASPAR, Cláudia Braga (Pesquisa e texto). *Orla carioca: história e cultura*. Apresentação Marcos Sá Corrêa. São Paulo: Metalivros, 2004.

GAUTHEROT, Marcel. *Rio de Janeiro*. Munique: Wilhelm Andremann Verlag, 1965.

GOMES, Paulo César da Costa. *A condição urbana: ensaios de geopolítica da cidade*. 2. ed. Rio de Janeiro: Bertrand Brasil, 2006.

GUEDES, Roberto. *África. Brasileiros e Portugueses. Séculos XVI – XIX*. Rio de Janeiro: Mauad, 2013.

HARRIS, Marvin. *Canibais e Reis*. Lisboa: Edições 70, 1977.

HUE, Sheila Moura. *Primeiras cartas do Brasil 1551-1555*. Rio de Janeiro: Jorge Zahar Editor, 2006.

JUNIOR, Gonçalo. *Alceu Penna e as garotas do Brasil: Moda e imprensa – 1933/1980*. São Paulo: CLUQ (Clube dos Quadrinhos), 2004.

KAISER, Gloria. *Um diário imperial: Leopoldina, Princesa da Áustria, Imperatriz do Brasil, de 1º de dezembro de 1814 a 5 de novembro de 1817*. Tradução Anna Olga de Barros Barreto. Rio de Janeiro: Reler, 2005.

KALMANN, Daniela; SILVA, Flávia Lins e. *Faixa de areia: um filme sobre as praias do Rio*. DVD, 26 de fevereiro de 2007.

KARASCH, Mary C. *A vida dos escravos no Rio de Janeiro: 1808-1850*. Tradução Pedro Maia Soares. São Paulo: Companhia das Letras, 2000.

KINDERSLEY, Jemima; MACQUARIE, Elizabeth Henrietta; FREYCINET, Rose. *Mulheres viajantes no Brasil (1764-1820): antologia de textos*. Organização e tradução Jean Marcel Carvalho França. Rio de Janeiro: José Olympio, 2008.

KNIVET, Anthony. *As incríveis aventuras e estranhos infortúnios de Anthony Knivet: memórias de um aventureiro inglês que em 1591 saiu de seu país com o pirata Thomas Cavendish e foi abandonado no Brasil, entre índios canibais e colonos selvagens*. Organização, introdução e notas Sheila Moura Hue. Tradução Vivien Kogut Lessa de Sá. Rio de Janeiro: Jorge Zahar Editor, 2007.

LARA, Silvia Hunold. *Fragmentos setecentistas: escravidão, cultura e poder na América portuguesa*. São Paulo: Companhia das Letras, 2007.

LAUERHASS JR., Ludwig; NAVA, Carmen (Orgs.). *Brasil: uma identidade em construção*. Tradução Cid Knipel e Roberto Espinosa. São Paulo: Ática, 2007.

LESSA, Carlos. *O Rio de todos os brasis: uma reflexão em busca de auto-estima*. 3. ed. Rio de Janeiro: Record, 2005.

LISPECTOR, Clarice. *Só para mulheres: conselhos, receitas e segredos*. Organização Aparecida Maria Nunes. Rio de Janeiro: Rocco, 2008.

LISPECTOR, Clarice. *Correio feminino*. Organização Aparecida Maria Nunes. Rio de Janeiro: Rocco, 2006.

LODY, Raul. *Jóias de Axé*. Rio de Janeiro: Bertrand, 2001.

LODY, Raul. *Moda e História. As indumentárias das mulheres de fé.* Rio de Janeiro: Senac, 2015.

LOPES, Antonio Herculano (Org.). *Entre Europa e África: a invenção do carioca.* Rio de Janeiro: Fundação Casa de Rui Barbosa: Topbooks, 2000.

LUCCOCK, John. *Notas sobre o Rio de Janeiro e partes meridionais do Brasil.* Tradução Milton da Silva Rodrigues. Belo Horizonte: Itatiaia; São Paulo: USP, 1975.

LYNCH, Kevin. *A imagem da cidade.* Tradução Jefferson Luiz Camargo. São Paulo: Martins Fontes, 1997.

MACEDO, Joaquim Manuel de. *Memórias da Rua do Ouvidor.* Brasília: Universidade de Brasília, 1988.

MACEDO, Joaquim Manuel de. *A moreninha.* 2. ed. São Paulo: Martin Claret. 2008. [Texto Integral]

MARANHÃO, Ricardo. *Pau-Brasil – a cor e o som.* São Paulo: Terceiro Nome, 2016.

MARTINS, Luciana de Lima. *O Rio de Janeiro dos viajantes: o olhar britânico (1800-1850).* Rio de Janeiro: Jorge Zahar Editor, 2001.

MAUSS, Marcel. *Sociologia e antropologia.* São Paulo: Cosac & Naify, 2003.

MELLO, Carl Egbert H. Vieira de. *O Rio de Janeiro no Brasil Quinhentista.* São Paulo: Giordano, 1996.

MELLO JUNIOR, Donato. *Rio de Janeiro: planos, plantas e aparências.* Rio de Janeiro: Galeria de Arte do Centro Empresarial Rio/João Fortes Engenharia, 1988.

MELLO, Zuza Homem de. *Eis aqui os bossa-nova.* São Paulo: WMF Martins Fontes, 2008.

MENGALI, Jeferson Pe. *São Sebastião.* São Paulo: Planeta, 2018.

MESQUITA, Cláudia. *De Copacabana à Boca do Mato: O Rio de Janeiro de Sérgio Porto e Stanislaw Ponto Preta.* Rio de Janeiro: Fundação Casa de Rui Barbosa, 2008.

MOTTA, Marly. *Rio, cidade-capital.* Rio de Janeiro: Jorge Zahar Editor, 2004.

MILZ, Thomas; CUNHA, Laura. *Joias de Crioula.* São Paulo: Terceiro Nome, 2011.

NAVES, Rodrigo. *A forma difícil: ensaios sobre arte brasileira.* 2. ed. São Paulo: Ática, 2007.

NAVES, Santuza Cambraia. *Da Bossa Nova à Tropicália.* 2. ed. Rio de Janeiro: Jorge Zahar Editor, 2004.

NONATO, José Antonio; SANTOS, Núbia Melhem (Orgs.). *Era uma vez o Morro do Castelo.* 2. ed. Rio de Janeiro: IPHAN, 2000.

NORTON, Luis. *A Corte de Portugal no Brasil. Notas, alguns documentos diplomáticos e cartas da imperatriz Leopoldina.* 3. ed. São Paulo: Companhia Editora Nacional, 2008.

NOVAIS, Fernando A. (Coord.). *História da vida privada no Brasil – Império: a corte e a modernidade nacional.* Organização Luiz Felipe de Alencastro. São Paulo: Companhia das Letras, 1997. [História da vida privada no Brasil; 2]

NOVAIS, Fernando A. (Coord.). *História da vida privada no Brasil – República: da Belle Époque à Era do Rádio.* 7. ed.; organização Nicolau Sevcenko. São Paulo: Companhia das Letras, 1998. [História da vida privada no Brasil; 3]

O'DONNELL, Julia. *De olho na rua: a cidade de João do Rio*. Rio de Janeiro: Jorge Zahar, 2008.

O Globo, 29 de março de 2008. Caderno Ciência.

O'NEIL, Thomas. *A vinda da Família Real portuguesa para o Brasil*. Tradução Ryth Sylvia de Miranda Salles. 2. ed. Rio de Janeiro: José Olympio, Secretaria Municipal das Culturas, 2007.

PARANHOS, Paulo. *A História do Rio de Janeiro. Os tempos cariocas*. Teresópolis: Editora Zem, 2007.

PEIXOTO, Afrânio. *Breviário da Bahia*. Rio de Janeiro: Agir, 1945.

PEREIRA, Rui; VIEIRALVES, Ricardo (Coord.). *Rio 40 Graus: beleza e caos; debatedores Carlos Lessa...[et al.]*. Rio de Janeiro: Quartet, Instituto Cultural Cravo Albin: Labore/Uerj, 2002.

PIMENTEL, Luis. (Org.). *A revista do Lalau: antologia de textos de Sérgio Porto/ Stanislaw Ponte Preta*. Rio de Janeiro: Agir, 2008.

PINHEIRO, Eliane Canedo de Freitas. *Baía de Guanabara: uma biografia de uma paisagem*. Rio de Janeiro: Andréa Jakobsson Estúdio, 2005.

PINHEIRO, Augusto Ivan de Freitas (Org.) *Rio de Janeiro. Cinco Séculos de História e Transformações Urbanas*. Rio de Janeiro: Casa da Palavra, 2010.

PINHO, Wanderley. *Salões e damas do Segundo Reinado*. 4. ed. São Paulo: Martins, 1970.

PRADO, Paulo. *Retrato do Brasil: ensaio sobre a tristeza brasileira*. 9. ed.; organização Carlos Augusto Calil. São Paulo: Companhia das Letras, 1997.

PRIMEIRAS CARTAS DO BRASIL (1551-1555); tradução, introdução e notas, Sheila Moura Hue. Rio de Janeiro: Jorge Zahar Editor, 2006.

PRIORE, Mary del. *Histórias da Gente Brasileira*. Volume 1. Colônia. Rio de Janeiro: Leya, 2016.

RAINHO, Maria do Carmo Teixeira. *A cidade e a moda: novas pretensões, novas distinções – Rio de Janeiro, século XIX*. Brasília: Universidade de Brasília, 2002.

Revista do Instituto Histórico e Geográfico de S. Paulo, vol. XI.

Revista Magazine CasaShopping, Ano 9, n. 30. Rio de Janeiro: Departamento de marketing do CasaShopping, janeiro de 2009.

Revista O Globo, Ano 5, n. 228, 7 de dezembro de 2008.

Revista Vanity Fair, setembro 2007.

Revista Veja, 15 de junho de 2007.

Revista Veja, 26 de novembro de 2008.

Revista Vogue Brasil, n. 293, novembro de 2002.

Revista Vogue USA, May, 2000.

RIBEIRO, Darcy. *O povo brasileiro: a formação e o sentido do Brasil*. São Paulo: Companhia das Letras, 2006.

RIO, João do. *A alma encantadora das ruas: crônicas*. Organização Raúl Antelo, São Paulo: Companhia das Letras, 1997.

RIO, João do. *Os dias passam*. Porto: Chardron, 1912.

RIO, João do. *Melhores contos de João do Rio*. 2. ed.; seleção Helena Parente Cunha. São Paulo: Global, 2001.

RIO, João do. *Vida vertiginosa*. Edição preparada João Carlos Rodrigues. São Paulo: Martins Fontes, 2006.

RIOS FILHO, Adolfo Morales de los. *O Rio de Janeiro Imperial*. 2. ed.; prefácio Alberto da Costa e Silva. Rio de Janeiro: Topbooks; UniverCidade, 2000.

RODRIGUES, Antonio. *O Rio no cinema*. Rio de Janeiro: Nova Fronteira, 2008.

RODRIGUES, Mariana Christina de Faria Tavares. *Mancebos e Mocinhas. Moda na literatura brasileira do século XIX*. São Paulo: Estação das Letras e Cores, 2010.

ROOT, Regina A. (Org.). *The Latin American Fashion Reader*. New York, USA: Berg/Oxford, 2005.

ROSA, Nereide Schilaro Santa. *Jindanji - As heranças africanas no Brasil*. São Paulo: Duna Dueto, 2008.

SANTOS, Milton. *Espaço e sociedade*. Petrópolis: Vozes, 1979.

SANTUCCI, Jane. *Os pavilhões do Passeio Público: Theatro Casino e Casino Beira-Mar*. Rio de Janeiro: Casa da Palavra/Prefeitura do Rio de Janeiro, 2005.

SENNA, Ernesto. *O velho comércio do Rio de Janeiro*. Apresentação George Ermakoff. Rio de Janeiro: G. Ermakoff Casa Editorial, 2006.

SENNETT, Richard. *Carne e pedra: o corpo e a cidade na civilização ocidental*. Tradução Marcos Aarão Reis. Rio de Janeiro: Record, 1997.

SILVA, Alberto da Costa e. *Um Rio Chamado Atlântico*. Rio de Janeiro: Nova Fronteira, 2003.

SILVA, Maria Beatriz Nizza da. *A gazeta do Rio de Janeiro, 1808-1822: cultura e sociedade.* Rio de Janeiro: EdUerj, 2007.

SILVA, Maria Beatriz Nizza da. *Cultura e sociedade no Rio de Janeiro, 1808-1821.* 2. ed.; prefácio Sérgio Buarque de Hollanda. São Paulo: Companhia Editora Nacional, 1978.

SILVA, Maria Beatriz Nizza da. *Vida privada e quotidiano no Brasil: na época de D. Maria I e D. João VI.* 2. ed. Lisboa: Editorial Estampa, 1993.

SILVA, Rafael Freitas da. *O Rio antes do Rio*. Rio de Janeiro: Babilônia, 2015.

SIQUEIRA, Ricardo. *Ponha-se na rua: Fatos e Curiosidades do Rio de Janeiro de Dom João VI.* Textos Adriano Belisário e Guilherme Amado. Rio de Janeiro: Luminatti, 2008.

SOBOTTA, Anne (Org.). *Brazil fashion: a survey of the Brazilian clothing and fashion industry.* London: British Council, December 2000/August 2001.

SOUZA, Gilda de Mello e. *O espírito das roupas: a moda no século dezenove.* São Paulo: Companhia das Letras, 1987.

STADEN, Hans. *Duas viagens ao Brasil: primeiros registros sobre o Brasil.* Tradução Angel Bojadsen; introdução Eduardo Bueno. Porto Alegre: L&PM, 2008.

SWEET, James H. *Recriar a África. Cultura, parentesco e religião no mundo afro-português (1441-1770).* Lisboa: Edições 70, 2003.

TOSTES, Vera Lúcia Bottrel (Coord.). *Um novo mundo, um novo império: a corte portuguesa no Brasil, 1808-1822*. Curadora Vera Lúcia Bottrel Tostes; curadoria adjunta Lia Sílvia Peres Fernandes. Rio de Janeiro: Museu Histórico Nacional, 2008.

TOUSSAINT-SAMSON, Adèle. *Uma parisiense no Brasil*. Tradução Maria Lucia Machado. Rio de Janeiro: Capivara, 2003.

VAINFAS, Ronaldo (Org.). *Dicionário do Brasil colonial, 1500-1808*. Rio de Janeiro: Objetiva, 2001.

VASQUEZ, Pedro. *Fotógrafos pioneiros no Brasil: V. Frond, G. Leuzinger, M. Ferrez, J. Gutierrez*. Rio de Janeiro: Dazibao, 1990.

VEBLEN, Thorstein. *A teoria da classe ociosa.*

VELLOSO, Monica Pimenta. *A cultura das ruas no Rio de Janeiro, 1900-1930: mediações, linguagens e espaços*. Rio de Janeiro: Edições Casa de Rui Barbosa, 2004.

VIANNA, Luiz Fernando. *Rio de Janeiro: imagens da aviação naval, 1916-1923*. Tradução Martha Boot e Robert Boot. Rio de Janeiro: Argumento, 2001.

VILLAÇA, Nízia. *A edição do corpo: tecnociência, artes e moda*. São Paulo: Estação das Letras, 2007.

WEHRS, Carlos. *O Rio antigo de Aluísio Azevedo*. Rio de Janeiro: s/ed., 1994.

WILCKEN, Patrick. *Império à deriva: a corte portuguesa no Rio de Janeiro, 1808-1821*. Tradução Vera Ribeiro. Rio de Janeiro: Objetiva, 2005.

Acervo Paula Acioli.

A Editora Senac Rio publica livros nas áreas de Beleza
e Estética, Ciências Humanas, Comunicação e Artes,
Desenvolvimento Social, Design e Arquitetura, Educação,
Gastronomia e Enologia, Gestão e Negócios, Informática,
Meio Ambiente, Moda, Saúde, Turismo e Hotelaria.
Visite o site www.rj.senac.br/editora, escolha os títulos de sua
preferência e boa leitura.

Fique atento aos nossos próximos lançamentos!
À venda nas melhores livrarias do país.

Editora Senac Rio
Tel.: (21) 2545-4819 (Comercial)
comercial.editora@rj.senac.br
Fale com a gente: (21) 4002-2101

Este livro foi composto nas tipografias Adobe Caslon Pro, Didot e Didot
HTF-M96 e impresso pela Edigráfica Gráfica e Editora Ltda., em papel
couché matte 150 g/m^2, para a Editora Senac Rio, em abril de 2019.